Fred Klein

Ungebremst um die Welt und kein Ende in Sicht

Erlebnisse eines Motorrad- und Fahrrad-Weltenbummlers

Fred Klein

Ungebremst um die Welt und kein Ende in Sicht

Erlebnisse eines Motorrad- und Fahrrad-Weltenbummlers

Re Di Roma-Verlag

Bibliografische Information der Deutschen Nationalbibliothek:
Die Deutsche Nationalbibliothek verzeichnet diese Publikation in der Deutschen Nationalbibliografie; detaillierte bibliografische Daten sind im Internet über http://dnb.ddb.de abrufbar.

ISBN 978-3-86870-240-8

Umschlagillustration:
Fotos und Idee: Fred Klein, Umsetzung: Re Di Roma-Verlag

www.rediroma-verlag.de
14,95 Euro (D)

Inhalt

Lisbeth, Eveline, Mechthild, Herbert, Andreas, Mecki und VA-Peter, die während meiner Reise verstorben sind, zur ewigen Erinnerung.

Fahrt weiterhin im Bikerhimmel unter uns und ruht in Frieden.

Anmerkung vom Leser; Heiner aus Hilter:

" Wer Rechtschreib- oder Grammatikfehler findet, der darf sie behalten oder auch selbst weiter verwenden."

Vorwort

Inzwischen bin ich schon seit 5 Jahren ununterbrochen auf Motorrad Weltreise. Bis zum Jahr 2005 dachte ich, in 30 Jahren Motorradreisen die überwiegend in Europa stattgefunden haben, alles gesehen und erlebt zu haben was machbar ist und mich auch nichts mehr überraschen oder erschüttern kann.
Bei meiner Reise um die Welt, bin ich eines besseren belehrt worden!
Ich möchte den Lesern hiermit mitteilen, was heutzutage in den bereisten Ländern auf einen Motorrad- und Fahrrad Reisenden zukommt. Unglaubliche Ereignisse und Geschehnisse warten auf mich, sobald man Europäischen Boden verlassen hat.
Diebstahl, Unfälle, Korruption, Bedrohung , Naturkatastrophen und Krankheit gehören zu den täglichen Problemen. Manche Länder lassen Motorradreisende nicht herein, dann muss man Flexibel sein und eine andere Art der Fortbewegung wählen. E- Mails über verstorbene Familienangehörige und Freunde erreichen einen unterwegs, wie geht man damit um?
Andere Unterwegs getroffene Reisende sind oftmals ein Lichtblick in der manchmal großen Einsamkeit und motivieren den ständigen Vorwärtstrieb.
Während zwei Jahren reisen, fing ich unterwegs etwas zu Schreiben an, mal länger nichts, dann öfters mehr, auf einen kleinen Psion- Taschen- PC. Wo ich vieles wieder verlor, weil der Speicher alles löscht, wenn die Batterie leer ist.
Jetzt schreibe ich auf ein Laptop,"das Geschenk meiner Schwester Elfie und Schwagers John, die in Australien leben."
Nachdem ich hier in Neuseeland, im April 2010, gleich zwei traurige Nachrichten über den Tod von Andreas und VA –Peter, zwei guten Freunden bekommen habe. Entscheide ich mich dazu, ein erstes Buch schon während der Reise zu veröffentlichen.

Dreiundzwanzig Länder wurden bereist, bevor ich Neuseeland erreicht habe. Hier musste ich zwei Monate auf den Verschiffungstransport meines Motorrades nach Südamerika warten. Was ich dazu nutzte, ein erstes Buch über der Reise zu beenden.
Das Buch soll an mich erinnern und den vielen anderen. Die nicht so wie ich Denken, einfach nur veranschaulichen was sie verpasst haben in ihren Leben. "Weil diese ihren Traum nur geträumt und nicht gelebt haben".
Vorab einige Erklärungen zu den Motorrad Bezeichnungen im Buch.
Sehr oft schreibe ich von meiner Kuh, BMW, Bike oder "Mopped," damit ist immer mein Reisemotorrad die BMW R 100 GS gemeint, die bis Ende 2007 auf der Weltreise im Einsatz war.
Ab einen späteren Zeitpunkt schreibe ich von der Bergziege, KLR 650, Kawasaki und "Mopped." Damit ist ab Anfang 2008 mein Folgemotorrad für die Weltreise gemeint, nachdem die BMW in den Ruhestand nach Deutschland geschickt worden ist.

Finanzierende Unterstützer des Buches, sind die Firmen:

www.NTKNGK.de

www.Rockoil.de

www.scottoiler.de

Lebensgeschichte

Mein persönlicher Lebensverlauf, die komplette Geschichte wie alles begann und es dazu kam!
1961 bin ich in Melbourne, Australien geboren, meine Eltern wanderten 1958 von Deutschland nach Australien der Arbeit wegen aus, dort lernten sie sich kennen und lieben.
Meine Mutter gebar vier Kinder, ich bin der Älteste und verbrachte die ersten sieben Lebensjahre in Footscray-Kensington, einem Vorort in der Millionen Stadt Melbourne.
Hier besuchte ich das zweite Schuljahr und wuchs zweisprachig auf. Die häufig gestellte Frage, der Grund weshalb wir Australien in 1968 verließen, war folgender.
„Meine Eltern, mit ihren vier kleinen Kindern mussten damals sehr viel Geld für unsere Gesundheitsvorsorge und häufige Krankheiten aus eigener Tasche zahlen, das Gesundheitssystem zu dieser Zeit war noch im Aufbau. Unsere Mutter hat ihre Arbeit aufgeben müssen, weil sie uns umsorgte. Vater dagegen schuftete Tag und Nacht um uns über die Runden zu bringen. Mit den verdienten Geld konnten wir gerade so überleben. Der Entschluß für die Rückkehr nach Deutschland stand somit fest."
Mein Vater, Oskar, 1932 in Ostpreußen bei Wolfsdorf geboren, seine fünf Geschwister lebten alle in Dortmund, die Hochburg des Ruhrgebiet. Hierher zog es meine Eltern nach Australien samt uns vier Kinder, Elfie, Gerhard, Christa und mich, Fred.
Die Schule verließ ich 1979, nach Abschluss der Fachoberschulreife. Meinen Traumberuf Radio- und Fernsehtechniker konnte ich abschreiben, weil damals dreitausend Bewerber auf fünfzehn angebotene Lehrstellen fielen. Ohne „Vitamin B" (für Beziehung) , keine Chance, diesen Beruf zu erlernen. Unter Druckeinwirkung von Mutter begann ich eine Lehre als Maler- und Lackierer.
In meinen Freundeskreis hatten einige Freunde, Mopeds und wenige schon Motorräder.
„Mutters Spruch, mit 18 Jahren kannst Du beides zusammen machen, den Auto- und Motorrad Führerschein, nahm ich mir zu Herzen."
Ich fuhr verspottet von meinen Freunden, mit dem Fahrrad herum, den Mofas gegenüber war ich damit immer schneller, nur auf lange Etappen holten Sie mich wieder ein.
In dieser Zeit, um den sechszehnten Geburtstag herum, hegte sich in mir der Wunsch, einmal mit dem Motorrad um die Welt zu fahren.

Von da an legte ich immer etwas Geld auf die Seite und sparte, um mir dieses einmal wirklich zu ermöglichen.
Alle Freunde hielten mich für verrückt, "wie kannst Du schon jetzt wissen, was Du dir einmal erfüllen möchtest ?"
Mir war schon klar das ich "zig" Jahre brauchen werde um genug beisammen zu haben.
Vielleicht zu meinem 55.zigsten Lebensjahr, um danach
nicht mehr arbeiten zu müssen. Reisen bis zum Rentenalter, "Spin mal ruhig weiter" sagten alle Freunde.
Mein achtzehnter Geburtstag rückte näher, den Führerschein für PKW- und Motorrad möchte ich nun machen, aber meine liebe Mutter sagte,
„wenn Du den Kradführerschein mit machst", dann bekäme ich nicht die 50% Prozent von Ihrem Geld dazu.
"Den Motorrad Führerschein mache ich, so oder so!"
Nachdem ich den Auto-Führerschein bestanden habe und Mutter die Hälfte an Geld dazu gab, meldete ich mich sofort bei einer anderen Fahrschule für den Motorradschein an.
Am Unterricht nahm ich nicht teil, nach vier Fahrstunden erschien ich zur Prüfung und erhielt eine Woche später in Lünen nahe Dortmund 1979, den Autoführerschein zurück mit den Stempeleintrag, dass ich "big Bikes" fahren durfte.
Das erste Motorrad damals, war von Yamaha (DT 400 MX), eine Zweitakt Enduro, Straßenmotorräder interessierten mich noch nicht.
Meinen Eltern fiel die Kinnlade herunter, als ich mit dem Motorrad ankam, aber das war nun meine Sache.
Ich wollte ins Gelände, in Dortmund gab es genug Abraumhalden aus dem Kohlebergbau, die ein hervorragendes Gelände darboten.
Im Straßenverkehr war die DT 400, 1979 schon sehr selten zu sehen. Man musste die rechte Hand unter Kontrolle halten: zuviel Gasgeben im ersten Gang verhieß immer, dass das Vorderrad in der Luft war und einen „Wheelie" vollzog.
In der ersten Woche konnte ich schon hunderte von Metern auf dem Hinterrad fahren und dabei die Gänge hochschalten. Es machte Spaß die Aufmerksamkeit damit auf sich zu lenken. Natürlich stieg ich auch etliche Male in der Anfangsphase rücklings ab, aber dies gehörte einfach dazu. Sämtliche Freunde haben auf diesen Krad, das Motorradfahren gelernt. So auch einer der letzten Freunde aus der Dortmunder Zeit, Klaus Leppert, in Bikerkreisen auch Pastor genannt.

Die Zeit kam, wo ich mich mehr für Straßenmotorräder interessierte, der Geländesport war nach einigen Stürzen zu gefährlich.
Auch konnte ich auf der Autobahn nicht mithalten, jedesmal wenn es etwa 15 Minuten mit Vollgas bei 130km/h vorwärts ging, blockierte der Motor und war kurz vor einem Kolbenfresser.
Die DT 400MX sollte einer Yamaha RD250LC weichen, eigentlich viel zu klein für mich, aber dafür mächtig schnell.
Ich liebte es, auf den Autobahnen bei Vollgas auf der Standspur mit 160km/h an den Autos vorbeizuziehen.
Kurven kannte ich nicht, nahm kein Gas weg und legte mich soweit hinein, bis das Knie den Asphalt berührte oder das Hinterrad wegrutscht und damit sagt, "Alter das reicht, noch ein wenig und ich schmeiße dich ab!"
Was komischerweise nie geschah. Wenn das Motorrad hinten zu schlängeln anfing nahm ich Gas weg und die " Möhre" fing sich wieder.
Unfälle haben meist die Autofahrer verursacht, alles war nicht so tragisch, ich lebe heute auch noch.
Denke aber an der Zeit zurück, wie leichtsinnig ich in jüngeren Jahren gewesen bin."Ein Dank an meine drei Schutzengel."
Die Motorräder reparierte ich immer selbst, meist waren es nur Schleifspuren, krumme Gabeln, Plastikkrams und Motorenseitendeckel, einmal sogar der Rahmen verzogen, es konnte alles wieder gerichtet werden.
Das erste große Motorrad war eine Suzuki GSX 750 ET, ein 16- Ventilmotor mit 80 Pferdestärken, damals in 1982 schon sehr "powerful."
Thomas Gerold, ein Freund aus Dortmund-Marten kaufte mir die GSX 750 ab und ich legte mir die große GSX 1100 ET zu.
1100 Kubikzentimeter und 100 Pferdestärken. Für die Unwissenden, Sie hat nahezu denselben Motor, der später in der Katana 1100 eingebaut wurde. Unzerstörbar, den ersten Gang konnte man bis über 100 Stundenkilometer ziehen, erst dann nahm ich Gas weg, aus Angst einen Pleuelabriß zu bekommen.
Damit hatte ich den meisten Spaß und habe meine ersten großen Reisen unternommen: morgens im Sommer bei Tageslichtanbruch 4.30 Uhr in der Früh los, bis Barcelona oder Zagreb. 1500 Kilometer bis zur Dunkelheit um 22.00 Uhr angekommen, auf den Autobahnen 100 km/h gefahren und in Österreich nur Landstraßen die kostenlos und Mautfrei waren. Samt meiner Ex- Freundin Christa, die oftmals auf den Sozius einschlief. Eingefesselt zwischen den Gepäcksack und mir, runterfallen konnte Sie nicht.
Alle Länder Europas wurden in meist vier Wochen Sommerurlaub bereist, Camping war angesagt, teils mit mehreren Freunden.

Thomas, Tiger, Klaus, Biber, Hacki und deren Freundinnen, keine Ahnung wie all Eure Namen waren. Oft ging es auf Motorradtreffen und Wochenendtrips nach Zandvoort in den Niederlanden.
Eine verrückte Zeit lag hinter uns, Beschleunigungsrennen von Ampel zu Ampel in der Dortmunder Innenstadt. Durchdrehende Hinterreifen, welche die Autos hinter uns im stinkenden Rauch des gummiverbrennenden Reifen einhüllten. Allerdings auch den ein oder anderen Mopedfahrer unserer Truppe.
An ein Autobahnrennen mit Pastor, Klaus Leppert kann ich mich gut erinnern, er mit seiner Honda CBX 1000, 6 Zylinder und meiner Suzuki GSX 1100 E (4 Zyl.). Bis zur Grenze der Niederlande, Venlo und zurück nach Dortmund, wir fuhren so um die 230km/h laut Tacho.
Mal war Klaus vorne, dann wieder ich.
Niemand konnte dem anderen wegfahren, aber plötzlich war Klaus nicht mehr zu sehen. Ich fuhr langsamer, sah ob er irgendwo steht und fuhr nochmals die Strecke ab, um zu sehen wo er blieb und fand Ihn, auf der Standspur in Essen. Bei 160km/h ist "eins der sechs" Pleuel gerißen, es liefen Tränen aus seinen Augen. Seine heißgeliebte 6 Zylinder Honda platt, den kompletten Motorblock aufgerißen , Totalschaden.
Meist ging alles glimpflich aus, "das war dann Klaus sein Umstieg auf Chopper", er kaufte sich eine Z 750 LTD. Später dann Harley Davidson, aber die Reparaturen blieben bei Ihm irgendwie nie aus!
Mehrere Krankenhausaufenthalte von wenigen Tagen bis zu mehreren Wochen, verursacht durch unachtsame Autofahrer blieben trotzdem nicht aus. Meinen Eltern sagte ich meist nichts davon, weil mir ihre Vorwürfe auf den Nerv gingen. Ich bin nun alt genug um mit eigenen Füßen im Leben zu stehen. Meine Sorgen blieben auch meine!
Niemals waren Knochen gebrochen, nur Hautabschürfungen und total zerstörte Motorräder, was eigentlich mehr weh tat, als der eigentliche Körperschaden. In jungen Jahren leidet ein jeder unter notorischen Geldmangel. Die Reparaturen mit gebrauchten Motorradteilen führte ich mit Hilfe von Freunden aus.
Damals liebte jeder seine Maschine, mehr als sich selbst. Stundenlange Putzorgien wurden im Garagenhinterhof abgehalten. Wir saßen zusammen, putzten den Chrom, redeten und träumten von den Treffen und Urlaubsreisen.
Ich träumte zu jener Zeit noch immer den Traum, einmal mit dem Motorrad loszufahren um die gesamte Welt zu bereisen. Wieviele dachten, der Fred, " Faxxxe," wie sie mich später nannten, der spinnt doch!
Beschleunigungsrennen, in abgelegenen Industriegebieten mit unseren Boliden, von 0 auf 180km/h nach 400 Meter Beschleunigen, heute wohl undenkbar

auf öffentlichen Straßen. Damals tickten die Uhren noch anders, denke ich oftmals zurück. Obwohl, mit den Hannoveraner Freunden, Martin, Rolf, Jürgen und Mario taten wir dies noch in den 90iger Jahren im dortigen Flughafenbereich.
Wir machten viel Schau mit den "Moppeds," trafen uns jedes Wochenende auf der Hohensyburg und Dortmunder Brückstraße. Manch eine Tour durchs nahegelegene Sauerland wurde von hier aus gestartet, natürlich um mit hoher Geschwindigkeit über die Landstraßen und durch die Kurven zu jagen.
Garnicht darüber nachzudenken, wie leichtsinnig wir damals waren. Mein schlimmster Sturz war folgender:
„Auf den Weg nach Dortmund- Hörde zu Pastor, Freitagabend im Sommer gegen 22.00Uhr, die Suzuki GSX 1100 und ich nur den Bundeswehr- Panzerkombi übergezogen, Gottlob war der voll mit Aufnähern, was mich vor schlimmeren bewahrt hat.
Eigentlich wollte ich Pastor nur Fragen, wann unsere Truppe, Samstag morgens aufbricht nach Holland, bei Pastor gab es zudem immer ein Bier, nur diesen Abend kam ich nie bei Ihm an?"
Was war passiert?
Ich bin die Bundesstraße 1 aus Dortmund Richtung Bochum gefahren, dann auf der A 430, hier begann die Autobahn und 1982 gab es noch keine Geschwindigkeitsbegrenzung, "smile."
Hinter einer leichten, über viele Kilometer langgezogenen Kurve, war auf einmal die gesamte zweispurige Fahrbahn mit großen und kleinen LKW- Reifenstücken voll. Keine Chance für Motorradfahrer, somal mein Tacho 230km/h anzeigte. In diesem Bruchteil von Sekunden schoß mir "nichts" durch den Kopf !
Automatisch bremste ich und schaltete erst einen, dann einen weiteren Gang herunter, aber das Bike kam ins trudeln, nachdem ich zuvor einige Reifenstücke überfahren habe. Die Mittelleitplanke war verdächtig nahe, mit etwa Einhundertachtzig Kilometer die Stunde kam ich zum Sturz und lag nur eine kurze Zeit unter dem Motorrad. Mein Glück war, dass ich nicht in den für Motorradfahrer meist tödlichen Leitplanken hängen blieb oder von anderen Fahrzeugen überrollt wurde.
Ich drehte und überschlug mich unzählige Male, stand dann auf, schüttelte mich und brauchte einige Sekunden zum orientieren.
Dann rannte,"nein humpelte ich" zu der Suzuki, die etwa dreihundert Meter weiter auf den Grünstreifen der Ausfahrt Lütgendortmund zu sehen war.
Mich wohlwollend in Sicherheit zu bringen, weg von der Autobahn und sehen

was mit dem Motorrad los ist.
Die Suzuki war ein Eisenklumpen, alles abgeschürft, die Motordeckel nicht mehr vorhanden, Gabel, Tank, Instrumente, Lampe und alle Plastikteile völlig zerstört.
Totalschaden, überall war Öl und Benzin verteilt, das Kurbelwellenende konnte ich auf der offenen Zünddeckelseite sehen.
Einige Autofahrer stoppten, fragten nach meinen Wohlbefinden, ich wimmelte alle ab, ein Opel Rekord Fahrer blieb hart. Ich prüfte meinen zerfetzten Bundeswehr Panzerkombi, zerfetzt ist noch Milde ausgedrückt. Alles hing in Lumpen herunter, überall war Blut und offenes Fleisch zu sehen, mein rechter Arm schmerzte fürchterlich im Ellenbogenbereich!
Nun ließ die Schockwirkung nach und der Schmerz kam, ich sah mein offenes Gelenk, der freundliche ältere Opel Rekord Fahrer meinte, es ist besser mich in die Unfallklinik nach Bochum- Langendreer zu bringen.
Pulsierend kam Blut heraus, der Verdacht auf einen Venen bzw. Aderriß war groß.
Nun bekam ich Angst, der ältere Herr brachte mich nach Bochum-Langendreer ins Unfall-Krankenhaus. Er gab mir eine Decke die ich um den Arm wickelte um die Blutflut zu stoppen bzw. einzugrenzen.
Seine Velourssitze waren im selben goldenen Farbton wie der Pkw, der Beifahrersitz vorne allerdings komplett mit meinem Blut getränkt, ebenso der Bodenteppich. Alles sah aus wie auf einem Schlachtfeld, er begleitete mich bis zur Rezeption. Dort wollte er seine Adresse hinterlassen, weil die Reinigungkosten von mir erstattet werden mussten. Daraufhin nahm mich die Schwester vom Nachtpersonal in Empfang.
„Mit Entsetzten fragten sie was passiert sei und wo ich herkomme, mein äußerer Eindruck vermittelte nichts gutes. Ich muss sehr schlimm ausgesehen und dagestanden haben. Extreme Schmerzen im rechten Arm machten sich bemerkbar.“
Meine größte Sorge war, wie kann ich Motorrad fahren, wenn der Arm amputiert wird?
Inzwischen dachte ich das wirklich, ausgerechnet den rechten!
Wieso ausgerechnet den rechten, der linke wäre doch genauso schlimm! Was ging mir durch den Kopf?
Es sah alles schlimmer aus als es war, es wurde am rechten Ellenbogen mehrfach genäht, keine Vene oder Ader war durchtrennt, nur Äderchen und einige Knochenabsplitterungen am Gelenk.
Dies kann Komplikationen geben, falls sich etwas entzündet, was nicht ge-

schah, anschließend schob man mich in einen Abstellraum im dritten Stock, mit Blick über das nächtliche Langendreer. Alle weiteren Patienten schliefen, diese sollen bei Ihrer Nachtruhe nicht gestört werden. Vollgepumpt mit Schmerzmittel war es mir egal, Hautsache zusammen geflickt und Arm dran, besser als Arm ab!
Am folgenden Morgen war die Polizei im Krankenhaus, niemand habe sich vorstellen können, dass der Fahrer des Motorrades diesen Unfall überlebt hat. Viele Fragen wurden gestellt, mein Hauptzeuge der Opel Rekord Fahrer hatte keine Adresse an der Rezeption hinterlassen.
Es gab Probleme, aber die Nachtwache und Schwester an der Rezeption
von letzter Nacht habe sich daran erinnert, wie man mich herbrachte. Diese beschrieb das Fahrzeug samt Fahrer, der sich auch im Nach hinein nicht mehr meldete.
Das Motorrad wurde von der Polizei sichergestellt, bis ich aus dem Krankenhaus heraus war. Zwei langweilige Wochen, danach musste ich täglich nach Dortmund-Brackel zur Unfallklinik, um meine Verbände wechseln zu lassen.
Während des Krankenhausaufenthalts machte ich schon Pläne, wie die Suzuki wieder zusammen gebaut wird.
„Der Verursacher, laut Zeugenaussagen, stand ein Holländischer Lastkraftwagen nicht weit von der Unfallstelle entfernt, mit geplatztem Reifen. Diesen hat man trotz Zeitungaufruf nicht gefunden.“
So blieb es mein Schaden, froh mit dem Leben davon gekommen zu sein, fuhr ich drei Wochen später auf der reparierten Suzuki, von dem Unfall nichts mehr zu sehen und erahnen.
Ich habe dadurch gelernt , auf allen Straßen ist meine Fahrweise umsichtiger und vorausschauender geworden.
Das Reisen mit Motorrad, soll mal meine größte Leidenschaft werden, von all den anderen Hobby's, löste ich mich nach und nach, keine Zeit war dafür mehr vorhanden. Verschiedene Jobs standen an, in meinen erlernten Maler-und Lackierer Beruf arbeitete ich nach der Ausbildung nicht mehr. Einen mehrjährigen gut bezahlten Job als Vorarbeiter bei der Dortmunder Spedition Kraftverkehr Nagel, gab ich der ‘‘Liebe“ wegen auf.
Nach achtzehn Jahren verließ ich Dortmund und zog in das nördliche Nordrhein Westfalen nach Espelkamp. Arbeit fand sich schnell, da ich nicht zimperlich war und keine großen Ansprüche diesbezüglich stellte. Hauptsache die “Kohle“ paßt. Akkordarbeit und Wechselschicht spielten keine Rolle dabei. Bei der Firma Naue, diese produzierte für den Automobilbau- Schaumformteile für die Sitze in den Pkw’s, Opel, Ford, Mercedes und Recaro.

Jahrelang arbeitete ich auch bei der Firma Baronia in Rahden einer Fahrradfabrik, als Rahmenschweißer und Richter, sowie in der vollautomatischen Pulverbeschichtungsanlage als Lackierer. Ab 1991 war ich als Kommissionierer und Versandmitarbeiter bei den Tetrawerken in Preußisch Oldendorf beschäftigt, hier wurde Zierfischfutter und Zubehör für den Aquaristikbereich produziert. Während dieser Zeit, besuchte ich berufsbegleitend die Meisterschule in Minden um mit meinen knapp 40.zig Jahren den Meister für "Logistik und Materialwirtschaft" auf zweitem Bildungsweg abzuschließen. Direkt danach ging es auf eine 6 monatige Motorradreise nach Australien.
Mein letzter Job, vor dem Beginn der Weltreise, war bei der Firma"GUS" in Lübbecke. Hier wurden Optische Spezialglasprodukte hergestellt, meine Aufgabe war es, den Versand, die Lagerhaltung, sowie Materialbereitstellung für die Produktion samt Wareneingangskontrolle in Zusammenarbeit mit der Qualitätssicherung, als Qualitätsmanagamentbeauftragter durchzuführen.
Nachdem ich ein Projekt beendet habe, es ging um eine neues Materiallager, zog ich einen Schlussstrich.
Freitag, der 6.2.2005, exakt am Tag der Fertigstellung, bzw. des Umzug von dem Alten zum neuen Lager, sprach ich meine Mündliche Kündigung aus. Da ich noch reichlich Urlaub und Überstunden hatte, bat ich darum meine Papiere für Montag abholbereit zu machen und reichte meine Schriftliche Kündigung nach. Drei Jahre war ich hier beschäftigt, eine zweiwöchige Kündigungsfrist wurde durch Resturlaub-und Überstunden ausgeglichen. Man entsprach meinem Wunsch, fristlos aus der Firma auszutreten.
Das bevorstehende Wochenende stellte ich große Überlegungen an. Kurz vor dem 44.zigsten Geburtstag. Warum eigentlich bis zum 55.zigsten Lebensjahr warten. Dieses Alter hatte ich als Starttermin für meine Weltreise gesetzt, weil ich dann finanziell unabhängig bis zu meinen Tode mit dem Motorrad um die Welt reisen kann. Nun war kein Zeitpunkt besser als jetzt und mit 44.zig stehe ich mitten im Leben. Körperlich fühle ich mich fit, trotz Asthma und anderen kleinen Wehwehchen.
Insgesamt habe ich 26 Jahre gearbeitet und in der Rentenkasse eingezahlt. Eine Überlegung war es, noch weitere 9 Jahre zu arbeiten, um 35 Arbeitsjahre vollzumachen. Mein Vater der kurz vor seinen 70.zigsten Lebensjahr verstorben ist, war ein großer ausschlaggebender Punkt:
Ich wollte nicht nur arbeiten und dann ins Gras beißen, so wie er!
Dem stand nichts mehr im Wege, außer einem halben Jahr der Vorbereitung.
Meine Zielvorgabe war der **26.7.2005**, aber nur wenn es an diesem Tag nicht regnet!

Vorbereitung

Nach Durchsicht all meiner Unterlagen, sollten sechs Monate ausreichen, um alles zu verkaufen. Außer ein paar Kartons mit Papieren blieb nichts zurück. Alles ist ersetzbar, wofür also einlagern und dafür viel Geld zahlen; wer weiß ob und wann ich jemals zurück komme.
Die Wohnung und sämtliche Versicherungen wurden gekündigt oder auf Eis gelegt, nichts mehr eingezahlt, da ich keine Einkünfte unterwegs haben werde. Der Verkauf von Allem ging schneller als erwartet. "Ebay" vereinfachte dieses, einen Nachmieter für die Wohnung fand ich auch, der wollte sogar fast zwei Monate früher hinein wie verabredet und übernahm gegen Bezahlung einiges der Wohnungseinrichtung.
Es war schon komisch, jeden Tag weniger in der Wohnung zu haben und dort zu Schlafen, hellhörig und ungewohnt, aber bald soll ich aus zwei Alukoffern leben und ohne Dach über dem Kopf. Der Pkw Verkauf erwies sich als größtes Problem, meinen erst zehn Monate alten Ford Fiesta, mit gerade mal 10.000 Kilometern, musste ich für 3000 Euro unter Wert abgeben. Es interessierte sich nur ein potenzieller Käufer dafür. Mein Hausarzt Dr. Aßmann hat die Gesundheitsuntersuchung durchgeführt. Alles war im grünen Bereich.
Einige Impfungen wurden aufgefrischt, weil schon fast 20 Jahre alt und die Hepatitis A+B hat er mir dringlichst empfohlen und auch gespritzt.

Motorrad-Auswahl

Nun, jeder der mich kennt weiß, dass ich den Stall voller Motorräder habe. Ständig waren sechs bis acht zugelassen, nebst Gespann für den Winter zum persönlichen Spaß.
Es stand von Anfang an fest, die alte BMW R 100GS, Baujahr 1989 sollte es sein. Der große 43 Litertank, ein kettenloser Antrieb und sitzbequem wie mein Sofa, was wichtig bei langen Reisen ist. Der Motor hat nun 128.000 Kilometer gelaufen, beide Ventilführungen-und Ventile wurden ausgetauscht. Der E-Starter und der Lichtmaschinenanker sind auch neu und überall kommt man leicht heran zum reparieren. Weltweit sollte es kein Problem sein, an Teile zu kommen.
Mit Baujahr 1989, ist sie die älteste von allen Reisemotorrädern, die ich besaß. Es hat etwas mit Vertrauen-und Gefühl zwischen meinen verschiedenen Motorrädern zu tun. Eine KTM 640R Adventure, die Tengai, zwei XT 600, Kicker und E-Starter, ein XT 600- Welling und R100 GS Hedingham- Gespann, dann die betuchte BMW R 100 GS.
Bei Langzeitreisen befindet man sich zu 70% Prozent auf Asphalt und festem Untergrund. Man sitzt auch nicht den ganzen Tag auf dem Motorrad, oft müssen aber große Entfernungen ohne Benzinversorgung überbrückt werden. Zum Schreck aller Freunde, brachte meine alte Kuh die besten Voraussetzungen. Der große Tank reicht für fast 700 Kilometer und ich kann den ganzen Tag über bequem sitzen, ohne den Allerwertesten zu spüren.
Vom Kardanantrieb weiß man, der hält vielmals länger wie ein Kettenantrieb, Kette samt Ritzel kann man schnell tauschen, etwa alle 30.000 Kilometer. Meine erste Gelenkwelle ging in Thailand kaputt, Gesamtlaufleistung war etwa 180.000 Kilometer. Ein Abriss des vorderen Kreuzgelenkes, da half nur Ersatz aus Deutschland.
Die neue Gelenkwelle von Thailand, ging nach weiteren 25.000 Kilometer wieder kaputt. Der Kardan mag keine 1000 Kilometer langen Wellblechpisten, die ich in Australien oft gefahren bin.
Öfter war das Hinterrad in der Luft, in ausgefederter Schwingenlage, dies ist vermutlich auch die Ursache für den vorderen Kreuzgelenkschaden, zumal ich in Indien ein neues Federbein von Wilbers eingebaut habe, welches um zwei Zentimeter länger war. Das erste Original Federbein hat 155.000 Kilometer gehalten. Ich wusste natürlich schon vor Reisebeginn was zuerst kaputt geht, aber der Austausch hätte eine Ausgabe von 1000,- Euro bedeutet. Immerhin haben das Federbein und die Kardanwelle mich noch 30.000 Kilometer pro-

blemlos begleitet. Es war kein leichtes Unterfangen, etwa 80,- Euro Zollgebühr musste ich in Thailand zahlen, weil die Kardanwelle aus Deutschland eingeführt wurde. In Indien wurde das defekte Federbein in dem Carnet de Passage eingetragen (Zolldokument für Krad). Somit brauchte ich kein Zoll zahlen, dafür musste ich das defekte "Alte" aber wiederausführen. Was hieß, dieses im Gepäck mitzuführen.
Die Handlichkeit des Boxermotors ist im Gelände oder im dichten Straßenverkehr, wie in Indien nicht berauschend, stehen die Zylinder doch Arg weit heraus. Es hat aber den Vorteil, dass man hinten schmaler ist und bei engen Durchfahrten nur vorne auf die Zylinder achten muss, passen diese durch, paßt das Krad hinten ungesehen durch.
Manchmal war der breite Motor, wenn ich das"Bike" um die Kurve schieben musste doch schon im Weg.
Die Gepäckunterbringung ist bei der BMW am besten ausgelegt, irgendwie kann man die Beladen bis zum geht nicht mehr. Wenn ich die dünnen Vierkantheckstreben der KTM Adventure sehe kommt mir das Grauen!
Der Reifenwechsel kann einen allerdings bei der BMW auf den Nerv gehen. Ohne Kompressor läuft da nichts, der Reifen läßt sich meist mit 110 Kilogramm Körpergewicht einfach aus dem Felgenbett drücken, mit den Motorradstiefeln und bei sommerlichen Temperaturen sowieso. Aber es ist eine ganz schöne "Friemelei," speziell wenn man vorne einen dicken Elefantenschlauch drin hat. Ich habe den Weltreisenden Schweizer Michael Kohler in Indonesien getroffen. Der hatte einen Plattfuß und glaubte doch ernsthaft, mit seiner kleinen Handpumpe den Reifen ins Felgenbett drücken zu können.
Keine Chance, nach 15 Minuten holte ich meinen Kompressor raus und mit zweimal Luft drauf und wieder runter, flutschte er erst bei 6 Bar richtig ins Felgenbett. Mit Reifenpaste, die wir nicht hatten wäre es etwas einfacher.
Speichen sind mir an der BMW oder anderen Motorrädern noch nie gebrochen. Deshalb führe ich keine mehr mit. Allerdings sollte man vom Anlasser der BMW, das Planetengetriebe als Ersatz mitnehmen. Es kann schon mal im laufe des Alters kaputt gehen (normaler Verschleiß).
Ein Kickstarter zu dem Elektrostarter ist schon eine feine Sache, außer KTM hat das kein Hersteller mehr im Programm.
Jeder sollte für sich das entsprechende Motorrad wählen, es hat viel mit der Körpergröße, Handlichkeit, Reparaturanfälligkeit und Vertrauen zu tun. Aber vor allem sollte man es alleine aufheben können wenn es umgefallen ist. Was nutzt es wenn man die Gepäckrolle herunter nimmt und es trotzdem nicht aufheben kann. Deshalb sollten die Koffer schnell ausgehangen werden können.

Stelle man sich vor, bei einer Flussdurchfahrt kommt es zum Fall?
Dann sollte das Motorrad schnellstmöglich aufgehoben werden. Natürlich kann man sich vor der Durchfahrt von den Koffern durch Aushängen trennen, ebenso von dem Gepäck. Meistens sind es aber mehrere Flussdurchfahrten hintereinander. Ich war es Leid, dass meist eisig kalte Wasser mit dem Gepäck zu durchlaufen. Es war mir zu lästig, bisher klappte es immer ohne Probleme.
Beim Langzeitreisen sollte es ein Enduro Motorrad sein, mit Tankvolumen ausreichend für vierhundert Kilometer und wenig"schnickschnack."
Ausreichend Federwege, auf das Gepäck und den Fahrer ausgelegt und ein Trägersystem aus Metall. Eisen kann unterwegs fast überall geschweißt werden, sogar im Urwald. Alukoffer erhöhen in manchen Ländern das Sicherheitsgefühl, in vielen erwecken sie aber auch die Neugier und Diebstahlgefahr. Persönlich bevorzuge ich auf langen Reisen Alukoffer. Wegen des Schutzes beim Sturz und Diebstahl. Klamotten rein, Klappe zu, fertig. Mit einen Hammer kann man Boxen einfach richten, zumindest grob. Diese dann auch als Hauptständer, Tisch und Hocker ebenfalls nutzen.
Das richtige, beste oder geeignete Reisebike, mehr oder Einzylinder !
Auch diese häufig gestellte Frage ist persönliche Erfahrung. Ich bin von 2 auf 1 Zylinder umgestiegen. Für mich selbst, der schon alles gefahren hat, reicht ein 1 Zylindermotorrad aus und hat genug Power. Wer mehr Komfort, speziell beim Schalten braucht ist sicherlich mit einem Mehrzylinder besser dran, weil schaltfauler zu Fahren, auch halten die Reifen länger. Entgegen dem 1 Zylinder, wo man doch ständig, speziell in den Bergen schalten muss. Da fast alle neuen Motorräder elektrische Benzineinspritzung haben, darf man hoffen mit der Elektrik keine Probleme zu bekommen, wenn es nicht gerade in Europa passiert.
In einigen Jahren sieht das auch anders aus, Zeiten ändern sich, auch in Afrika, Südamerika-und Südostasien. Es Bedarf nur wenige Tage, weltweit irgendwo Ersatzteile zu versenden und die Flughäfen sind meist auch nicht weit entfernt und mit öffentlichen Verkehrsmitteln zu erreichen.
Ich kann nun Seitenweise für das"wenn und aber" eines Motorrades Schreiben, auch über Zubehör, Reifen. Man hat schon Bücher mit diesen Thema gefüllt, die dieses ausführlicher behandeln. Ich reise nun mit einen eher weniger gefragten Motorrad weiter, eine KLR 650, Modell 2008. Diese habe ich in Australien gekauft, nach einem Arbeitseinsatz in Brisbane.
Es war eine Erfahrungssache, da finanziell nur zwei Bikes dafür in Frage kamen, die Suzuki DR 650 SE oder die KLR 650, beide um die 8000,- Australische Dollar.

Da ich in Deutschland schon eine Kawasaki Tengai hatte und den Motor gut kenne und weiß, dass er locker 100.000 Kilometer macht, entschied ich mich dafür. Die Suzuki DR 650 ist bestimmt auch eine gute Entscheidung, hat aber einen kleinen Tank und Luftkühlung.
Meine BMW habe ich manchesmal am Straßenrand auskühlen lassen, weil die Öltemperaturanzeige Vollanschlag, 140 Grad zeigte, aus Angst vor Motorschaden.
Natürlich habe ich die Gabel und das hintere Federbein auf mein Körper- und Gepäckgewicht durch "Wilbers Fahrwerk-Produkte" aus Deutschland optimiert. Zusätzlich einen Hauptständer, Sturzbügel, Alukoffer und Gepäckträger nachträglich installiert. Ein automatisches Kettenschmiersystem von Scottoiler soll die Langlebigkeit der Antriebskette verlängern und ist montiert.
Dies ist meine persönliche Einstellung und Entscheidung für die Kawasaki KLR 650. Es wird sich herausstellen im Laufe der Reise, ob es eine gute oder schlechte Entscheidung gewesen ist!
Bis heute 1.8.2010, bin ich damit insgesamt 47.000 Kilometer gefahren.

Der Abschied

Einige Tage nach meinen 44zigsten Geburtstag soll die Reise beginnen. Am Wochenende zuvor gab ich bei Harley Bernd, einen Espelkamper Bikerstammtisch Kumpel mit großen Partyraum, eine Abschlußfeier. Es wurden Alle eingeladen und Alle kamen.
Es wurde getrunken, geraucht, gesungen, getanzt und geredet, viele dachten bis dahin noch, dass es nur ein Urlaubstrip für wenige Monate sein wird. Die Neue Westfälische Zeitung wurde auch eingeladen um ein Gruppenfoto zu machen, was gut ankam. Es wurde lange gefeiert, ohne Ausschreitungen, eben ein gelungener Abschluß, um mich von Allen zu verabschieden und um lange in Erinnerung zu bleiben.
Nun sind es inzwischen schon 5 Jahre geworden.
Zwar beschloß ich am Dienstag den 26.7.2005 aufzubrechen, aber nur wenn es nicht regnet. Natürlich regnete es, mein alter Kumpel und Reisepate Peter Tennigkeit, wo ich die letzten Wochen untergekommen bin, sagte "nichts da, Du fährst auch wenn es regnet."
Er sei schließlich auch im Regen nach der Mongolei aufgebrochen. Ich antwortete darauf,"aber das war im März, nun haben wir Hochsommer, Ende Juli."
Peter darauf „Keine Ausrede!"
Peter Tennigkeit begleitete mich mit seiner BMW GS 1100. Danke für die 20 Kilometer Eskorte.
In voller Regenmontur ging es von Preußisch Ströhen nach Espelkamp, einige Freunde vom Bikerstammtisch haben mich vor dem Büro der Neuen Westfälischen Zeitung verabschiedet, ein letztes Gruppenfoto wurde gemacht.
Es war kalt und regnerisch," Mistwetter," an diesem Morgen und sah auch nicht nach Besserung aus. Es flossen Tränen, ich war auch fast soweit. Dann setzte ich mich aufs Motorrad, blickte nicht in den Rückspiegel, erhob winkend meine linke Hand und fuhr im Regen aus meiner Espelkamper Heimatstadt heraus.
Erst hinter dem Harz, etwa 250 Kilometer später, hörte es zu regnen auf und die Sonne kam durch. Bis dahin dachte ich wehmütig darüber nach, ob das die Richtige Entscheidung war, alles hinter sich zu lassen mit eigentlich unbekanntem Weg und Ziel. Dies ist kein mehrwöchiger hektischer Jahresurlaub Trip. Es ist mein langersehnter Traum, der nun im Regen beginnt. Ich kann es irgendwie noch nicht so richtig glauben!
Tausend Gedanken gingen mir durch den Kopf und begleiteten mich bis ins

Erzgebirge nach Stollberg, wo ich mich für einige Tage bei meiner Tante Christine und Onkel Achim aufhalten will. Hier hatte ich auch noch einmal die Gelegenheit, mich intensiv von meiner 71.zig jährigen Mutter, die bei Ihrem Bruder auf Besuch war zu verabschieden. "Vielleicht für immer" und über alte Zeiten meiner Jugend, unserer Familie zu Reden.
Hierher kam auch VA-Peter, ein Freund aus Hiddenhausen wo ich einige Wochen vor meiner Abreise gelebt habe. Er hat 5 Wochen Urlaub genehmigt bekommen und wird mich die erste Zeit auf meiner Weltreise begleiten.
Durch die Länder, Polen, Litauen, Lettland, Estland, Russland, Georgien und der Türkei. Dann sollten sich unsere Wege wieder trennen, für sehr lange Zeit.
Zuerst besuchten wir nahe der polnischen Grenze Christine und Herbert, alte Motorradfreunde, machten ein Lagerfeuer und grillten dazu. **Es war auch ein Abschied für immer, denn Herbert verstarb an seinem zweiten Schlaganfall in Dezember 2008. Möge er im Bikerhimmel seine Ruhe finden.**

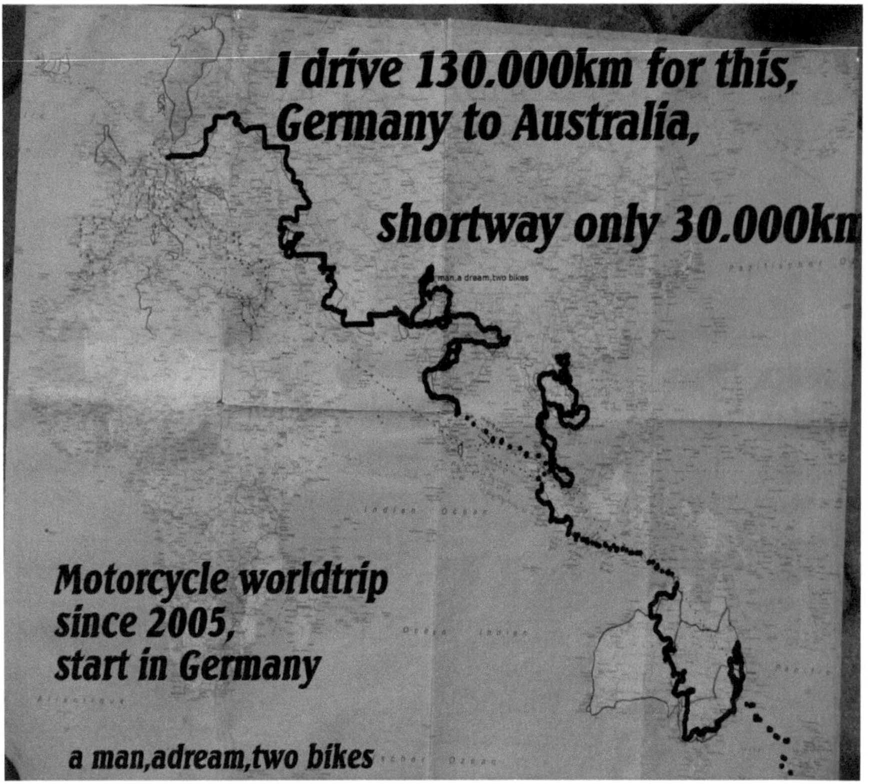

Baltikum

Wir planten nicht, sahen uns abends zuvor die Landkarte an und besprachen dann die zu befahrende Strecke. Da wir beide etwas Abenteuer wollten suchten wir uns Nebenstrecken und Pisten, die es in Polen zwar auch, aber dafür umso mehr im Baltikum gab. Wir folgten den Flüssen, zelteten wild im freien und genossen unser Bier am Lagerfeuer. Immer wieder wurden wir von Einheimischen angesprochen, waren doch viele überrascht und erfreut, dass wir mit Motorräder ihr Land bereisten. Im Jahr 2005, zu dieser Zeit war alles gerade im Umbruch, die Länder waren zuvor eigenständige Staaten geworden, frei von russischer Hand und Politik.
Die Touristik war in den Anfängen, kaum Zeltplätze, nichts war auf Touristen eingestellt.
Sprachprobleme kamen auf uns zu, es fand sich immer eine meist junge Person die Englisch sprach, manchmal ging es auch nur mit Händen und Füßen. Wir haben uns immer irgendwie verständlich machen können. Ältere Einheimische verstanden und sprachen auch deutsch.
Motorräder sah man weniger, aber wenn, dann meist edle Chopper, Racer und sehr exklusive Autos, speziell in den Hauptstädten, Riga, Tallinn, Vilnius. Viele alte, wie historische Gebäude wurden restauriert und standen in den

Altstadtzentren mit den Sehenswürdigkeiten, zum fotografieren bereit. Die edlen Boutiquen sind mit feinsten Materialien, Kleidern, Schuhen, Designerstücken aus aller Welt ausgestattet die sehr teuer waren. Die Käufer, meist betuchte Urlauber, die per Fähre von Skandinavien herüber kamen.
Viele Straßen sind auf den abgelegenen Strecken in erbärmlichen Zustand. Mit der Enduro kein Problem, manche waren löchriger als Schweizer Käse. Gefüllt mit matschigem Regenwasser, mit unseren "21 Zoll" Vorderreifen fährt man so durch. Es gab jedesmal eine kleine Dusche, danach sah man aus wie ein Straßenbauarbeiter, die "Moppeds" ebenfalls. Sehr oft zogen wir unser Regenzeug über, anschließend konnte es in der Dusche abgespritzt und somit einfach gesäubert werden. Der Sommer 2005 war einfach zu feucht und kalt.
Je weiter wir nach Osten fuhren, umso ärmer sah das Umfeld, die Straßen, Gebäude, Fahrzeuge und Ausstattung der Lebensmittellläden aus. Die Menschen wurden immer freundlicher, man ließ uns in Ruhe, aber bestaunte die Motorräder aus Entfernung und niemand"fingerte" daran herum.
Der Baltikum war ohne Visum für deutsche Staatsbürger zu bereisen, unser einziges Visum war das Russische, was wir zuvor ohne Probleme in Deutschland beantragt hatten. Ich zudem, dass für den Iran gleich mit.
Viele Tankstellen waren neu für uns, man muss zuvor an einen meist stark vergitterten Container,-Kassenhaus, die Menge an Liter angeben die man als Benzin haben will und bezahlt diese gleich. Dann wird die Pumpe freigeschaltet und es laufen genausoviel Liter wie bezahlt heraus.
"Jetzt stelle man sich aber vor, dass man zu viel Benzin gekauft hat."
Macht nichts denkt ihr?
Von wegen!
Viele Pumpen stoppen nicht, also läuft alles über, so schnell kann man den Stutzen nicht herausziehen und es auf den Boden laufen lassen, oder mal eben beim anderen Tank reinhalten und weiterlaufen lassen.
Das gab eine ganz schöne Sauerei und Gestank, wie man sich vorstellen kann. Das passiert einem nur einmal, danach ist man vorsichtiger, bei meinen 43 Litertank habe ich manchmal drei Anläufe gebraucht um diesen ohne Überlaufen ziemlich voll zu bekommen.
Von Tallin in Estland, ging es nach Russland zu Sankt Petersburg. Wir wollten unbedingt ein Foto mit einer goldenen Zwiebelturm Kirche im Hintergrund von unseren Motorrädern, Peters Tengai und meiner BMW. Im Fernsehen sahen die immer so schön bunt und mit Mosaiken besetzt aus.

Tengai
MK

Russland

Russland, für viele das um"Große" Unbekannte.

Korrupte Polizei, schlechte Straßen, Schwierigkeiten bei der Sprachverständigung, Probleme mit der Visumbeschaffung, schlechtes Benzin und und und.........................!

Alles was man im Vorfeld darüber gehört hat und fahrt da bloß nicht hin, geschweige denn durch, sind " Schauermärchen und Quatsch."

Man muss sich nur zu helfen wissen, aber wir wollten dahin und auch durch.

Der Grenzdurchlauf, VA-Peter hatte etwas "Bammel" „ dann lass mich mal Vorfahren und machen", ich war zuvor nie in Russland gewesen, aber was soll schon anders sein als an anderen Grenzen!

Wir mogelten uns an einigen Autos in der Schlange vor, gaben aber mit Händen zu verstehen ob das den betroffenen Autofahrer störe. Anscheinend nicht, denn der stieg aus und bewunderte die Motorräder und meinte das wir viel Gepäck hätten. Keine Ahnung ob ich ihm klarmachen konnte, bzw. ob er verstanden hat, das ich um die gesamte Welt fahren will.

Wir kamen der Grenze näher, reichten dann die Reisepässe durchs Fenster des Häuschens und auf gebrochenem deutsch hieß es wo wir hin wollen in Mutter Russland. Sieht ja nach einer größeren Aktion aus.

Ich hatte selber keine Ahnung, sagte nach Sankt Petersburg und Moskau, die einzigen Städte die mir so auf Anhieb einfielen, mehr kannte ich auch nicht zu diesem Zeitpunkt und bis heute sind es auch nicht viel mehr geworden. Das wir zum Kaspischen Meer runter wollten verschwieg ich.
Nach etwas Erklären und Reden, wir sollten uns jede Woche im Hotel einen Stempel als Registrierung geben lassen, war die Einreise erledigt. VA-Peter meinte dann noch,"was sind wir schon drin, das war ja einfach."
Ich darauf, "fast", jetzt nur noch zum Zoll.
Der Zoll war auch einfach durchlaufen, der Zöllner fragte nur was dies und das wäre indem man äußerlich auf unsere Gepäckstücke, Rollen,- Tanksack zeigte. Die Antwort meinerseits, kam genauso schnell wie man auf die Gegenstände zeigte herausgeschossen, Campingzeug, Zelt, Schlafsack, Kochzeug, Landkarten, Kleidung.
Wir sollten noch eine Fahrzeug- Haftpflichtversicherung abschließen für die Dauer des Visum, also vier Wochen. Es kostet 20,- Euro. Meine Frage was damit abgesichert sei, beantwortete man nicht!
Wir tauschten noch etwas Euro in Rubel und los geht es.
Wir haben haufenweise Kopien von unseren Reisepass samt Visum und Führerschein, die wir bei einer Kontrolle vorweisen wollten anstatt der originalen Papiere. So war es abgemacht, "denke daran VA- Peter, gebe nicht die Originale aus der Hand," aber wenn die diese nicht wollen, dann warte bis ich zur Stelle bin. Auch hielten wir uns an die Geschwindigkeits- begrenzungen, maximal zehn Kilometer pro Stunde mehr, weil unsere Tachometer eh weniger anzeigten als gefahren wird.
In Sankt Petersburg, gab es keine Campingplätze, die Unterkünfte waren sehr teuer, also blieb uns nichts anderes übrig als 20 Kilometer außerhalb etwas billiges zu suchen. Die Motorräder sollten immer sicher sein vor Diebstahl, sonst suchen wir einen anderen Platz zum nächtigen aus, dies war unsere Devise.
Die Stadt, Sankt Petersburg hat schon etwas, ich war und bin noch immer tief beeindruckt davon. Selten habe ich solche Kolossalen Gebäude gesehen und alles im besten Zustand. Der Straßenverkehr lief in geordneten Sitten ab, man kennt und respektiert die Regeln, es macht richtig Spaß, dort von einer Sehenswürdigkeit zur anderen zu Fahren.
Viele Einheimische kamen auf uns zu und stellten Fragen zu den Bikes, hatten Sie zwar ihre Molotov, Dnjepr, Ural............ mit Boxermotor und Kardan samt Seitenwagenantrieb, waren stolz wie"Hermann" darüber. Verglichen immer Teile meiner BMW mit ihrer, ich musste mich etwas zurück halten, bin

schließlich Gast in Ihrem Land.

Ein guter alter Biker- Kumpel, Wölfi, Wolfgang Schiedeck, aus Espelkamp hatte mal so ein Benzinschluckendes Monster, achtzig Kilometer und vierzehn Liter waren futsch, abgesehen von den vielen Problemen. Wölfi war immer im Umfeld von Espelkamp unterwegs, da war es nicht so tragisch mit dem Abschleppen. Nur einmal wagte er sich tatsächlich auf ein Ural-Treffen ins Ruhrgebiet, 180 Kilometer entfernt.

Mit einen Freund und zweitem Uralgespann, die sind dort nie angelangt, eine von beiden hatte einen kapitalen Kolbenschaden, nichts ging mehr. Das konnte ich den netten"Leningrad Cowboys" ja nicht so auf die Nase binden, die um unsere Motorräder standen und staunten, dass wäre dann ein sehr kurzer Russland Aufenthalt geworden!

Peter hatte leider nur 5 Wochen Urlaub, wir mussten weiter, immer Richtung Moskau der eintönigen Hauptstrecke folgend. Pisten gab es nur als Stichstraßen von den Hauptstraßen abzweigend, diese verliefen im Nichts. Kleine Orte und heruntergekommene Bauern- Genossenschaften, matschige, löchrige Naturstraßen, also blieben wir auf den geteerten echt langweiligen breiten Hauptstraßen.

Dann passierte es! Worauf wir schon lange gewartet hatten, was alle erzählt haben. Endlich, ist doch etwas dran dachte ich!

Innerhalb eines Ortes, Peter fuhr vor, ein alter 320er BMW, Polizei. Wahrscheinlich von Deutschland als Aufbauhilfe gesponsert, stand rechts und stoppte uns, wir hielten. Händewinkend deutete man darauf hin, wir sollen zum Fahrzeug kommen. Ich zeigte mit dem Finger auf mich selbst und dann war Kopfnicken angesagt. Man meinte wirklich uns, ich drehte mich um, aber nur entfernt waren einige Menschen zu sehen.

Drei Polizeibeamte standen herum, dann hielt man Peter, er war zuerst da, eine Radarpistole, auf der man die roten Ziffern "94 km/h" erlesen konnte, vor die Nase.

Pass, Visum, Führerschein, Peter griff in seine Motorradjacke und gab gleich die Papiere heraus. Während ich zur Gummikuh ging und diese aus einem Alukoffer herauskramte, während ich zurückkam meinte Peter gleich, die wollen 100 US- Dollar haben. Ich wollte meine Kopien abgeben. Peter darauf:" Die wollen nur Originale haben, meine haben sie schon". Ich sagte "Schöner Mist," „Warum."

Wir hatten doch abgesprochen nur die Kopien zu geben die sie anschließend behalten können, die wollten diese aber nicht.

Ich zeigte einen Beamten der auf mich zu kam meine Kopien. Er wollte, indem er auf Peters Pass in seiner linken Hand zeigte, diesen auch von mir haben. Meinen Originalen deutschen Reisepass hielt ich mit Daumen und Zeigefinger in der linken Hand sehr stark fest und die Kopien in der rechten Hand. Ihm zeigend zum Vergleich, plötzlich zog er mir mit gewaltigem Ruck meinen originalen Pass aus der linken Hand, ich guckte echt blöd. Nun wusste man was hier abgeht.

Man wolle 100 US- Dollar für angeblich zu schnelles Fahren haben. Ich sagte wir seien nur 64 Kilometer die Stunde gefahren laut unseren GPS, indem ich darauf zeigte, siebzig waren erlaubt.

Nix da, nicht einen Euro zahle ich!

Wir haben im Vorfeld ausgemacht das wir uns strikt an das Speedlimit halten. Maximal zehn Kilometer laut unseren Tachometern mehr, weil diese zehn Kilometer zu viel anzeigten. Beide hatten wir auch ein GPS am Motorrad, wo wir die Geschwindigkeit genau ablesen konnten.

Nach etwa zwanzig Minuten hin und her, hieß es wir sollen Ihnen folgen. Ich sagte zu Peter,“ dass ist nicht gut, hier sind wir im Ort, andere Personen sehen uns, aber vielleicht bringen die uns ins Polizeigebäude. “Beide wussten wir nicht was los war, also folgten wir ihnen.

Einige Kilometer weiter, außerhalb der Ortes, bogen sie links ab, eine kleine Einfahrt hinunter, nicht einsehbar von der Straße und stoppten. Peter gleich hinterher, ich blieb oben auf der rechten Straßenseite stehen.

Nach mehrmaligen winken, zeigte ich wieder auf mich selbst mit dem Zeigefinger, Kopfnickend kam die Antwort, ich also runter samt BMW, dann fing ein Polizist gleich an zu meckern und sagte 80 US- Dollar und zeigte auf der durchgezogenen Linie in der Mitte der Fahrbahn. Malte diese symbolisch im Staub auf der Erde vor uns.

Nun war ich auf hundertachtzig, zeigte einzeln auf die drei Polizisten und sagte jeweils immer 80 US- Dollar.

Alles zusammen 240 US- Dollar und hielt meine Hand vor ihnen offen hin, weil sie ja auch mit ihren Fahrzeug dort drüber gefahren sind.

Peter beruhigte mich, es half aber nichts, ich ging zu den Anführer der Polizisten und sagte Pass und winkte mit dem Finger, der wiederum sagte 100 US-Dollar.

Ich besprach mit Peter was wir machen sollten, dass wird ständig so weitergehen, keinen Cent kriegen die von mir, zu Unrecht. Aber was sollten wir machen, die gaben die Papiere nicht zurück?

Mir lag folgende Idee im Kopf: Ich mache ein Foto mit meiner Digitalkamera von denen, samt Kennzeichen und Polizeifahrzeug und fahre zurück zu dem

letzten“ ANC- Gebäude“ und zeige denen die Fotos.“Du bleibst hier, bis ich wieder komme, auch wenn es einige Stunden dauern sollte.“
Bevor Peter antworten konnte hatte ich die kleine Panasonic “Digicam“ in der Hand, was meint Ihr was dann los war?
Die wollten mir die Kamera wegnehmen, aber genauso schnell wie ich sie raus hatte, habe ich sie wieder eingesteckt. Ich wehrte die greifenden Hände ab und sagte laut und wortwörtlich,“ ich go back zu den last ANC und zeige Fotos von Polizei Bandidos.“
„ANC,“ sind Gebäude an den Hauptstraßen, auf den Dächern stehen diese Buchstaben, von weitem zu erkennen. Keine Ahnung was diese bedeuten, es sind Polizeikontrollposten, dort wird der durchlaufende Verkehr gestoppt und auf Papiere etc. kontrolliert. Meine Hoffnung beruhte darauf das sie Panik kriegen und uns die Papiere zurück geben. Ich setzte den Helm auf und startete die Kuh, aber nichts tat sich. Ich fuhr langsam zurück und dachte noch, der letzte “ANC-Posten“ war etwa 50 Kilometer entfernt. Immer wieder schaute ich in die Rückspiegel, aber nichts. Dann plötzlich nach etwa zehn Minuten kam der “Dreier BMW“ mit Affenzahn angeschossen, überholte und brachte mich zum sehr starken Bremsen. Das Seitenfenster öffnete sich und unsere Papiere flogen heraus, auf den Asphalt. Es war trocken und kein Verkehr.
Ich stieg ab und die korrupten Polizisten heizten davon.“Na geht doch,“ sagte ich mir, hob alles auf, prüfte ob was fehlte oder herausgetrennt worden war. Alles sah gut aus.
Wieder bei Peter angelangt, sagte er, “die hättest Du mal sehen sollen, wie Du weg warst hatten die laute Diskussionen untereinander und sind dann mit durchdrehenden Reifen hinter dir her. Da wusste ich, es klappt auf diese Art und Weise, ohne Bezahlen daher zu kommen.“
Das war echt eine große Aufregung für uns beide. Aber nun wussten wir das zu Handhaben. Insgesamt passierte es etwa dreimal, aber wir gingen das locker an. Ich machte die Fotos und Peter blieb vor Ort und wartete. Manchmal gab es Handgreiflichkeiten.
Es soll ja Reisende “Biker“ geben, die Zahlen und machen es den nachfolgenden Reisenden dadurch schwerer.
Da gab es aber auch eine etwas andere fiese Abzocke, an den ANC Stellen, worauf ich später zurückkommen werde.
Nun genossen wir erstmal Moskau, die Hauptstadt des flächenmäßig größten Landes der Welt.
Wir wunderten uns, weil sich der Straßenverkehr in Grenzen hielt. Sind herumgefahren um eine Unterkunft zu finden, alles war sehr teuer. Ebenso wie in

Sankt Petersburg, fanden wir schließlich etwa fünfzehn Kilometer außerhalb ein gutes Hotel, wo man uns auch einen Registrierung- Stempel in den Pass drückte. Die Motorräder standen im bezahlten, eingezäunten und bewachten PKW-Parkplatz, etwa zweihundert Meter vom Hotel.
Am nächsten Tag wollten wir per Motorräder alle Sehenswürdigkeiten abfahren. Das Wetter war gut, etwas frisch am Morgen, dann aber sonnig und warm, schließlich war ja Sommer, auch hier in der “kalten Heimat.“
Kolossale Gebäude, Kirchen, Prachtalleen samt mehrspuriger Straßen, der Rote Platz und das Rathaus. Die Wolga, langsam fließend trennt Sie das Stadtzentrum dieser Millionenmetropole, in zwei Hälften.
Zehn US- Dollar kostete uns Falschparken auf dem Roten Platz, dies war unsere einzige Sünde in Mutter Russland. Die Strafe war es wert, weil es sogleich auch der sicherste Platz in Moskau ist. Dort angelangt , ketteten wir die Motorräder zusammen, an einen großen Betonklotz eines Abtrenngitters zum Roten Platz und verschwanden schnell zu Fuß. Als wir nach Stunden wieder kamen, wartete schon die Polizei auf uns, im Geländewagen, mit nur einen Polizeibeamten besetzt.
Dieser wollte natürlich auch gleich den Pass haben, wir gaben ihm die Kopien und zeigten dabei den Originalen verbleibend in unserer Hand. Er gab sich damit zufrieden und verlangte 80 US- Dollar wegen Falschparken. Diesmal hat er Recht.
Wir hatten das Schild gesehen, aber ich sagte Peter es ist sicherer als bei den PKW und Bussen. Dazwischen sieht keiner die Motorräder und wenn wir zurück kommen sind unsere Koffer leer, weil aufgebrochen. Nach kurzen Verhandeln und mehrmaligen hin-und her, einigten wir uns auf 10 US-Dollar pro Motorrad. Es gab keinen Beleg auf meine Anfrage, war uns auch egal. Wir wussten, dass er sich damit die eigene Tasche füllt.
Die großen Städte sind allgemein sehr teuer in Russland, es war nicht immer leicht, sofort eine günstige Unterkunft zu finden, manchmal brauchte es fünf Anläufe um etwas Preisgerechtes zu finden.
Zelten war nur außerhalb der Städte machbar, abgelegen und sicher. Meist fragten wir aber erst an den nächstgelegenen Haus ob das klar ginge. Niemals wurde es verneint, wir sollen dort bleiben, man paßt schon auf uns auf, wurde gestikuliert. Im Allgemeinen waren die Lebensmittel günstig, Benzin sowieso. Rubel konnten wir oft von den Geldautomaten, bekommen die in den Städten überall verteilt waren. Oft haben wir Unterkünfte in US- Dollar bezahlen müssen. Jeder von uns hatte diese auch am Motorrad versteckt. Die entsprechende Summe in Rubel wollte man nicht annehmen, Devisen werden gebraucht, sind

wichtige Tauschmittel.
Zwischen den großen Städten auf unseren Weg Richtung Kaspisches Meer gab es nichts zu sehen, Pampa, Einöde, sehr häufig riesige Müllhalden in den Wäldern, die eigentlich als Rastplatz dienten. Trabantenstädte, wo auf zehn Quadratkilometer hunderttausende von Menschen lebten, zusammengepfercht in den Hochhäusern die optisch in erbärmlichen Zustand waren. Die Balkone waren voll mit Kleidung, vermutlich zum Trocknen aufgehangen und in hundert verschiedenen Farbtönen gestrichen.“Es sah aus wie in der ehemaligen DDR, 1990 durch Jena der Autobahn nach Dresden folgend auf der linken Seite.“
Nun zu den ANC Polizei Kontrollstellen. Hier wird der Verkehr durch eine heruntergelassene Schranke zum Stoppen gezwungen. Alles wird kontrolliert, der Reisepass und Visum samt Fahrzeugpapiere.
Hier sind aber einige Polizeibeamte so dreist, diese öffnen den Tankrucksack und suchen nach brauchbarem, dass sie dann einfach herausnehmen, in der Luft damit herum fuchteln, dann langsam in der Hosentasche verschwinden lassen. Ihre Antwort „Souvenirs.“ Nicht mit mir.“
Ich steige dann von dem Motorrad und gehe zu dem Beamten, greife ihm an seine Uniform Brusttasche und versuche einen Orden zu entfernen, sage dabei Souvenir.
Dieses mögen die gar nicht, man versucht meine Hand weg zuschlagen, ich schob seine ebenfalls weg und winke mit meinen Zeigefinger, mir den entnommenen Gegenstand zurück zu geben.
Die Russen sind alle sehr große Menschen, kräftig gebaut, ich aber ebenfalls. In meiner Motorrad-Bekleidung stelle ich eine beeindruckende Person dar. Meistens hilft es schon, sitzend auf dem“ Mopped,“ wenn jemand versucht den Tanksack zu öffnen. Diesen einen kleinen leichten Klaps auf die Handoberfläche zu geben und mit dem Zeigefinger zeigend zu sagen „**my**“.
Ich will hiermit niemanden Abschrecken, um Gottes willen, dieses Buch soll nur zeigen, welche Erfahrungen ich auf dieser Reise gemacht habe. Die Guten Dinge überwiegen den wenigen Schlechten.
Ich unterscheide kein Land nach gut oder schlecht, damit meine ich nur deren Staatsdiener, Polizisten, die Wegelagerer.
Wir wurden öfters zum Essen bei privaten Leuten eingeladen, Biker wie wir es sind.
Bohrsch, dass lief folgend ab, bevor es Essen gab wurde eine 1,5 Liter fassende Plastikflasche, auf den Tisch gestellt, mit klarsichtigen Inhalt. Schwacher Wodka hieß es. Dann erklärte man uns, dass diese geleert werden muss bevor

das Essen startet. Aber im gleichen Zug kam eine weitere kleine 0,5 Liter Glasflasche auf dem Tisch, ebenfalls gefüllt mit Wodka, neben der großen gestellt. Peter zeigte darauf, die sei für nach dem Essen, als Verdauungsschluck, verstanden wir, weil er seine Hand auf den Bauch in kreisenden Bewegungen drehte.
Viel Gerede kreuz und quer, durcheinander, über den Tisch, in gebrochenen Deutsch und englisch Mix, irgendwie verstand man uns auch.
Alles wurde aus großen Glasgläsern die bis zum Rand gefüllt wurden getrunken. VA-Peter und ich sind nicht diejenigen die ins Glas "spuken," es war ein milder, gut zu trinkender Wodka, dabei gab es auch 0,5 Liter Flaschen Bier zu trinken.
Nach dem Essen ging es dann gemütlich weiter, mit der kleinen Flasche Wodka, alles selbstgebrannt hieß es. Dieser war stark und hatte 70% Prozent Alkohol. Bei sechs Leuten verteilt sich alles auf ein gesundes Mass. Wir waren nüchterner als die Gastgeber, so mal das Bier dabei wie Verdünner wirkte, zumindest für Peter und mich.
Es hat sehr gut geschmeckt, keine Kopfschmerzen am anderen Morgen, muss wohl gutes Zeug gewesen sein. Die Wohnung der Gastgeber, in einem Einhundertfamilien Hochhaus gelegen war voll gepackt mit irgendwelchen Krams an den Wänden, Andenken von Reisen in Russland.

Zum Kaspischen Meer gelangten wir nicht, hinter Astrachan war Ende, man ließ uns nicht durch, wegen Ausschreitungen mit Rebellen.(August,2005)
Ein anderer Versuch, die Grenze nach Georgien zu passieren schlug auch Fehl. Diese war nur für Anwohner Russlands und Georgien offen, ein weiterer nur für Militär, keine Möglichkeit in 2005 über Landweg die Grenze nach Georgien zu kreuzen. Dann auf nach Soci, eine Hafenstadt in Russland am Schwarzen Meer gelegen, hier gab es Fähren nach Georgien, die allerdings nur zweimal wöchentlich verkehren. Unser Pech, das Visum lief in zwei Tagen aus und die nächste Fähre fuhr erst wieder in vier Tagen!
Ich ging zum Hafenmeister, inmitten des Jachthafens in Soci gelegen, erklärte diesen unsere Situation, er konnte besser englisch wie ich, VA-Peter wartete bei den Motorrädern, zur Sicherheit.
Wir hatten Glück, er nahm uns an die Hand, sollten ihm hinterher fahren. Er lief schnellen Schrittes vorweg, nur um die Ecke, 200 Meter zum Zoll. Im abgesperrten und allerdings schon verschlossenen Bereich, wummerte er an das uneinsehbare riesig hohe Tor und schrie etwas auf Russisch, dieses wurde dann geöffnet. Es geht eine LKW- Fähre, allerdings nur nach der Türkei, die sollen wir nehmen, unsere einzige Möglichkeit um hier wegzukommen ohne

das Visum zu überschreiten. Dies wäre nicht so gut meinte er, deutete Gitter vor seinen Augen an, denke er meint damit das Gefängnis.
Wir bedankten uns tausendfach, mussten allerdings einige Stunden warten bis der Zoll und der Ausreisebeamte heran gefahren kam, für den Papierkrams. Der Zoll fragte nur nach dem Inhalt der Koffer und gut war.
Dann ging es im dunkeln auf den alten umfunktionierten Schiff, dass als LKW- Fähre diente, nichts war vorhanden. Abendessen konnten wir mit der Besatzung, dieses war eingeschlossen bei den 200 US- Dollar, pro Mann und Bike. Geschlafen haben wir in offenen Kojen, Fenster und Türen ohne Glas, auf Deck. Die wenigen LKW-Fahrer schliefen in ihren Trucks, "Doswidanja" Russland riefen wir vom Deck als wir langsam aus Soci dem Hafen herausschifften.
Mit Wehmut blickten wir zurück, in dieses für uns doch noch immer unbekannte große Land mit seinen Wodka trinkenden Gastfreundschaftlichen Einwohnern.

Wichtig für Russland, Georgien, Türkei und Schwarzes Meer. (2005)

Grundlegendes für Georgien Reisende, der Grenzverkehr, Türkei– Georgien und ebenfalls Russland –Georgien. Ein Hinweis der wichtig ist, von Georgien nach der Türkei einzureisen ist von Akhalkalaki nach Cildir nicht möglich, es ist ein Militärposten, man hat uns abgewiesen. Es kann nur der Küste entlang über Batumi nach der Türkei ein- und ausgereist werden, desweiteren über Abastumani nach Damal. Dort geht es über schlechter Piste zum Grenzübergang, die Aus- und Einreise hat etwa anderthalb Stunden gedauert, in Georgien ging es"Ruckzuck."

Georgien, ein Land das noch sehr Naturbelassen ist, nur die Hauptstrecken sind geteert der Rest ist in schlechten Schlagloch Zustand. Schön ist es, ein 21 Zoll Vorderrad zu haben, wir sind etwa sieben bis achthundert Kilometer in dieser einen Woche gefahren. VA-Peters hintere Federbein ist verreckt, zuviel Schlaglöcher, mit überladener Tengai. Campingplätze haben wir nicht gefunden. Wenn man Leute fragt kann man überall Zelten so wie wir es gemacht haben, es ist alles billig, für ein Doppelzimmer mit Abendessen zahlt man etwa siebeneinhalb bis zehn Euro, Benzin kostet einen halben Euro pro Liter. Die Menschen sind hilfsbereit und nett, versuchen zu helfen, die jüngeren lernen englisch in der Schule. Das ist sehr hilfreich, man kommt damit gut weiter bei Problemen.

Von russischer Seite nach Georgien einzureisen geht nicht über den Landweg, wir haben beide Grenzen aufgesucht. Der im Landesinneren die alte Mil-

litärstraße, ist nur wie der an der Küste vorhandene für Einheimische Georgier und Russen vorbehalten. Es gibt eine offizielle Fähre von Soci in Russland am Schwarzen Meer nach Batumi in Georgien. Diese verkehrt zweimal die Woche und soll etwa 150 US- Dollar kosten.
Es gibt auch eine offizielle LKW- Fähre die von Soci, Russland nach Trabzon in der Türkei fährt, kostet etwa 200 US- Dollar pro Person und Motorrad. Diese läuft immer am Montag aus. Man kann sich im Jachthafen am Tower melden, die wissen Bescheid. Die Bediensteten an dem Schalterverkauf haben keine Ahnung von der LKW- Fähre. In Russland gab es viele Millitär und ANC Kontrollpunkte, in der Gegend um Astrachan gab es die meisten Versuche, Geld oder andere Dinge von uns Touristen zu ergaunern. Peter und ich blieben hart und leisteten Gegenwehr was auch half. Wir hatten Zigaretten, die wir gaben und wurden auch auf ein Essen dafür eingeladen. Man nimmt, aber man gibt auch, dass ist Russland!
Es war nicht immer der Fall, wenn man bereit ist etwas Gegenwehr zu leisten und einen härteren Ton anschlägt dann geben sie auch klein bei. Aber ich habe leicht Reden mit meinen 120 Kilogramm und fast zwei Meter Körpergröße mit Helm. Meine äußere Erscheinung macht schon Eindruck, man darf nicht alles durchgehen und mit sich machen lassen, sonst sind Touristen, die nach einem Reisen ebenso dran und jeder muss seinen Obolus leisten. Die Korruption läßt aber langsam nach, teilweise hält man uns an und gibt uns zum Beispiel eine Flasche Wodka, ohne den Gedanken einer Gegenleistung!
Die Grenzen in Europa öffnen sich und die üblen Geschehnisse von damals lassen“Gottseidank“ langsam aber sicher nach.
Russland ist also nicht so übel wie man sagt, Georgien ist noch schöner landschaftlich gesehen. Mann oder Frau, sollte eine Enduro fahren, ansonsten kann man nur die wenigen mehr schlecht als gut Asphaltierten Straßen befahren und alles rappelt sich los. Wild zelten ist überall möglich wo wenig Menschen sind. Aber selbst wenn man uns im Elbrus Gebirge gesehen hat, stellte man nur ein paar Fragen und ließ uns in Ruhe. Eine gute Straßenkarte sollte mitgebracht werden, da es manchmal über Stock und Stein geht. Russland hat in den Städten viel altertümliches zu bieten, aber außerhalb der Städte fährt man von einer Stadt zur anderen.
In Georgien fährt man von den Städten heraus,2500 da die nichts zu bieten haben an Sehenswürdigkeiten um in die Berge zu kommen. Wetterfeste Kleidung ist Voraussetzung, da man überwiegend auf Höhen von 1000 bis 2500 Meter unterwegs ist.
Selbst an der Schwarzmeerküste, wurden wir von schweren Gewittern meist

nachts heimgesucht. Uns gefiel Georgien vom Fahren besser wie Russland, da es dort meist nur flach und gerade aus geht.
Verpflegung und Übernachtungsmäßig hielten wir es so, dass wir fuhren und erst am späten Nachmittag entschieden je nachdem wo wir gelandet sind eine Schlafmöglichkeit zu suchen. Je nach Wetterlage ob Zelten oder Zimmer was sich gerade so anbot. Lebensmittel hatten wir immer im Koffer, sodass wir locker zwei Tage überbrücken konnten, ein Benzinkocher und Teller mit Topf ist immer dabei.
Wieder in der Türkei angelangt, ging es Richtung Kars nach Aniköy eine durch Erdbeben zerstörte Altertümliche historische Grenzstadt die an Armenien angrenzt und nur durch eine Große sehr beeindruckende Schlucht getrennt ist.

100
200
60
85
175
32
25
50
360
405

www.fredontour.de
M CT 8

ПУТИНКИ

Türkei – Georgien

Die Türkei, das Meer blieb ruhig, 18 Stunden dauerte die endlos vorkommende Überfahrt. Trabzon war der Ankunfthafen, von hier wollten wir in den Bergen des Kaukasus nach Georgien. Die Türkei kannte ich schon von unzähligen anderen Urlaubsfahrten zuvor, nichts neues für mich, wohl aber für VA- Peter.

Etwas orientalischer Hauch, mit den Moscheen sowie morgendlichen Aufweckgesang des Muezzins mit „ Allah- hu- Akbar" und den bunten Märkten. Trabzon ist auch Tee- Anbaugebiet, sogar das Größte der Türkei.

Tee wurde hier für uns das Hauptgetränk. Der Teelöffel blieb mittig stecken, soviel Zucker tat man immer hinein. Tee beruhigt, ist eine gute Erfrischung und schont die Nerven, bei dem manchmal hektischen Verkehr in den Städten. Normal für mich, Peter hatte da manchmal seine Bedenken, dass alles gut geht!

Teestuben gab es unterwegs an jeder Ecke, dort konnten wir immer Pause machen und kamen mit Einheimischen zusammen, bzw. in Kontakt und ins Gespräch. Überwiegend Gastarbeiter, die uns ansprachen und meist zwanzig und mehr Jahre in Berlin, dem Ruhrgebiet und sonst wo gearbeitet haben. Nach Erreichen des Rentenalters sind Sie wieder hierher, in ihre Alte Heimat zurückgekehrt. Mit dem verdienten Geld in Deutschland und ihrer Rente wurden Häuser, Hotels, Ferienappartements gebaut oder gekauft. Es sind hier angesehene Leute, aber auch irgendwie von den anderen Heimischen ausgestoßen, wie man uns sagte.

Der Küste folgend ging es zur Grenze nach Georgien. Die Ausreise war einfach, die Türken verstanden ihr Handwerk und die Motorräder wurden aus dem Pass gestrichen. Uns fiel ein reger Autohandel an der Grenze nach Georgien auf. Viele Gastarbeiter brachten deutsche Autos hierher, um diese für ein vielfaches mehr zu veräußern.

Die jungen Leute sprachen englisch, dies lernt man in der Schule. Gut für uns, die Straßenschilder waren absolut unleserlich. Mit geschwungenen runden Zeichen, sahen wir keinen Unterschied zwischen den einzelnen Buchstaben. Hin und wieder war auch für Ausländer der leserliche Namen gedruckt, ansonsten haben wir sehr häufig nach dem richtigen Weg fragen müssen.

Noch völlig unberührt vom Tourismus und etwas heruntergekommen, zeigten sich die Städte. Viele große Müllberge, anscheinend klappte es nicht so recht mit der Müllabfuhr oder man streikte.

Tiflis, die Hauptstadt mit ihrer Trabanten- Siedlung und wiederum das Alte Stadtzentrum, mit unzählig viel zerfallenen alten Bauwerken und Gebäuden. Eine Schande, aber es ist kein Geld, dafür vorhanden. Das regnerische Wetter drückte auf unser Gemüt, wir wollten weiter nach Aserbaidschan. Keine Visafreie Einreise für Deutsche in August 2005, dort muss man ein Visa im Vorfeld haben, es wurde auch nicht an der Grenze ausgestellt. Wir hielten uns etliche Tage in dem bis zu 4000 Meter hohen Kaukasus-Elbrus Gebirge auf. Tolle Pisten bis auf 2800 Meter hoch, dass ist nun wieder unsere Welt. Nachts war es schon sehr kalt, morgens alles klitschnass.

Viele Hirten mit ihren Herden zogen an uns vorbei, die Hütehunde waren sehr aggressiv. Unsere Hauptmahlzeit waren Spiegeleier, morgens und abends. Seid Deutschland führte VA- Peter eine zurechtgeschnittene achter Eierverpackung mit, damit konnten wir die gekauften Eier sicher im Topcase transportieren.

Die Einheimischen sahen uns immer an, wollten die Transportverpackung haben, boten uns sogar 20 Eier dafür, aber wir brauchten sie selbst für uns, unser Frühstück war uns heilig. Wir waren am äußersten Rande von Europa und doch kannte man vieles nicht, was für uns normal und selbstverständlich ist.

Das Elbrus Gebirge: wir machten einen Gondelausflug bis auf
3500 Meter Höhe, ab 3000 Meter lag Schnee. Das im August, es war eisig kalt, trotz all unserer Motorradklamotten die wir angezogen hatten.

Ein super Blick ergab sich von oben, anschließend waren wir doch froh, wie-

der auf 2000 Meter Höhe zu sein, bei unseren Motorrädern. Es ging zurück zum Campingplatz, der bei einem einheimischen Bauern war. Dieser hat auf etwa 2000 Meter Passhöhe eine Art Picknickplatz eingerichtet mit überdachten Sitzplätzen und Zeltmöglichkeiten.
Hier blieben wir nur eine Nacht, es war bitterkalt. Am nächsten morgen sind wir eine sehr holprige Piste über Stock und Stein gefahren. Nach Peters GPS gab es eine Möglichkeit, über einen Bergpaß zu gelangen,
der etwa 100 Kilometer Asphalt ersparen würde. Unser Gastgeber, der Bauer sagte, dass es machbar sei, mit unseren Enduros dort hinzugelangen. Es sei sehr steil und schmal, nur ein Hirtenpfad, wo die Schafe-und Rinder entlang laufen.
Wir konnten auch gar nicht zurück und drehen, wenn hier einer stürzt, fällt er tief. Als sich der Pfad irgendwann teilte und in verschiedene Richtungen führte wussten wir nicht so richtig woher es geht, also fuhren wir erstmal nach GPS.
Angelangt auf einer weiteren Paßhöhe konnten wir dann sehen, dass wir richtig waren: der andere Pfad führte zu weit nach rechts in ein anderes Hochtal. Die kürzere Strecke zur nächsten Stadt lag etwa 15 Kilometer entfernt, es war manchmal so steil, steinig und schmal, dass wir sicherheitshalber an manchen Stellen die Motorräder einzeln durchschoben. Das heißt: einer saß auf seinem Motorrad und der andere hielt es hinten und schob etwas, wenn das Hinterrad durchdrehte.
Alles ging gut. Je tiefer wir kamen, desto breiter wurde der Pfad. Die ersten Behausungen waren zu sehen, das hieß wir sind auf dem richtigen Weg hinunter zur Stadt. Benzin hatten wir beide genug, notfalls hätte ich aus meinem 43 Litertank für Peter etwas abzapfen können. Peters Kawasaki Tengai hat eine Reichweite von 400 Kilometern, bei all dem Gewicht, samt Gepäck und 22 Liter Tank sehr gut. Er fährt unter fünf Litern auf einhundert Kilometer, während meine Kuh immer mehr verbraucht. Sechs Liter sind normal aber wenn es unter Last steil bergauf geht dann auch bis zu acht Liter. Ich sollte die Vergaser, Düsenstöcke vielleicht doch mal austauschen. Kupplungmäßig, laß ich das Hinterrad durchdrehen, egal wie steil es ist, da rutscht nichts durch, kann immer anfahren, während die Tengai manchmal etwas Anschubhilfe brauchte.
Einige Tage später war es soweit, auf einer verhältnismäßig guten Piste auf dem Weg zur türkischen Grenze zurück, versagte die hintere Federung an Peters Tengai und das gesamte Öl darin lief aus.
Mit einem mal hatte Peter keine Federwirkung, erzählte er ganz aufgeregt, als er dann sah das nichts schleift fuhr er langsam weiter.“Ich wäre schon zurück

gekommen, wenn Du die nächsten zehn Minuten nicht aufgetaucht wärst,“ erzählte ich Ihm. “Keine Panik, solange du fahren kannst ist doch alles klar.“ Ich fuhr langsam weiter voraus und wartete immer wieder mal auf Peter.
Das Federbein war überlastet, der innere Druck samt Öl
war entwichen. Es hieß nun, des öfteren die Schrauben auf Festigkeit zu prüfen. Wir waren am Arsch der Welt und versuchten bis in die Türkei zu kommen.

Türkei

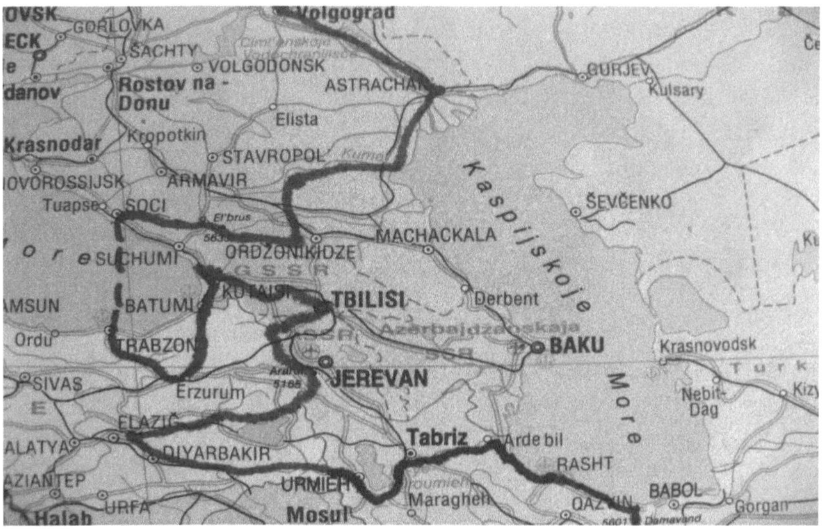

Ohne weitere Probleme, in der Türkei angelangt, war die Ausreise von Georgien einfacher als wir dachten.

Die Einreise in die Türkei ebenfalls, am anderen Tag haben wir in der nächst größeren Stadt, ein Zimmer gemietet, nachdem wir eine Nacht in der Natur wild gezeltet haben.

Am nächsten Morgen wurde die Tengai, an einer Laterne hinten hochgezogen, damit Peter das Federbein ausbauen konnte.

Wir gingen damit zu einer Autowerkstatt, entfernten die Feder und zerlegten das Innere, aber es half nichts, auch war keine stärkere Feder aufzutreiben. Letztendlich füllten wir das Federbein mit Fett und bauten alles zusammen, somit hat Peters Kawasaki minimalen Federweg und war hinten ein wenig höher als zuvor. Nach einer Testfahrt, meinte Peter, damit komme er bis Deutschland. Dort würde er sofort im Motorradladen ein stärkeres Federbein bestellen und einbauen.

So langsam rennt Peter die Zeit davon, hatte er nur fünf Wochen Urlaub bekommen. Wir fuhren über die guten Straßen im Kurdenland, auf Höhenlagen von 1500 Meter. Das teuerste Benzin auf meiner Reise bisher, ein Liter für knapp über zwei Euro, das in 2005. Wie finanzieren die Einheimischen das, vermutlich ist dies der Grund, weshalb die Straßen so leer waren!

In Dougobazit, nahe der iranischen Grenze war unser nächstes Ziel. Wir passierten den Ararat, 5200 Meter hoch. Höchster Berg der Türkei, der Gipfel war schneebedeckt. Der Sage nach, soll hier die Arche Noah gelandet sein, auf dem Gipfel des Ararat,..............!

Die Landschaft war kahl, geprägt von hohen Bergen, eine Hochebene, weit einsehbar, hin und wieder Steinhütten, vermutlich Hirten. Ihre riesigen Hütehunde kamen mit großen Sprüngen auf uns zu, ich wurde das Gefühl nicht los, dass die uns zerreißen, wenn sie uns zu fassen kriegen. Einmal hätte es fast geklappt, dann gab es einen Tritt mit den Motorradstiefeln, ein anderes Mal mit den Sturzbügeln der BMW, froh einen breiten Boxermotor zu fahren.

Peter musste von hier nun seine Rückreise nach Deutschland antreten, sein Urlaub neigte sich dem Ende zu.

Nun begleitete ich ihn etwas zurück, über den Vansee bis Nemrut Dagi. Er meinte darauf, das sei doch genau die entgegengesetzte Richtung. Macht nichts. Du hast mich begleitet, nun begleitet ich dich ein wenig, so mal ich ja alle Zeit der Welt habe.

Wir nahmen eine Fähre, um über einen Teil des Van Sees zu gelangen, kurvten durch traumhafte Landschaft mit sonnigen, warmem Wetter, zelteten bei einem Einheimischen im Garten. Am nächsten Morgen ging es dann über Kopfsteinpflaster bis auf zweitausendfünfhundert Meter, zum Gipfel des Nemrut Dagi, ein altes Königsgrabmal, mit großen aufgereihten riesigen Köpfen verschiedener Art.

Ich selbst bin bei meinen vielen Türkei- Aufenthalten nie dort gewesen, war aber mächtig beeindruckt von den Kolossen.

Am anderen Morgen fuhren wir in den Ort , hatten in einer Teestube ein letztes Mal gemeinsam gefrühstückt, nach einer Umarmung und kräftigem Schulterklopfen fuhr jeder in seiner Richtung von dannen.

Es viel mir schwer, nach diesen fünf Wochen des gemeinsamen Reisens. Wehmut kam auf, nun alleine unterwegs zu sein. Vor allem wusste ich nicht, wann wir uns wiedersehen.

“Fast fünf Jahre später, ich befand mich noch immer auf der Reise, war inzwischen in Neuseeland, hier erreichte mich am 11.4.2010 von Julia, der Tochter von VA- Peter eine e-Mail. Daraus ging hervor, dass mein Motorradfreund, Peter Wilke, besser bekannt unter VA-Peter, im Alter von 47 Jahren verstorben ist, nach fast zweijähriger unheilbarer Krankheit.“

Es war also ein Abschied für immer.

“Möge VA-Peter in Frieden ruhen und im Bikerhimmel weiterhin bei uns mitfahren.“

Ich fuhr schneller wie üblich über andere Straßen zurück in das Kurdenland, blieb grenzennah an der Türkei-, Irak und Iranischen Grenze, fuhr 100 Kilometer durch eine schmale Schlucht. Viele ausgebrannte Fahrzeugwracks standen herum. Ich fuhr mehr Tageskilometer als sonst, zeltete wild, manchmal wurde ich aufgegriffen von Militär, Einheimischen Bauern und Polizei, ich durfte dort nicht bleiben, zu gefährlich, baute dann alles wieder ab und bin bei Einheimischen in ihren Steinhäusern untergekommen.
Es ist immer wieder schön unter Einheimischen zu Leben, dann sieht man wie gut es uns in Deutschland geht.
Bisher bin ich 10.000 Kilometer gefahren und kurz vor der Grenze zum unbekannten Persischen Reich.
Ich bevorzugte einen kleinen Grenzübergang, nahe der armenischen Landesgrenze. Schon vorher gab es häufige Militärkontrollen. Mir fielen die vielen alten steinernen Türme entlang beider Grenzen auf. Scheinen Millitärposten zu sein, der Nachbar wird im Auge behalten, dies gilt für beide Seiten.
Unterwegs waren viele kleine Stände, wo Kinder überwiegend Obst, Gemüse, ebenfalls Fleisch verkauften, ich bevorzugte Obst.
An der türkischen Grenze fertigten mich die Beamten schnell ab,
“desire kür Ederihm.“

Iran

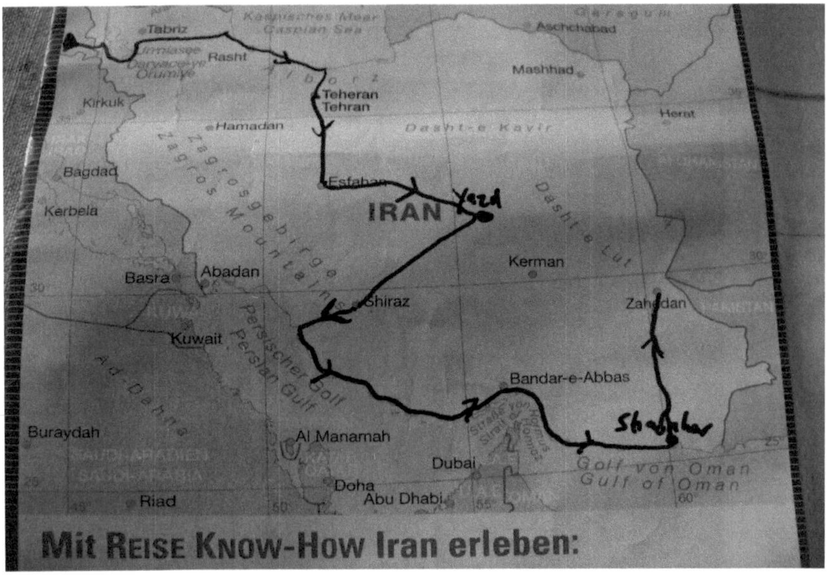

Iran, dass damalige Persien. Nach nun acht Wochen Reisen stehe ich im September 2005 an der Grenze, die dem Irak verdächtig nahe liegt.
Die Einreise verlief einfach, hier habe ich zum ersten mal mein "Carnet de Passage," ein International anerkanntes Zolldokument für die vorübergehende Einfuhr eines Fahrzeuges im Ausland, dem Zoll vorlegen müssen. Der Wechselkurs: für 1 Euro bekam ich circa 8000 Rials. Ein Liter Benzin kostet zehn Eurocent, der billigste und beste Sprit bisher.
In der Gegend von Tabriz, in einem Vorort, griff mich ein Polizist auf, mit seinem kleinen 125ccm Motorrad. Ich musste diesem zum Polizeihauptgebäude folgen. Nach etwa zwanzig Minuten gelangten wir in den Hochsicherheitstrakt, riesige Zäune, die unter Strom standen und Wachen die das Tor öffneten. Nachdem man mich zum Chef gebracht hat der auch einigermaßen englisch sprach, klärte sich alles auf, man wolle nur meine Papiere kontrollieren. Wir saßen Tee trinkend in seinem Büro mit vielen Anderen zusammen, Sie wollten auch wissen wo ich hin wollte. Anschließend fand ein Fotoshooting vor dem "Mopped" statt.
Jeder wollte mit dem "big Bike" fotografiert werden. Wahrscheinlich hängt in jedem Büro nun ein Foto mit der BMW und den einzelnen Beamten davor. Das Ganze dauerte etwa zwei bis drei Stunden, dann wurde ich entlassen, man

öffnete das Tor und weg war ich. Im Gewühl des Verkehrs der Stadt untergehend verschwand ich Richtung Kaspisches Meer.

Ich bin aus den Bergen ans Kaspische Meer gelangt, von der Hochebene des Elbrus runter auf Meereshöhe, zuvor war alles karg, baumlos und braun, nun zeigte sich alles grün in grün und voller Bäume. Hier wuchs einfach alles. Tropische Früchte soweit das Auge reicht, die Straßenränder waren voll mit Obst und Gemüseständen. Es lag extrem viel Müll herum, speziell Plastiktüten.

Der Gebirgszug Elbrus, mit seinen bis zu 5000 Meter hohen Bergen zieht sich vom Kaukasus entlang bis nach Turkmenistan. Das Kaspische Meer, grenzt im Norden von Iran an diesem See, der größte der Welt mit dem Ausmaß der BRD und Belgien zusammen. Dieser ist bis zu 1000 Meter tief und besteht aus salzhaltigem Wasser. Kein Wunder, alles regnet sich auf Kaspischer Meer Seite ab, nichts an Regen kommt über den bis zu 5000 Meter hohen Bergen hinüber. Deshalb ist der Rest des Iran vom Aussehen dem eines Wüstenstaates gleich.

Nur die großen Städte habe ihre grünen Oasen, Parks die von den Flüssen bewässert werden. Verlässt man diese ist man wieder in der wüstenartigen Landschaft. Des häufigen Regen und der chaotischen Autofahrer wegen, bin ich Richtung Teheran gefahren. Zurück in den Bergen, war alles wie zuvor kahl und trocken, sogar Wintersport wurde hier betrieben. Ich sah eine Sommerskisprungschanze auf der ein Wettbewerb stattfand, auf dreitausendfünfhundert Meter Höhe. Einhundertsechzig Kilometer entfernt von der acht Millionen Metropole Teheran, dort wollte ich Geld von einem ATM ziehen und mein pakistanisches Visum beantragen.

In ganz Iran bekommt man in 2005 kein Geld an den Geldautomaten ausgezahlt. Ausländische Bankkarten wurden nicht anerkannt.

Der Verkehr ließ meinen Puls ruhig, alles lief gesittet mit Verkehrsregeln ab. Die Zimmersuche war ebenfalls nicht sehr erfolgreich, in einigen Motel und Hotels fragten mich die Angestellten, ob ich alleine reise. Ich bejahte, daraufhin schob man mich ab. Es waren keine billigen Hotels, dass günstigste war 70 US- Dollar per Nacht, aber sie durften keine alleinreisenden Männer beherbergen, hieß es. Warum, darauf bekam ich keine Antwort.

Mein sechster Anlauf brachte Erfolg, das Hotel war rein moslemisch. Anscheinend ein “Männerhotel,“ weil ich keinerlei Frauen sah. Egal, Hauptsache noch im Zentrum und in Laufweite von der pakistanischen Botschaft entfernt. Billig war es nicht, meine bisher teuerste Übernachtung überhaupt. Ich blieb einige Tage in Teheran, mein Besuch bei der pakistanischen Botschaft am

nächsten Morgen ging schlecht aus: ohne ein Empfehlungsschreiben der deutschen Botschaft würde mir der Botschafter von Pakistan kein Visum ausstellen.
Warum ich es nicht schon von Deutschland aus beantragt habe, dort würde jeder eins bekommen. Alle Erklärungen halfen nichts.
Ich traf ein Schweizer Paar mit Toyota Landcruiser, diese hatten die selben Probleme. Am nächsten Tag ging ich zur deutschen Botschaft, die mir dieses Schreiben leider nicht ausstellten.
“Pakistan gehöre zu den als gefährlich eingestuften Reiseländern, als nicht zu empfehlen, speziell für Fahrrad-und Motorradreisende,“ lautete deren Antwort!
Am selbigen Tag traf ich das Schweizer Paar wieder. Sie erhielten das Empfehlungsschreiben von ihrer Botschaft.
Ich versuchte am dritten Tag nochmals im privaten Gespräch mit dem Botschafter darüber zu sprechen, es half nichts, kein Visum für Pakistan.
Über das Internet hatte ich Informationen das der Generalkonsul in Zahedan, nahe der Grenze zu Pakistan, Visa ausstellt! (2005)
Dies ist anscheinend nicht mehr möglich, wie ich in verschiedenen Foren gelesen habe.(2010)
Auf meiner Landkarte sah ich, dass im Süden am Golf von Persien, sehr nahe gegenüber Iran, die Vereinigten Arabischen Emirate und der Oman liegen. Vielleicht gibt es dort eine Möglichkeit per Fähre hinüber zu kommen und nach Indien zu verschiffen, falls ich kein Visum für Pakistan bekomme.
Folgende Strecke bin ich gefahren: über Esfahan, Yazd, und Shiraz zum Persischen Golf , die Straße von Hormuz, wo exotische Temperaturen von 52 Grad tagsüber und nachts noch 35 Grad herrschten. An Schlaf war nicht zu denken.
In den Städten muss man höllisch aufpassen, da hier keine Verkehrsvorschriften existieren, Teheran war eine Ausnahme, jeder ist sich selbst der Nächste auf der Straße.
Es ist besser zweimal in die Spiegel zu sehen, bevor man eine Fahrspur wechselt , sonst hat man gleich ein Auto oder Mopedfahrer neben sich. Hier wird auf Tuchfühlung gefahren, ein Wahnsinn. Wer das nicht kennt, dem vergeht schnell die Lust auf dieses Land, zumindest mit dem eigenen Fahrzeug. Mir aber macht es Spaß, in diesem Getümmel mitzufliegen, da ich das schnellere Fahrzeug habe und mich auch fast überall durchschieben kann, um in erster Reihe loszufahren. Es bedeutet höchste Konzentration, viel Wasser trinken, notfalls einen Kaugummi reinschmeißen und die Nerven behalten. Dann klappt es auch mit dem Nachbarn, denn man wird ständig im Verkehr ange-

quatscht, während der Fahrt natürlich.
Die Unterkunftpreise bewegen sich bei drei bis fünfzehn Euro die Nacht im Low- Budget-Gasthaus oder Hotel. Ich habe oft in der Wildnis übernachtet wenn ich einen einigermaßen freien Platz gefunden hatte, was außerhalb der Städte kein Problem ist.
Hier spürt man noch das Flair vergangener Jahrhunderte. Der Orient ruft, die alten Gebäude und Menschen in ihrer Kleidung, die Frauen noch verschleiert, als ob sie kostbares Kulturgut sind und niemand diese sehen darf. Für wahr, hier ist mir dieses extrem aufgefallen. Mit meinem Budget komme ich gut über die Runden, weil das Benzin fast verschenkt wird.
In Bandar e Abbas am Persischen Golf flog mir mein Auspuff-Endtopf weg, plötzlich wurde es ganz laut. Schnell stoppte ich und hob Ihn mit Handschuhen auf, bevor ein LKW oder Auto darüber fuhr.
Die Reparatur war schnell gemacht, mit Popnieten rundum, die waren vorher auch schon drin und es hat nichts gekostet, weil ich deutscher bin, sagte man mir.
Nach fast 5500 Kilometer im Iran kann ich jetzt schon behaupten, dass es auf der Welt viele schöne Orte und Städte gibt in denen man das Gefühl hat, als lebe man noch im 1600. Jahrhundert. Nur das der Müll und die Luftverschmutzung samt Überbevölkerung dazu gekommen sind. Die Basare, Handwerker, Bekleidung der Menschen ist fast noch so wie damals, ein schönes Gefühl mich mit meinem Outfit und Motorrad als moderner“Jedi- Ritter vom Mars“ zu bezeichnen, das war oft meine Antwort, woher ich komme.
Das Essen ist gewöhnungsbedürftig, nach einem Monat im Iran und nur einmal Durchfall ist es nicht anders, als wenn man in Nordafrika ist. Dort erwischt es auch jeden. Die Menschen sind alle sehr nett, ich hatte keine schlechten Erfahrungen mit Diebstahl, Betrug oder Gaunerei zu tun.
Sicherlich zahlen wir Touristen einen kleinen Aufpreis, aber dies ist überall auf der Welt so. Iran ist ein sehr gut zu bereisendes Land mit überaus viel alter Kultur und gut erhaltenen Gebäuden, die Jahrhunderte überlebt haben. Mein innerer Kreislauf kommt nicht zur Ruhe, da ich ständig mit neuen Eindrücken beworfen werde und diese kaum verarbeiten kann.
Hier fuhr man auf der selben Straßenseite wie in Deutschland, nämlich rechts, nun wurde es aber Zeit zum Tanken. Ich war etwas unruhig, immer wieder sah man nur Fässer, Plastikflaschen und Kanister angehäuft. Sollten das etwa die Tankstellen sein?
Sah mir sehr nach Schwarzmarkt aus, aber egal. Kaum stoppte ich an solch einer Stelle, kamen Menschen aus ihren Lehmhäusern heraus.

Ich sagte Petrol, Benzina und zeigte mit dem rechten Zeigefinger auf die Kanister, man nickte. Ich fragte nach den Preis indem ich mein Zeigefinger und Daumen einander rieb und verstand nichts. Dann hielt man mir eine Flasche hin, ein Liter und zeigte dazu acht Finger, auf die Schnelle konnte ich das garnicht umrechnen, war aber ein lächerlich kleiner Betrag. Darauf zeigte man mir einen 5 Liter Kanister und zeigte mir vier Finger. Ich wollte erstmal ein Liter kaufen, um zu sehen ob ich das auch richtig verstanden habe. Bevor ich den Tankdeckel öffnete, roch ich erst einmal an der 1 Liter Plastikflasche, nachdem man den Verschluß aufschraubte; es war wirklich Benzingeruch. Dann öffnete ich den Tankdeckel und man hielt einen Baumwolllappen darüber, dann kam der Trichter rein, ah ha, also wird der Sprit auch gleich gefiltert, sehr fortschrittlich. Egal ob Sand oder Dreck in den Flaschen oder Kanistern ist, das Tuch hält es zurück.
Ich bezahlte diesen Liter und es waren wirklich nur 800 Iranische Rial, etwa zehn Eurocent umgerechnet dafür.
Ich startete den Motor und ließ ihn etwas laufen, aber nichts, keine ungewöhnlichen Geräusche oder Rauchwolken aus dem Auspuff.
Also wiederholte ich diesen Vorgang sechs weitere Mal, mit 5 Liter- Kannister. Die leeren Kanister stellte man auf dem staubigen Erdboden nahe dem Motorrad, als Bezahl- Gedächtnisstütze. Immer wieder sah man unter das "Mopped" und drumzu, ob irgendwo Benzin auslaufen würde, es kann doch nicht sein, soviel Benzin für ein Motorrad. Ich zeigte immer wieder symbolisch mit meinen Händen, indem ich einen Kreis damit bildete und "Big Petrol Tank" aussprach, worauf alle lachten.
Nach zwanzig Minuten hatte ich 31 Liter getankt und knapp 24.000 tausend Rial gezahlt, was etwa 3,- Euro entsprach. Das fing ja gut an, hier war das Geld noch etwas Wert. Zuerst waren nur zwei bis drei Personen dabei, hinterher etwa zehn. Hier respektierte man noch Privateigentum, niemand wagte auch nur meine Kuh anzufassen. Falls jemand beim tanken aus Versehen sein Arm daran anlehnte, um die Kanister abzustützen, zuckte die Personen gleich zusammen und nahm ihn gleich wieder weg. Ich nickte und deutete, dass es kein Problem sei, er könne sich wieder daran abstützen. Dieses sollte in Pakistan und Indien anders werden.
Ich setzte meinen Weg fort Richtung Esfahan, fand eine schöne abgelegene Zeltmöglichkeit, über Piste zwischen kargen Bergen fuhr ich bis zum Ende in einen Talkessel, sehr holprig und bergauf, etwa fünf bis acht Kilometer von der Asphaltierten Straße entfernt. Man konnte meinen aufgewirbelten Staub von weitem sehen. Meine Spur verlief später auf felsigem Grund, also waren

keine Reifenspuren zu finden, die man hätte verfolgen können.
Ich baute mein Zelt auf und fing mit dem Kochen an bevor es dunkel wurde. Wie immer, Nudeln und eine Konserve Bohnen in Tomatensoße, dazu schwarzer Tee mit Honig. Plötzlich hörte ich in der Ferne ein Motorengeräusch, das zunehmend näher kam, ich verstaute wieder einige Sachen in meinen Koffern und Zelt. Es dauert noch eine viertel Stunde, dann kam ein kleines Motorrad mit zwei Personen darauf zu meinem Zeltplatz. Ich war erstaunt, dass sie es geschafft hatten, mich zu finden, es war gerade kurz vor der Dunkelheit."Merhaba" sagte ich und hielt dabei meine rechte Hand aufs Herz. Hatte man mich doch aus der Ferne gesehen, der aufwirbelnde Staub am Anfang der Strecke hatte mich verraten. Da ich gerade am Essen war, zeigte ich ihnen den Topfinhalt und symbolisierte mit den Fingern schaufelnd in mein Mund ob Sie auch etwas wollen. Kopfschüttelnd verneinten beide. Dann gab ich einem meine Edelstahltasse füllte diese mit schwarzen Tee und trank aus meinen Topf vor. Sie taten es auch und reichten einander die Tasse weiter, drehten in kreisenden Bewegungen ihre Rechte Hand auf den Bauch, darauf zeigte ich ihnen den Honig, denn der war in dem Tee und gab einen guten, zudem auch wohlriechenden Geschmack und Duft. Ich nahm einen Esslöffel davon heraus und rührte ihn in ihrer Tasse hinein, führte diese einem der beiden dem Mund entgegen und bewegte meine rechte Hand kreisend auf meinen Bauch, hiermit vermied ich, Moslems mit der linken Hand, die als unrein gilt etwas zu überreichen oder darauf zu zeigen und sagte"lecker." Daraufhin trank er etwas, reichte die Tasse an seinen Freund weiter und dieser war ebenfalls erstaunt wie sich der Geschmack verändert hat, das sah man ihren verdreckten Gesichtern an.
Die Kommunikation verlief in Zeichensprache, man sprach kein Englisch, ich kein Farsi, aber wir verstanden einander.
So liebe ich das urtümliche Reisen. Man deutete an, dass ich mitkommen soll zu ihnen zum schlafen, aber dann zeigte ich auf der Uhr, am linken Handgelenk, die ich nicht hatte und deutete an, schlafen zu wollen. Darauf hin verabschiedeten sie sich und fuhren im Dunkeln davon. Es war Stockfinster; mich wunderte, dass sie den Weg zurück fanden. Noch lange, sehr lange hörte ich in dieser Windstille ihr kleines Motorrad durch die Nacht hallen, dessen Klang mich an eine vor sich hin ratternde alte Nähmaschine erinnerte.
Je näher ich dem Persischen Golf kam, desto wärmer wurde es. Mein Thermometer zeigte 53 Grad in der Sonne an, es war kaum auszuhalten, die höchsten Temperaturen meiner Reise bisher. Ich begegnete vielen Menschen, die Frauen waren oft komplett verschleiert, nur die Augen waren durch ein Tuch

hindurch sichtbar.
Prachtvolle Moscheen mit Kacheln und Mosaiken versehen, Brückenbauwerke aus vergangenen Zeiten sah ich. Die Brücken waren von innen begehbar, angenehm kühl wegen dem hindurch fließenden Wasser. Oft waren Teestuben eingerichtet, wo pfiffige geschäftstüchtige Leute eine Marktlücke sahen, der einzige Ort um der Tageshitze von 50 Grad zu entfliehen, um ohne zu schwitzen einen Tee zu genießen.
Alle Färber-und Wäschereien lagen direkt am Fluss, große Flächen waren ausgelegt mit gewaschenen und gefärbten Teppichen. In riesigen Bottichen auf offenen Feuerstellen rührten mehrere Personen mit langen Holzstangen darin umher.
Das es so etwas noch gibt, kaum vorstellbar für mich in der heutigen Zeit, wir Schreiben das Jahr 2005.
Ich erreichte dann irgendwann den Persischen Golf. Dadurch, dass das Visum nur vier Wochen gültig war, musste ich schneller als gewollt Reisen. Trotzdem blieb ich zwei Tage an einem Strand, musste durch einen trockenen Flusslauf, um dann durch etwas Sand zwischen den Dünen einen geschützten, nicht einsehbaren Zeltplatz zu finden, der vor der hohen Tide sicher war.
Lebensmittel und Trinkwasser hatte ich reichlich. Es wurde unerträglich warm, das Zelt stand quasi nur als Moskito Dom da; alles war offen, die Nächte waren fast schlaflos. Klitschnass war alles, vom eigenen Schweiß, 28 Grad zeigte das Thermometer nachts um zwei Uhr. Ich badete im etwa 30 Grad warmen Persischen Golf. Abkühlung war es nicht und hielt mich anschließend im Schatten, den ich mir selbst baute auf, weil es in der Sonne nicht auszuhalten war.
Mann oder Frau stelle sich vor, jemand heizt zu Hause den Backofen bei 100 Grad Celsius etwa zehn Minuten vor. Danach öffnet man die Ofentür; dieser Wärme und Hitzeschwall, der einem entgegen kommt, so war es mit dem Wind am Persischen Golf. Man hatte das Gefühl, dass die Haut verbrennt.
Ein Fischerboot kam jeden Morgen und fischte unmittelbar an meinem Strand. Man ließ mich in Ruhe, winkte nur mit der Hand, als Zeichen das alles OK ist.
Am dritten Tag morgens, ich hatte keine Wasser- und Lebensmittelvorräte mehr, packte alles zusammen, sah dann wie das aufgewühlte Meer die Wellen immer weiter zum Strand hinauf spülte und auch Wasser in das trockene Flussbett hinein gespült wurde.
Dort musste ich allerdings noch hindurch. Ich stopfte alles auf die Schnelle in die Gepäckrolle und Alu- Koffern, dann ging es mit Power und tanzender Kuh hindurch. Fast hätte ich einen Abflug gemacht und fuhr mich beinahe fest.

Schließlich erreichte ich festeren Untergrund und packte alles wieder richtig zusammen und verstaute es an seinem angehörigen Platz,“puhhhh, nochmals gut gegangen.“
Ich hätte keinen weiteren Tag dort bleiben können, weil mein Trinkwasser sich dem Ende neigte, Bandar e Abbas, eine große Stadt direkt an der Straße von Hormuz, die Meerenge des Persischen Golfes. Dort fand ich heraus, dass es eine Fähre gibt die mich und mein “Mopped“ für 100 US- Dollar in die nahe liegenden Vereinigten Arabischen Emiraten gebracht hätte. Der Oman und Jemen standen mir dann auch noch offen, von dort gäbe es eine Verschiffungsmöglichkeit nach Indien mit Frachtschiffen hieß es.
Falls das Generalkonsulat in Zahedan mir kein Visum ausstellt, komme ich auf schnellstem Weg hierher zurück und gehe nach den VA.
Ich fuhr entlang der Südküste , folgend dem Persischen Golf, in glühender Hitze, man kann es auch so beschreiben.
“Ich hätte gerne den Backofen geöffnet um hinein zu kriechen um so den Schatten der darauf stehenden Bratpfanne zu genießen,“ dieser Spruch aus 1995 stammt von meinem alten Biker- Kumpel Wolfgang Schiedeck, Wölfi, wie wir in Afrika waren, während unserer Mittelmeer Umfahrung, da dort auch unbeschreibliche Hitze herrschte, nur hier war es noch wärmer.
Hier war absolut nichts los, keine Touristen und Hotels, oder Sehenswürdigkeiten, ich konnte immer eine Zeltmöglichkeit finden, man sah auch keinerlei Einheimische, nur in den wenigen Städten, aber sobald ich dort durch war, bin ich wieder “Mutterseelenallein“ auf den sehr gut asphaltierten Straßen unterwegs.
Nahe der Pakistanischen Grenze im Süden des Golfes gab es einen Grenzübergang wo Militärfahrzeuge verkehrten. Ich fuhr dort hinein,
an einer Absperrung, einer herunter gelassenen Schranke stoppte man mich,“no entry.“ Jemand kam winkend auf mich zu und zeigte mit der Hand Richtung Norden und sprach Zahedan, Zahedan aus.
Ich wollte auch nur wissen ob es hier einen offiziellen Grenzverkehr gibt, entgegen aller Informationen die ich hatte. Dem war aber nicht so!
Kurz vor Zahedan machte ich einen Getriebeölwechsel, am Straßenrand an einem riesigen Straßenschild, welches mir Schatten spendete, ich ließ das alte Öl in dem umgefüllten Behälter stehen.
“Umweltfrevel“ denkt jetzt ein jeder. Ich konnte es leider schlecht transportieren und wollte es nicht mit über die Grenze nehmen.
Wer schon im Iran, Pakistan und Indien gesehen hat, wie man dort in den Werkstätten Öl wechselt, weiß warum ich so handelte.

Man fährt die Lastkraftwagen oder Autos über Löcher in der Erde, meist sehr sandig, dann öffnet man die Ölablaßschraube und läßt alles ins Erdreich laufen, dass ist die Realität.
Vor der Stadt waren Kilometer lange Autoschlangen, die Grenze war aber noch etliche Kilometer entfernt. Was wollten die hier, warten die auf Fahrzeuge, die aus Pakistan kommen oder wollten die alle nach Pakistan.
Vorne und hinten war auch Polizei oder Militär anwesend, es sah mir nach einem Konvoi aus, sollten diese Fahrzeuge im Konvoi begleitet werden?
Keine Ahnung, ich ließ meinen Gedanken freien Lauf und dachte nun daran, das Generalkonsulat von Pakistan in Zahedan aufzusuchen.
Nach zweimaligem Fragen war ich da, ein Kontrollposten stoppte mich, zwei junge Männer in Militäruniform saßen auf dem staubigen Erdboden in einem heruntergekommenen kleinen Wachhaus.
Sie standen auf als ich mit dem „Mopped" um die Ecke bog und meine BMW abstellte, sie gestikulierten, dass das Motorrad zu ihnen gebracht werden soll und auch dort zum Parken verbleibt. Haben die Angst vor Bomben?
Man wies mir den Weg zum Konsulart. Ich brauchte nicht lange warten und wurde hereingebeten.
Nachdem mein Anliegen unterbreitet wurde, fragte er mich, warum ich das Visum nicht in Teheran beantragt habe. Dann erzählte ich mein Erlebtes. Er meinte nur, dass dort der höchste Botschafter von allen sitzt, der in Teheran sein Land vertritt. Wer dem nicht gefällt bekommt von vorneherein kein Visum.
Dann müssten Ihm ja fast alle Touristen nicht gefallen haben, weil ich nur von den Schweizern gehört habe, dass sie dort ein Visum erhalten haben.
Er gab mir Formulare zum Ausfüllen und eine Bankanweisung, wo ich die Summe der Visumgebühr bar einzahlen musste. Alles war ein wenig kompliziert, die Banken waren zur Mittagszeit geschlossen und öffneten erst wieder am Nachmittag. Er gab mir einen der Sicherheitsleute mit auf dem Weg zur Bank. Dieser zeigte mir alles, es war eine ganz bestimmte Bank, wo das Geld eingezahlt werden musste, vermutlich auf sein Privatkonto!
Alles dauerte etwa zwei bis drei Stunden.
Alles klappte perfekt, ich hatte mein ein Monat gültiges Visum, der Generalkonsul meinte noch, dass ich nun registriert sei und in Zahedan kein weiteres Mal ein Visum erhalten würde.
Zurück auf dem Parkplatz, gab ich jedem der Sicherheitsleute eine Flasche Fanta und Coca Cola als Dank, weil einer mitgelaufen ist und der andere auf das "Mopped" aufgepasst hat.

Es war schon später Nachmittag, ich kaufte noch einige Lebensmittel ein und tankte wieder für knapp 3,- Euro voll und machte mich dann auf den Weg zur Grenze, denn diese wollte ich heute noch durchfahren.
Dort angekommen, herrschte wenig Verkehr, ich sah aber schon auf pakistanischer Seite die extrem überladenen bunten Lastkraftwagen mit ihren Verzierungen.

Pakistan

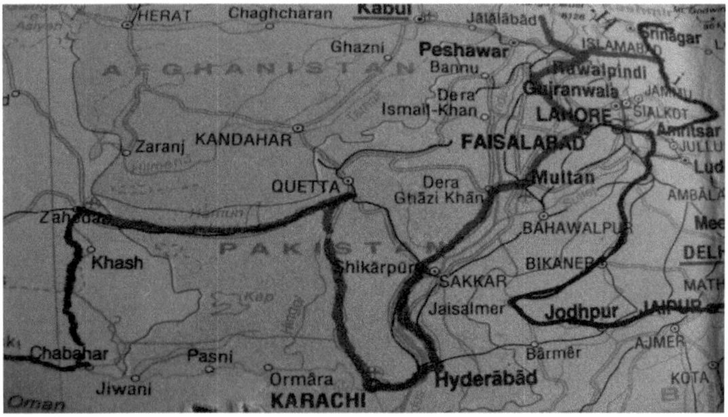

Beim Grenzdurchlauf auf iranischer Seite lief es genauso einfach wie bei der Einreise nach Pakistan. Das Carnet de Passage ist eine große Hilfe und die Beamten kannten sich damit aus. Auf pakistanischer Seite fiel mir gleich auf, dass alle sehr interessiert an meinem „Mopped“ sind. Alles wird angefasst und begutachtet, sogar die Krümmer, woran sich ein alter Mann seine Hand verbrannt hat. Indem er einen der beiden anfasste, ich zeigte symbolisch das die heiß sind und er sich die Finger verbrennt. Es half nichts, er packte voll drauf und es zischte, alle Anderen die darum standen lachten, ich schüttete etwas Trinkwasser darüber, um seinen Schmerz zu lindern.
„Welcome to Pakistan“ verhieß ein Schild an der Grenze. Ich tauschte noch Geld und fragte auf welcher Seite der Straße hier gefahren wird. Man deutete auf die linke und sagte “left Hand drive.“ Dies hatte ich schon im Reiseführer gelesen, dass hier auf der falschen Seite der Straße gefahren wird, nämlich “links.“
Ich bemerkte, dass die Plastikabdeckung des Chokehebels fehlte; es war ein BMW- Symbol darauf, die muss einer der jungen Bengel die darum standen, herausgeknibbelt haben. Auf meine Anfrage rührte sich keiner, niemand verzog auch nur die Miene, oder zwinkerte mit dem Auge, was soll man davon halten!
Als ich mit dem Reisen in Pakistan fertig war, hatte ich keinerlei Kappen oder Aufkleber mehr am Motorrad.
Nun lag Belutschistan vor mir, eine wüstenartige Steppe nahe der afghanischen Grenze, die gefährlich sein soll, da hier vor einigen Jahren Touristen umgekommen sind. Ich fuhr auf der einzig vorhandenen Verbindungsstraße Richtung Quetta. Die oft schlecht und einige Etappen sehr sandig waren. Oft

fehlte der Asphalt, er wurde regelrecht in Klumpen gefahren von den hoffnungslos überladenen Lastkraftwagen und einige Abschnitte waren von Sandstürmen verweht.
Plötzlich sah ich weit vor mir ein weißes Fahrzeug, ein Auto und mehrere Personen in weißen Kaftanen herum stehen. Ich stoppte mitten auf der Straße, war ja eh alleine und kein Fahrzeug weit und breit zu sehen. Mit der Digitalkamera machte ich ein Foto mit ausgefahrenem Zoom, dieses sah ich mir dann genauer an, indem ich es vergrößerte. Auf meinen Display sah es nach normalen Einheimischen aus, die um ihr Auto herum standen, keine Waffen oder sonst etwas wies darauf hin, das es ein Überfall sein soll. Also fuhr ich weiter, stoppte auf deren Höhe und sagte "Salam Aleikum."
"Aleikum Salam" war deren Antwort.
„Whats the Problem?" fragte ich: Petrol, Petrol. Aha, die sind liegen geblieben wegen Benzinmangels. "Null Problemo" sagte ich. Symbolisierte, an meinem Benzinhahn dort etwas abzapfen zu können, ob sie eine Plastikflasche haben, kopfschüttelnd verneinten Sie. Ich kramte in meinem Topcase herum und nahm eine fast leere 1,5 Liter-Wasserplastikflasche heraus. Bot ihnen diese zum Leertrinken an, was sie ablehnten. Ich hatte noch 5 Liter Trinkwasser in einem Kannister seitlich am Motorrad mit mir. Trank dann den Rest der Flasche aus und füllte diese einmal mit Benzin auf. Symbolisch fragte ich, mit meinen Fingern wieviel Benzin Sie noch brauchen. Sie zeigten fünf Finger, also siebeneinhalb Liter; da ich vor der Grenze vollgetankt hatte, konnte ich diese entbehren. Die nächste Tankstelle ist in Nok Kundi oder Quetta. Dafür reicht mein Benzin allemal. Diesmal gab ich einem die Plastikflasche, damit er es selber auffüllen kann, es dauerte nämlich eine Zeitlang die Plastikflasche vom Benzinhahn aus, aufzufüllen. Man gab mir zu verstehen,dass ich mit ihnen kommen soll zum Essen und Schlafen. Was ich aber verneinte. Darauf boten sie mir Geld an, was ich ablehnte. Ein Geschenk von mir, sagte ich. Danach verabschiedeten wir uns Händeumringend, sie fuhren Richtung Grenze, ich nach Nok Kundi.
In der Ferne kamen einige Hügel zum Vorschein, dort fuhr ich querfeldein hin, über festen Untergrund. Laut meinem GPS war ich etwa fünf Kilometer von der asphaltierten Straße entfernt. Dies sollte ausreichen; hinter den Hügeln fand ich eine Mulde, tief genug um dort samt "Mopped" hineinzufahren und Windschutz zu haben.
Es sah aus als ob man hier Baumaterial für den Straßenbau abgebaut hatte. Ich baute das Zelt auf und beobachtete das Umfeld, aber alles blieb ruhig. Bevor es dunkel wurde kochte ich meine Nudelsuppe und genoss eine ruhige Nacht.

Manchmal hörte ich das Geräusch von Lastkraftwagen die der Wind herüber trug.
Am nächsten Morgen, bevor die unerträgliche Sonne aufkam, hatte ich schon alles abgebaut und gefrühstückt. Dann ging es wieder zurück auf die Straße. Unterwegs gab es nicht viel zu sehen, ich fuhr bis Quetta, dort ging es durch extrem versmogte Luft und hektischen Verkehr zu einer Unterkunft. Ein Hotel mitten im Zentrum, hervorgehoben im Reiseführer, als Touristen- Absteige. Mir fiel die große Anzahl von stinkenden Zweitakt Motor- Rikschas auf, die einen Großteil dazu beitrugen die Luft zu verpesten.
Am Hotel angelangt schob ich nach dem Einchecken mein Motorrad in eine überdachte Parkhalle, dort sah ich eine tiefergelegte Suzuki DR 650, mit Aluboxen, hochgelegtem doppelstöckigem Topcase und deutschem Kennzeichen.
Auf dem Weg zurück zur Rezeption, antwortete man mir auf meine Frage wer diese fährt, "a small englisch Lady."
Sie sei momentan in der City. Deshalb also tiefergelegt.
Ich machte mich zu Fuß auf in die City. Wollte etwas Essen und ein wenig pakistanisches Leben sehen. Alte Autos und klassische japanische Honda Motorräder, Motor-Rikschas in Unmengen und eine dermaßen schlechte Luft, die meine Bronchien zum Kratzen brachte. Hier merkte ich zum ersten Mal seit Abreise, das ich Asthmatiker bin und hatte die ersten Beschwerden, so dass ich inhalieren musste.
Nachdem ich im Dunkeln zurück war, ging ich nochmals zu meinem Bike. Dort stand auf einmal noch eine deutsche Trans-Alp, mit Alukoffern und Riesen-Topcase, samt zwei 10 Liter-Spritkannistern an den Frontsturzbügeln.
Ein Link auf dem Topcase verhieß, von **www.ingo-weltweit.de.** Ingo aus der Nähe von Braunschweig, wir hatten zuvor e-Mail Kontakt in Deutschland und trafen uns auch. Ingo hatte vor bis nach Nepal zu fahren um dort sesshaft zu werden.
In der Hotellobby fragte ich nach Ihm und der small Lady, beide saßen um die Ecke und redeten miteinander. Ich setzte mich dazu. Linda, eine englische betagte Reiseerfahrene Bikerin, die schon etliche Trips zuvor gemacht hat, war auf dem Weg von Spanien nach Australien, **www.häfale.de.**
Die ersten reisenden Biker die ich traf. Wir redeten Benzin und erzählten über Geschehenes. Blieben noch einen weiteren Tag zusammen und verbrachten die Zeit mit inspizieren der Motorräder und genossen ein gemeinsames Abendessen. Jeder von uns, hatte seine eigenen Vorstellungen weiter zu Reisen. Ingo und ich fuhren gemeinsam weiter, während Linda alleine davon fuhr. Wir wollten nach der Arabischen See runter zu Karatchi. Wir zelteten immer und

fragten Einheimische, ob wir auf dem Rasen bei der Schule, Hospital oder sonst wo unsere Zelte aufstellen können. Immer war es machbar, nur manchmal mussten wir allerdings schon um acht Uhr morgens wieder weg sein, weil dann der Publikumsverkehr beginnt. Die Schulen, Krankenhäuser, oder Hospitals öffneten und man wollte anscheinend nicht, dass die Schüler oder Patienten uns sahen.
Sehr oft fuhren wir einfach auch in die Natur abseits der Straße und zelteten wild. Wenn man uns erspäht hat, kamen meist viele andere Neugierige dazu. Es sprach sich in Windeseile herum, dass dort zwei "big Bikes" und Deutsche sind. Es ging soweit, dass man uns regelrecht die Luft zum Atmen nahm. Mit einem Stock zogen wir einen Kreis in den staubigen Boden um die Zelte und unseren Aufenthaltsbereich. Dies ist die Grenze und nicht weiter. Es funktionierte tatsächlich, alle setzten sich um diesen Kreis und schauten zu uns herüber. Somit hatten wir ein paar Meter Luft und konnten uns frei bewegen.
Hatten sie nie zuvor solche Zelte gesehen, die Benzinkocher und all die andere Ausrüstung. Die Augen wurden immer größer, wir kochten und aßen unter teils einhundert Augen die uns alle beobachteten auf Schritt und Tritt und uns anstarrten. Immer blieb etwas Essen über, wir boten es an, aber niemals wollte jemand etwas haben oder probieren.
Es war soweit das wir uns in unsere Zelte legten und "Good Night" sagten, dabei symbolisch beide Hände zusammen gelegt an der Wange hielten und den Kopf seitlich neigten. Sie verstanden schon, dass wir uns Schlafen legen wollten. Aber trotzdem blieb ein Großteil sitzen, nur wenige gingen von uns weg.
Immer wieder schaute ich aus meinem Zelt, aber es gab hartnäckige, die schienen die ganze Nacht da sitzen geblieben zu sein.
Am nächsten Morgen erkannte ich einige Gesichter von gestern wieder. Viele Kinder waren auf dem Weg in die Schule und schauten nochmals bei uns vorbei.
Sehr oft nahmen wir die Einladung zum Frühstück von einem der Neugierigen an. Sie haben wenig, aber gaben viel. Einmal wurden sogar französische Croissants organisiert zum Frühstück, extra für uns.
Ich habe einen Coleman Benzinkocher, der wie ein Gaskocher brennt. Das ging Ihnen nicht in den Kopf. Sie wollten es nicht glauben. Bis ich etwas Benzin aus der Öffnung heraus kippte und dieses entzündete.
Ingo hatte einen MSR Kocher, Typ "Whisperlight," von wegen leise. Hat der laute Geräusche gemacht!
Ingo trug eine klassische Bauchtasche, in der er sein "Gut-und Haben" durch die Gegend fuhr und trug. Sehr oft legte er diesen ab um sich besser Bewegen

zu können. Aber sehr oft vergaß er ihn. Mehrmals habe ich ihn daran ermahnen müssen, diesen mit ins Zelt zu nehmen und nicht draußen liegen zu lassen, weil er am anderen Morgen weg ist.
Unterwegs stoppten wir sehr oft an Teestuben, direkt am Straßenrand, ebenso an Backstuben wo wir das einheimische Brot gleich im 20iger Pack kaufen mussten, bevor das Feuer im Ofen wieder angefacht wurde. Es schmeckte „Saugut,“ trotz der tausenden von Fliegen die darum schwirrten.
Ingo bekam Durchfall, so das er oft stoppen musste um auf der Toilette seinen Darm zu entleeren. Bei dieser Gelegenheit trank ich immer Tee, manchmal auch ein Erfrischunggetränk. Die Toiletten waren nur an den Cafes‘ unterwegs am Straßenrand.
Wir kamen nach Karatchi, zehntgrößte Stadt der Welt. Mit vierzehn Millionen Einwohnern eine riesige Metropole mit dreckigen Straßen und Smog. Die Luft dermaßen mit Staub und anderen Partikeln belastet, dass man sich ein Tuch vor dem Mund und Nase zieht um durchatmen zu können.
Für 50 Kilometer brauchten wir drei Stunden, der schlimmste Verkehr, Chaos und keine Regeln, schlimmer als irgendeine Stadt in Indien. Ich fuhr vor, Ingo immer auf Tuchfühlung hinten dran. Teils suchte ich eine freie Lücke, sei es an den Läden vorbei, zwischen den Fußgängern oder an den Geschäften mit ihren ausgelegten Waren.
Jede noch so kleine Lücke, wo ich ein weiteres Vorkommen sah, bzw. einen Vorteil hatte, wurde genutzt. Ohne diese Art der Fortbewegung kommt man nicht weit. Ingo war “fix und foxi.“
Irgendwann waren wir durch und sprachen ab, dass wir südlich außerhalb von Karatchi nochmals eine längere Pause machen wollten.
Nachden wir ein Straßencafe‘ fanden, bestellten wir etwas zu trinken und eine Kleinigkeit zu essen. Als wir fertig waren wollte Ingo bezahlen und stellte dann panikartig fest, dass seine Bauchtasche nicht mehr da war. Absolute Panik brach bei ihm aus, hatte er 5000 US-Dollar, haufenweise Euro und alle Papiere darin. Mit anderen Worten sein Hab und Gut war weg. Die Reise beendet, er wollte gleich los.
Ich beruhigte ihn, wir tranken und aßen schnell auf.
Ich sagte; es hat kein Sinn mit den Motorrädern zurückzufahren, einer würde einen Unfall bauen, dann stecken wir noch tiefer drin, in dem Schlamassel.
Wir wussten genau, dass es bei unserem letzten Stopp vor Karatchi passiert sein muss, weil Ingo sich einen Schlüssel für die Toilette vom Cafe‘ Besitzer geben ließ.
Dabei hatte er seine Bauchtasche in der Toilette über eine Holzlatte im Innern

gehangen und diese dann auch dort hängen lassen.
Ich machte den Vorschlag, dass wir unsere Bikes bei der Polizei unterstellen und denen unsere Situation erklären. Wir dann ein Taxi nehmen, den Preis vorher aushandeln, der Taxifahrer uns dorthin und zurück fährt. Ich hatte mein GPS mit und sah genau wo wir gestoppt hatten. Das Cafe‘ würden wir damit einfach wieder finden.
Bis Du sicher?
Die sahen doch alle gleich aus!
Eins unter tausenden auf dem Weg durch Karatchi. Verlaß Dich auf “Garmin.“
Bete Du nur, dass die Bauchtasche noch da ist. Ein gutes war, dass nicht jeder auf die Toilette durfte. Man musste den Schlüssel dazu vom Besitzer holen und dieser kennt die meisten Leute dort.
Ingo sah es ein, dass nun alle Panik nichts hilft, die Straßenpolizei hatte ein Wachhaus nicht weit von uns weg, hier schoben wir die “Moppeds“ innerhalb des Geländes, sicherten diese aber trotzdem mit den Schlössern samt unseren Helmen daran.
Dann gingen wir auf die Straße und stoppten das erste Taxi. 50 US- Dollar sollte Ingo die Fahrt hin-und zurück kosten. Auf der Karte zeigten wir diesem wo wir hin wollten, ich saß vorne. Ingo wurde nicht locker. Er war sehr angespannt und machte sich selber Vorwürfe über seine eigene Dummheit.
Der Taxifahrer musste Tanken, dass war meine Gelegenheit von dem vorderen Sitz nach hinten umzusteigen, nun saß Ingo vorne. Der Taxifahrer fuhr wirklich halsbrecherisch in dem Chaos. Ingo bremste immer mit, die Bodenwanne muss nach außen hin ausgebeult sein, auf der Beifahrerseite!
Ich hatte es sehr oft Knallen gesehen, meine Nerven waren am Ende. Ingo schwitzte ebenfalls viel Wasser, für den Taxifahrer war es normal.
Man sah ihm an, dass er Spaß dabei hatte. Wie im Fernsehen, wenn jemand ein Taxi mietet und eine Unsumme zahlt, um den verfolgten PKW nicht zu verlieren. So erging es uns in dem Taxi auch.
Etwa anderthalb Stunden später waren wir auf der anderen Seite nördlich von Karatchi. Langsam sahen wir immer nach links, welches Cafe‘ es war.
Ich sah auf das GPS und sagte gleich sind wir da, etwa zweihundert Meter linke Seite.
Das Taxi stoppte etwas abseits der Straße und Ingo rannte hinüber. Wie der Besitzer ihn sah, kam er mit der Bauchtasche wedelnd in der Hand entgegen.
Ich hörte trotz enormen Straßenlärms, wie Ingo das Herz aus der Hose viel, allerdings vor Erleichterung.
Sofort sah er alles nach, während er dies prüfte meinte er gleich, da hat jemand

alles drin durchwühlt. Klar, dass die Neugierig waren, " prüfe ob Geld oder Papiere fehlen."
Nachdem Ingo fertig war, sagte er "OK, alles vorhanden, nichts fehlt."
„Nun kannst du eine dicke Belohnung geben, ich denke da so an 100 US-Dollar." Ingo darauf, "meinst du echt, ist das nicht zu viel?" Ich darauf, „Du Pappnase," die wissen genau was drin ist. Also lass dich nicht lumpen und sei froh das alles da ist und nichts fehlt. So ein Glück wirst Du nicht noch einmal haben."
„Es kostet Dich jetzt 150 US-Dollar. Ich hoffe, das Dir das eine teure Lehre war. In Zukunft besser darauf aufzupassen und in Gottes Willen verstecke auch etwas Geld am Motorrad und nicht alles in dieser verdammten Bauchtasche."
Wir tranken noch einen Tee und aßen etwas, der Taxifahrer war eingeladen, auf Ingos Kosten.
Auf dem Weg zurück fuhr das Taxi genauso schnell wie hin. Ich stoppte den Fahrer und bat ihn normal zu Fahren. Alles sei gut und wir hätten schließlich Zeit. Kurz vor der Dunkelheit, waren wir zurück und holten unsere Motorräder aus dem Polizei-Gewahrsam. Dann fuhren wir einige Kilometer außerhalb der Stadt und über ein ausgetrocknetes Flussbett ging es einige Kilometer entlang. Hinter Buschwerk bauten wir unsere Zelte auf, schliefen schnell und todmüde ein.
„War das ein Tag," dachte ich noch.
Am anderen Morgen, wachte ich viel zu früh, durch seltsame Geräusche auf. Ingo war schon draußen und fotografierte wie verrückt. Es zog eine riesige Herde mit hundertden von Dromedaren, einhöckige Kamele und ihren Hirten vorbei. Wir wollten in den kommenden Tagen eine Bleibe an der Arabischen See finden und zelten. Nachdem wir einen Platz erspäht hatten, einige hundert Meter von einem Restaurant entfernt, bauten wir unsere Zelte auf. Der Besitzer des Cafes' und Restaurant kam herüber und sagte, dass es nicht gut wäre. Wir sollten zu Ihm kommen und dort könnten wir zelten, direkt auf den Klippen, die hier etwa zwanzig Meter hoch waren.
Es herrschte eine angenehme leichte Brise, die die Backofentemperatur auf ein erträgliches Mass senkte. Man bot uns sogar zwei Bettgestelle an, hochbeinige massive Holzgestelle mit geflochtener Auflage. Die meinige trug ich gleich zur Klippe raus und wollte dort unter Sternenhimmel die Nächte verbringen.
Wenn es regnet, trage ich diese zehn Meter zurück zu der überdachten Fläche, unsere „Moppeds" standen dort sicher, geschützt vor Sonne, Dieben und neugierigen Blicken.

Der Besitzer war stolz, dass wir sein Angebot annahmen. Auf der Frage was wir zahlen müssten antwortete er nur, "**you are my guests, you can stay how long as you want for free**."
Sogar das Essen und die Getränke waren kostenlos für uns. Es gab abends immer frischen Fisch, sehr lecker. Bier hatte er leider nicht, wollte dieses aber am nächsten Tag besorgen.
Die anderen Besucher des Restaurants wurden natürlich herumgeführt, man zeigte unsere Motorräder und gab offensichtlich damit an.
Nach einigen Tagen wurde es uns zu langweilig, wollten wir ja noch nach Islamabad und ich den Karakorum- Highway über den Khunjerab-Pass bis zur chinesischen Grenze hoch.
Am anderen Tag kam ein Polizei- und Militärbeamter zu dem Besitzer und das versprochene Bier. Keine Ahnung wo er dieses her hatte. Wir saßen zusammen und erzählten von der Reise und uns, man verstand etwas englisch, selbst die Beamten tranken Bier, es war eine nette Runde, der bewaffnete Soldat wurde uns als Wachperson abberufen. „Schien doch eine gefährliche Gegend zu sein" dachten wir anschließend.
Nach einigen Tagen der Entspannung und Ruhe, verabschieden wir uns. Ingo und ich besprachen, dass jeder 50 US-Dollar für Kost, Getränke und Übernachtung geben sollte. Der Besitzer nahm kein Geld von uns an und schob es immer wieder zurück.
Schließlich kam mir die Idee, Ihm meine Angelrute, die ich seit Deutschland mit mir führte, eine kleine Teleskoprute mit Rolle und etwas Angelzubehör, als Geschenk zu geben, da ich sie kaum nutzte, das letzte mal mit VA-Peter in Russland, an der Wolga.
Er war hoch erfreut, dieses Geschenk zu erhalten, eine bleibende Erinnerung an zwei deutschen Bikern.
Uns allen fiel der Abschied schwer, aber unser Visum war nur dreißig Tage gültig und ich hatte noch so einiges vor in Pakistan.
Wir mussten langsam weiter nach Hyderabad, Sukkur, Multan, Faisalabad, Lahore, Rawalpindi und Islamabad.
Wir reisten wie gehabt weiter, indem wir oft Teepausen am Straßenrand einlegten und auch gegessen haben. Übernachtungsmöglichkeiten suchten wir immer am späten Nachmittag. Meist landeten wir bei Einheimischen oder öffentlichen Anlagen, Schulen, Krankenhäuser und sonstige Anlagen; diese hatten immer schöne Gärten und grünen Rasen.
Die Bewohner umlagerten uns jedesmal, immer die selben Fragen, langsam nervte es, aber zu zweit verteilt sich das besser. Gab ich keine Antwort auf ihre

Fragen ging man zu Ingo. Wollte der seine Ruhe haben, verstummte er, zeigte zu mir und alles kam zu mir herüber. So ging das hin-und her, stundenlang.
Eines abends, etwa 200 Kilometer vor Multan, schlugen wir unser Nachtlager direkt am Indus Fluss auf. Als wir anfingen zu kochen, kam ein Polizeifahrzeug. Mehrere Polizeibeamte kamen zu uns.
„No Camping," Ich sagte, dass es schon dunkel sei und spät.
No, No, No hieß es als Antwort. Wir blieben stur und sprachen ab, dass sie uns schon wegtragen müssen.
Das Polizei-Fahrzeug fuhr weg, wir krochen in unsere Zelte. Etwa eine Stunde später kamen mehrere Polizei-und Pick-Up Fahrzeuge mit bewaffneten Personen.
Wir kamen aus unseren Zelten heraus, lautstarke Diskussionen, da nur eine Person einigermaßen englisch sprechen konnte. Etwa zwanzig Personen standen um uns herum.
Wir weigerten uns mit ihnen zu kommen, da es schon fast Mitternacht war. Sie wollen uns fünf Kilometer entfernt zur nächsten Wache bringen, dort können wir sicher zelten.
Ich antwortete darauf, die sollen hier ein Fahrzeug zum Schutz zurück lassen, in wenigen Stunden wird es sowieso hell.
Der Oberboss meinte "no", sonst würden sie alles abbauen, wir weigerten uns trotzdem. Der Offizier sprach mit seinen Leuten und diese machten sich daran Ingos Zelt abzubauen. Er funkte dazwischen, weil sie keine Ahnung hatten und alles kaputt machten. Bei mir fingen sie auch an, ich funkte dazwischen und schob Sie beiseite. Dann packten mich vier Beamte an Armen und Beinen, diese wollten mich zum Polizeifahrzeug bringen, ich hatte mich gewehrt und schob sie beiseite.
Ingo schrie dazwischen, es hatte doch kein Sinn, dass wir Stur bleiben, die bauen wirklich alles ab.
Uns bleibt nichts anderes übrig als zusammen zupacken, in dieser stockfinsteren Nacht. Wir machten langsam, mit unseren Stirnlampen am Kopf tragend, es dauerte etwas über eine Stunde, bis wir soweit waren. Immer wieder übte man Druck auf uns aus, schneller zu machen, dann waren wir soweit, um loszufahren.
Auf der Straße warteten vier Fahrzeuge, zwei fuhren vor und zwei hinter uns, wir in der Mitte.
Nach etwa 500 Metern schlängelte meine BMW. Ich wäre fast gestürzt, hatte hinten einen Plattfuß. Ingo fuhr hinter mir und hatte mich fast stürzen sehen. Das Herz war in die Hose gerutscht, was nun?

Fahren konnte ich nicht mehr, alles kam zum Stillstand. Großes Palaver mit den Beamten. Ein zufällig daher kommender Pick-Up wurde gestoppt. Dort sollte meine BMW drauf, der Fahrer wurde gar nicht gefragt ob er das wollte, er wollte auch nicht. Es blieb ihm aber nichts anderes übrig.
Mit zwei Leuten sollten wir das beladene "Mopped" auf die Pritsche hinauf hieven. Ich zeigte, dass wir vier Personen brauchten. Man probierte es erst mit zwei, nichts zu machen. Mit vier Leuten konnten wir das Vorderrad auf die Pritschenkante stellen, dann das Krad hinten hochheben und seitlich auf den Krümmer liegend, brutal über die Ladefläche ziehen. Die Heckklappe ließ sich nicht schließen, wir mussten das Motorrad aufrecht Stellen und diagonal auf die Pritsche herumschieben, erst dann ließ sich die Klappe verschließen. Ich sollte auf den Beifahrersitz.
Nein, das Motorrad muss festgebunden werden, dies würde hin und her schlenkern und Schaden nehmen, letztendlich blieb ich dann doch auf der Ladefläche und hielt das Motorrad aufrecht. Wir fuhren und fuhren, keine Ahnung wieviel Kilometer, aber es waren mehr als die angesagten fünf Kilometer. Ingo war hinter uns und zwei weitere Polizeifahrzeuge, am Ende. Dort waren mehrere Leute auf der Ladefläche, die alle stark bewaffnet waren.
Ich winkte und brüllte Ingo heran, war es doch sehr anstrengend das Motorrad zu halten und kalt auf der offenen Pritsche, inzwischen war mitternacht.
Wie lange wir noch fahren würden, die sagten doch fünf Kilometer bis zur Polizeiwache. Man führte uns an der Nase herum!
Was sollten wir machen, Ingo überholte und fuhr vor. Stoppte dann mitten auf der Straße und brachte den Konvoi zum Stillstand. Mein Pick-Up-Fahrer wollte seitlich daran vorbei und weiterfahren. Ich hämmerte mit beiden Fäusten aufs Dach und schlug Dellen hinein. Er blieb stehen und war wütend, wollte Schadenersatz, nicht einen Cent sagte ich. Soll er es von der Polizei holen. Ich öffnete die Beifahrertür und drückte fast alle Beulen von innen wieder heraus; als er das sah, wurde er ruhiger.
Alle kamen aus ihren Fahrzeugen heraus, die bewaffneten Personen stellten sich im großen Kreis um uns herum, man wollte uns zum Hotel bringen. Wir haben aber kein Geld für ein Hotel, oder bezahlen sie das. Nein, wir müssten es bezahlen. Ich sagte nicht einen Cent, die Rechnung kann die Polizei zahlen. Denn die hat uns diesen ganzen Schlamassel eingebracht.
Zwei von den vier Fahrzeugen fuhren nun wieder zurück, wahrscheinlich waren wir aus deren Bezirk heraus und diese haben nun nichts mehr mit uns zu tun. Wir aber fuhren weiter durch die kühle Nacht, ein Fahrzeug vorweg, ein weiteres hinten dran, ich auf dem Pick-Up und Ingo auf der Trans Alp in der

Mitte, zwischen diesen beiden Fahrzeugen.
Plötzlich stoppte man auf einem großen freien Platz, man wollte uns ausladen. Ich sagte wo sei das Hotel, da waren außer Bretterbuden nichts, eine Art Lastkraftwagen-Umschlagplatz. Darauf wehrte ich sie ab, niemand wagte meine BMW von dem Pick-UP herunterzuholen, alles Lügen.
Mit dem Boss, die einzig englisch verstehende und sprechende Person, schrie ich herum. Das er uns zum Hotel bringen soll, auf diese Art und Weise können sie uns nicht so einfach los werden. Ich habe einen Plattfuß und muss zum Tageslichtanbruch mein Reifen reparieren und wollte dort auf keinen Fall bleiben. Ingo ebenfalls nicht.
Uns von unserem Nachtlagerplatz am Fluss hierher zu bringen, wo tausende von Menschen am nächsten Morgen herumlaufen, nicht so!
Der Pick-Up Fahrer machte auch Theater, hatte er doch nichts damit zu tun und will nach Hause. Nichts da, mein "Mopped" bleibt darauf bis wir einen sicheren Platz gefunden haben in einer Stadt, wo wir alles vernünftig zusammen packen und meinen Hinterreifen reparieren können.
Es kamen zwei weitere Fahrzeuge, ähnlich den anderen, beide mit Ladeflächen, voll von Einheimischen, die ebenfalls stark bewaffnet waren. So eine Art ziviler Schutztruppe, wir wurden übergeben, wahrscheinlich waren wir jetzt wieder im anderen Zuständigkeitsbereich. Dort fuhr ein Fahrzeug wieder vor und wir in der Mitte, am Ende das andere Fahrzeug. Diese würden uns nun zur Kaserne bringen, dort könnten wir schlafen. Ihr Knalltüten sagte ich auf deutsch, in einer Stunde wird es hell, dann brauche ich nicht mehr zu schlafen.
Ingo konnte sich kaum auf der Transalp halten, war sterbendmüde. Ich ebenfalls, da es sehr frisch auf dem Pick-Up war, fing meine Stimme zu kratzen an und ich konnte kaum noch sprechen.
Etwa einer weiteren gefühlten Stunde später waren wir in Multan. Dort brachte man uns ins Polizeilager, bzw. Militärcamp. Man wollte uns ein Zimmer geben. Wir wollten kein Zimmer und jemand zeigte uns einen Platz auf dem Rasen wo wir zelten könnten. Man gab uns zu verstehen was wir Essen wollten. Nichts sagte ich, Ingo ebenfalls.
Die Tageslichtdämmerung begann und es wurde hell. Es war an der Zeit langsam das Hinterrad auszubauen. Plötzlich kamen zwei Beamte mit einem Tablett Essen von KFC. Stellten es uns hin und zeigten was es war. Ingo wollte nichts, ich ebenfalls; ich stieß das Tablett weg, weil Sie mir mehrmals damit vor die Nase kamen. Sie hoben, dass dabei herunter Gefallene von der Erde auf und gingen weg.
Ingo legte sich an sein Motorrad und schlief rasch ein, ich währenddessen

baute das hintere Rad aus, zog den Mantel ab und sah dann die Bescherung. Dadurch, dass wir das beladene“Mopped“ nach dem Plattfuß etwa fünfzig Meter geschoben hatten, waren nun haufenweise Löcher, im Schlauch und somit nicht mehr zu reparieren.
In der Reifendecke selber steckten mehrere Spitze längere flache Metallteile, die ich herauszog.
Ich kramte den Ersatzschlauch heraus, der schon ewig mit mir unterwegs war und pumpte mit meinem kleinen Kompressor reichlich Luft drauf um zu sehen, ob dieser noch dicht war. Anschließend zog ich den Mantel auf die Felge und friemelte den Schlauch herein.
Gegen halb neun waren wir startklar und wollten raus aus der kasernenartigen Festung. Am verschlossenen Tor verweigerte man uns die Ausfahrt, wir sollten zum Chef.
Man brachte uns zu dem Vorgesetzten, der Fragte, was gestern eigentlich alles passiert sei. Er sprach englisch, wir erzählten Ihm alles. Darauf entschuldigte er sich für das, was die anderen Beamten in Ihrem Zuständigkeitsbereich mit uns angestellt haben.
Jetzt hatte ich ein schlechtes Gewissen wegen des KFC- Essens. Vermutlich haben sie das von ihrem erbärmlichen Lohn extra für uns gekauft und ich schiebe es in den Dreck. Sie hatten mit der ganzen Sache eigentlich nichts zu tun. Sie wurden nur zu dem Lastkraftwagen-Umschlagplatz hinzu berufen um uns in Empfang zu nehmen und direkt in Multan bei der Kaserne abzuliefern.
Der Chef meinte auch gleich, dass wir nicht alleine weiterfahren dürften, man würde uns um neun Uhr am Tor in Empfang nehmen und eskortieren.
Ingo und ich sahen uns dann an, wir schüttelten den Kopf, nicht mit uns, wir würden denen wegfahren, dachte ein jeder von uns.
Am Tor warteten dann schon zwei Pick-Ups, diesmal ohne bewaffnete Personen auf der Pritsche.
Wir folgten ihnen durch die Stadt Richtung Faisalabad, so einfach sind wir noch nie durch eine große Stadt gefahren, es waren regelrecht alle Wege frei für uns.
Außerhalb der Stadt, blieben Ingo und ich dann an einem Straßencafe‘ stehen. Der vordere Pick-Up kam zurück, wir sollten fahren; ich darauf lautstark: “no, no sleep last night, a flat tire, only lies to us, no breakfast, here we have a longer break.“ Wir bestellten Tee, Brot und einige sehr ölige Backwaren. Die Beamten hielten etwas Abstand und redeten über uns, dass fühlte man, weil sie andauernd zu uns herüber starrten.
Die Luft und Situation war zum Zerreißen gespannt. Wir machten natürlich

langsam, dann schob man uns ein wenig an, aber wir ließen uns nicht drängeln.
Wir besprachen unser weiteres Vorgehen. Sahen anhand der Landkarte, dass die nächste Piste, die links abgeht keine Sackgasse ist. Dieser folgten wir, um dann Zickzack über andere Piste irgendwann wieder auf die Hauptstrecke zurückzukommen.
Gleich nach dem Frühstück überholte Ingo das vorausfahrende Fahrzeug, ich hinterher. Im schnellen Tempo konnten die uns nicht folgen.
Darauf bog Ingo links in eine hügelige Erdpiste ein. Schnell waren die beiden Fahrzeuge nicht mehr zu sehen, vielleicht sahen sie noch unseren Staub.
Dann ließen wir es ruhig angehen, wir fanden einen Friedhof, der ruhig und ohne Einheimische war. Hier legten wir ein Nickerchen ein, ich war Tod wie tausend Mann. Gegen vier Uhr am Nachmittag machten wir uns wieder auf den Weg und fanden kurze Zeit später ein Hospital mit grünem Rasen. Einheimische bestätigten unsere Anfrage, dass wir dort in unseren Zelten bleiben dürfen. Allerdings müssten wir am nächsten morgen um sieben Uhr verschwunden sein, bevor es öffnet. Kein Problem, während wir so langsam aufbauten, kamen immer mehr Bewohner des kleinen Ortes zusammen. Alle waren neugierig, speziell die Motorräder erweckten reges Aufsehen, so groß und all das Gepäck, es war sehr bedrückend, weil man zu nah an uns heran kam.
Ingo legte einige Äste als Linie, vor unseren Zelten mit fünf Meter Abstand, dass ist die Grenze und nicht weiter, wieder funktionierte es und wurde respektiert. So konnten wir in aller Ruhe weiter aufbauen und anschließend Kochen.
Plötzlich kam ein Fahrzeug seitlich an der Hospitalmauer herangefahren. Ich sah sofort, dass es Polizei war, also haben sie uns doch noch gefunden. Ingo sagte, warte mal ab. Er klatschte in die Hände und machte Handstand, lief auch hin und her, einige versuchten es nachzumachen aber es klappte nicht. Die ganzen Bewohner waren in guter Stimmung, weil Ingo auch ein paar Zauberstücke vorführte.
Die Polizeibeamten kamen nicht näher, sie blieben in ihrem Fahrzeug. Ingo holte dann einige kleine bunte Stäbchen heraus, Knicklichter, wovon er ein ganzes Paket aus Deutschland mitgebracht hatte. Die annähernde Dunkelheit war ideal dafür, die Augen waren riesengroß bei den Kindern. Ingo formte sie zu ringen und anderen lustigen Figuren, jonglierte mit diesen sogar. Es war eine Bombenstimmung vor dem Hospital, alle waren hellauf begeistert, besonders wenn Ingo die Knick- Leuchtstäbe ins Publikum warf.
Es kamen einige ältere Dorfbewohner auf uns zu und deuteten an, uns für den nächsten Morgen zum Frühstück einzuladen, wir sollten um sieben Uhr bereit

sein.
Die Nacht blieb ruhig, einige saßen noch bis sehr spät in der Nacht an der Linie und schauten zu unseren Zelten herüber.
Ich schlief irgendwann ein, am nächsten Morgen gegen fünf Uhr wurde ich durch eine Stimme, die ständig“hello mister ‚hello mister“ rief wach. Nach einiger Zeit ging es mir auf die Nerven. Ich sagte, dass ich Müde sei und um sieben Uhr seien wir eh weg, mit Sack und Pack.
Dann immer wieder: “hello mister, hello mister, hello mister, it’s five o‘clock wake up time in Pakistan.“
Sleepingtime in Pakistan is from 10 pm to 5 am. “Ich bin German und schlafe bis sieben Uhr und wenn er nicht ruhig ist komme ich raus, wäre sehr ärgerlich und könnte für nichts garantieren.“
Irgendwann kam ich raus und war wütend, deutete an, ihm an seinen Hals zu gehen und diesen umdrehen zu wollen. Er ging einen Schritt zurück. Ingo lag im Zelt und kicherte vor sich hin, war auch er wach geworden von dem ständigen “hello mister,“drehte sich aber einfach um und ruhte weiter.
Wir müssen abbauen, was ich sowieso langsam tat, packte alles zusammen und um sieben Uhr kamen zwei Leute die uns zum Frühstück abholten. Das Polizeifahrzeug war nicht mehr dort, auch der nervende “hello mister“ Einwohner verschwand im Nichts.
Das Frühstück verlief mit vielen Fragen über uns, dieselbe Geschichte wie zuvor, man wird nur herumgereicht, allen vorgeführt. Alle Nachbarn, Freunde sind dann auch da bzw. kommen so nach und nach zu uns, an den Frühstückstisch.
Will man doch die deutschen Touristen sehen, mit ihrer futuristisch aussehenden Motorradbekleidung, vor allem die Motorräder und das Gepäck.
Das halbe Dorf winkte uns hinterher und über guter staubiger Piste ging es wieder auf die Hauptstraße.
Dort angelangt ging es weiter über die Hauptstrecke nach Lahore. Plötzlich hatten wir wieder ein Begleitfahrzeug hinter uns.
Uns war nicht klar, ob es das Fahrzeug von letzter Nacht war, es sah aber ähnlich aus. Die wussten genau, dass wir da irgendwo wieder rauskommen und diese Strecke nehmen müssten, also brauchten sie nur auf zwei bepackte Motorräder warten.
Wir stoppten beim erst besten Cafe‘ am Straßenrand, das Fahrzeug auch, blieb aber auf Distanz und ließ uns in Ruhe. Wir besprachen wieder was wir machen um dieses Fahrzeug loszuwerden. Diesmal wollten wir uns trennen, einer fährt links, der andere rechts in die erstbeste Piste hinein, dann sollten wir uns erst

kurz vor Lahore auf der Hauptstrecke wieder finden.
Nach der Pause fuhren wir etwas schneller voraus, zuerst bog ich ab, der PKW verfolgte nun Ingo. Ich ließ mir Zeit, bin dann etwa siebzig bis achtzig Kilometer über Nebenstrecken auf dem Highway wieder herausgekommen. Kein Verfolger mehr, langsam fuhr ich Richtung Lahore weiter, am späten Nachmittag traf ich Ingo wieder, kein Begleitfahrzeug mehr hinter uns. Gemeinsam fuhren wir in Lahore ein um eine Unterkunft zu finden, was sich als nicht so einfach erwies, weil viel Verkehr herrschte und die Preise teils utopisch waren. Wir haben mehrere Hotels und Gasthäuser angefahren um dann ein günstigen mehrstöckigen Rundbau zu finden, wo die Motorräder innerhalb, von unserem Zimmer aus der zweiten Etage einsehbar geparkt waren. Anschließend machten wir einen Stadtrundgang in völlig versmogter Luft und fanden ein nettes kleines Restaurant zum Abendessen.
Am nächsten Morgen ging es weiter Richtung Rawalpindi und Islamabad, wo wir am späten Nachmittag angelangten. Der einzige Campingplatz in Pakistan, direkt im Zentrum, eingezäunt und mit vierundzwanzig Stunden Bewachung. Linda viel uns sofort ins Auge, die small Lady mit ihrer DR 650, war auch hier. Zuletzt hatten wir Sie in Quetta gesehen, wo wir vor Ihr aufgebrochen sind. Fahrradfahrer, Wohnmobile, Motorradfahrer, alles kam hier zusammen bevor es nach Indien weitergeht. Denn, dass sollte das Endziel vieler sein.
In Islamabad traf ich auch zahlreiche andere Reisende mit Motorrädern wie Belgier, Holländer, Engländer, Australier und immer wieder deutsche.
Raimund aus Baden-Baden, der mit seiner BMW GS 1100 auf dem Weg nach Australien ist, schloss sich uns an. Mit Ingo waren wir nun zu dritt unterwegs. Für jeden von uns ist es eine Abwechslung, zu zweit oder dritt unterwegs zu sein, da das Sicherheitsgefühl größer ist, wenn man irgendwo einfach frei zeltet.
Wir schlugen unsere Zelte bei den anderen Motorradfahrern auf, alles war in Gruppen aufgeteilt. Meine Frage, ob der eine oder andere von der Polizei begleitet wurde, bejahten alle, keiner war alleine unterwegs.
Linda wurde eine ganze Woche begleitet, andere über mehrere Tage. Wir hatten Glück, dass wir Richtung Süden runter sind nach Karatchi, deshalb hatte man uns erst so spät gefunden, weil dort kein Tourist mit Fahrzeug hinunter fährt. Es ist aus Sicherheitsgründen, ich meine, dass man mit den Begleit-Fahrzeugen mehr auffällt als ohne. Fühlte mich zudem immer etwas unsicher.
Einige Tage blieb ich auf diesen Campingplatz, der eigentlich nichts besonderes war, andere Reisende die man hier traf fesselten mich. Die Stadt war einfach zu Fuß erreichbar. Mein indisches Visum beantragte ich in der Botschaft

von Islamabad, im Botschaftsviertel. Es war ein abgesperrtes Gebiet mit nur einer Zufahrtstraße kontrolliert. Dort gab es auch Banken, wo man an den Automaten Geld ziehen konnte.
Das indische Visum dauert zwei Wochen Beantragungszeit. Mein Reisepass musste dort bleiben, es war hoffnungslos überlaufen. Hunderte von Menschen, ich beantragte ein Visum für mehrfachen Grenzeintritt, was mir erlaubt mehrmals das Land zu verlassen und wieder zu betreten, es kostete nur unwesentlich mehr. Da ich vor hatte, nach Nepal und Bangladesh zu gehen brauchte ich auf jeden Fall schon ein Visum für dreimaligen Grenzübertritt, da ich jedesmal nach Indien zurückkommen würde.
Meinen Pass brauchte ich nicht in Pakistan, machte allerdings Kopien von dem Visum. Nun wollte ich den Karakorum- Highway hinauf fahren und auf der Rückfahrt, die etwa zwei Wochen dauert, meinen Pass wieder abholen.
Immer wieder fielen mir nachts beim schlafen die Unruhen der Erde auf, Erdbeben, die mal schwächer und stärker waren; niemals zuvor in meinen Leben hatte ich das so extrem gefühlt.
Auf keinen Fall wollte ich in Gebäuden übernachten, wegen der Einsturzgefahr. Raimund aus Süddeutschland, mit seiner BMW GS 1100 hatte ein Jahr Urlaub und wollte von Deutschland nach Australien. Den Karakorum- Highway beschlossen wir gemeinsam zu befahren. Ingo wollte noch etwas Ruhe einlegen und später folgen.
Die nächtlichen Erdbeben wurden schlimmer, als ob man auf einer Rüttelplatte liegt. Tagsüber beim Fahren merkte man das nicht, wir sahen aber am aufgewirbelten Staub der Berge, dass wieder ein Beben war und Erdrutsche ausgelöst worden waren. Felsen, Schotter und Geröll versperrten uns oftmals den Weg; wenige Male mussten wir auf die Beseitigung dieser durch Planierraupen und Bagger warten.
Trotzdem wollten wir zur chinesischen Grenze. Inzwischen war schon Oktober. Es ist ein Höhepunkt für Motorradfahrer diesen Highway zu fahren. Viele Container-Sattelzüge aus China verkehrten hier. Der durchgehend asphaltierte Highway, ist bis auf die wenigen zerstörten Abschnitte durch die Erdbeben gut befahrbar. Die Straße zieht sich allerdings erst auf die letzten 80 Kilometer von 3000 auf 4720 Meter hoch.
Links und rechts die hohen Berge und malerische kleine Dörfer mit Häusern in den Hang gebaut. Wir trafen “little Linda,“ mit Ihrer DR 650 wieder und auch Ingo, mit der Honda Trans Alp. Gemeinsam fuhren wir weiter, dann trennten sich unsere Wege. Linda wollte alleine weiter, Raimund, Ingo und Ich fuhren zusammen nördlich hoch, wir übernachteten nur in weiten sicheren Tälern.

Manchmal war es schwierig eine ebenerdige Fläche zu finden; oftmals fragten wir bei Schulen ob wir dort unser Zeltlager aufschlagen durften, was immer erlaubt wurde.
Natürlich hatten wir alle umliegenden Bewohner um uns versammelt, aber bei drei Leuten verteilt sich die ständige Fragerei und das angelotzt werden. Jeder kochte für sich. Je höher wir kamen desto schlimmer wurden die nächtlichen Erdbeben. Man muss sich vorstellen, auf einem flachen Brett zu liegen und an vier Ecken hin-und hergezogen zu werden. Man schreckt auf, hört dicke Felsen krachen und runtersausen und die schreiende Bevölkerung aus ihren Häusern hinausrennen.
Die Beben hatte ich wochenlang zuvor in Pakistan erlebt, allerdings waren sie so schwach, dass ich mir keine Gedanken darüber machte. Hier sieht das allerdings anders aus, es ging um das nackte Überleben, nicht von irgendwelchen Felsen oder Erdrutschen erwischt zu werden.
Ingo verließ uns einige Tage später, er wollte einen Abstecher in ein Nebental machen.
Raimund und ich fuhren weiter hoch. Als wir auf 2800 Meter Höhe waren, in Sost beschlossen wir uns ein Zimmer zu nehmen in einem Flachbau-Gasthaus. Wenn hier etwas einstürzt wird es nicht so schlimm dachten wir. Von dort wollten wir am nächsten Tag morgens dann zum Khunjerab-Pass hoch auf 4720 Meter. Das Wetter zeigte sich von seiner guten Seite; es war schon merklich kühl hier oben, nachts gingen die Temperaturen weit unter Null Grad.
An einem Kontrollposten sagte man uns, dass es nachts etwa fünfzehn bis zwanzig Grad minus wird. Auf keinen Fall sollten wir dort oben Zelten, hieß es. Meine BMW machte ab 3800 Meter Höhe etwas Probleme bei dem anfahren. Ab 4300 Meter war es so schlimm, das ich mit der Kupplung spielen musste um den Motor nicht abzuwürgen. Wenn ich erstmal ein wenig rollte dann war es gut, nun konnte ich die Gänge wechseln. Nur wenn es zu steil hoch ging und ich anfahren musste, wurde es schwer. Manchmal war es besser etwas hinunterzurollen, um dann an einem nicht so steilen Stück anzufahren. Raimund mit seiner Einspritzer- BMW hatte keinerlei Probleme mit der Höhe oder sonst was. Er meinte nur; die elektronische Einspritzung regelt auch das Luftgemisch.
Gegen Mittag waren wir auf dem höchsten Punkt angelangt. Der letzte Kontrollposten auf pakistanischer Seite öffnete die Schranke, „wir kommen zurück“ sagte ich.
Es war ein sonniger Mittag, wir sahen grasende Yaks-Herden im umliegenden Schnee. Auf der Passhöhe angelangt, zeigte mein GPS 4720 Meter Höhe. Der

bisher höchste Punkt auf meiner Reise, dass Thermometer stand auf zwei Grad plus, in der Sonne.
Ich fuhr gleich weiter bis an den Grenzstein, der das Ende von Pakistan im Norden zeigte und stellte die "Gummikuh" auf den Seitenständer. Raimund ebenfalls, wir machten einige Gemeinschafts-Fotos zur Erinnerung.
Der neue chinesische Grenzposten war unbesetzt; wir gingen hinüber bis zu dem Grenzstein von China, setzten einen Fuß auf die chinesische Seite und meinten, wir wären nun in China!
Plötzlich stoppte ein Container- Lastwagen neben uns, der aus unsere Richtung kam. Es sprang ein Paärchen aus den Niederlanden heraus. "Könnt ihr uns helfen?". Wir sagten ja. Gingen dann mit ihnen nach hinten.
Dort öffneten sie beide Türen und reichten uns ihre Fahrräder an, die wir sanft auf der Erde abstellten. So so, dachten wir. Mit dem Lastkraftwagen hier hochfahren und dann wieder runterradeln und behaupten den Karakorum- Highway geradelt zu sein.
Gegen 14 Uhr machten wir uns auf den Rückweg, zurück nach Sost, wo wir übernachten wollten. Ingo mit seiner Trans Alp kam uns entgegen, ein wenig spät, er will auf dem Pass übernachten im Zelt. Ich sagte darauf, es soll minus 20 Grad werden.
Wir erreichten gerade vor der Dunkelheit unsere Unterkunft; es war saukalt, als die Sonne verschwand. Wir hatten alles an Textilien übergezogen was wir besaßen, incl. Regenjacke und Hose als Windstopper, der Kälte wegen.
Die Höhenlage machte uns nichts aus, wir waren ja nur einige Stunden dort oben. Wasser getrunken haben wir reichlich, beim Gehen auf dieser Höhe merkte man, dass die Luft dünner ist und es sehr anstrengend war. Die Luft zum Atmen war knapp, ich machte kleinere Schritte und verschnaufte öfters, da ich Asthma geschädigt bin fällt es mit schwerer. Raimund hatte die selben Beschwerden, er meinte nur, seiner BMW geht es besser als ihm. Was ich von meiner Kuh nicht behaupten konnte.
Am nächsten Tag fuhren wir weiter Richtung Islamabad, allerdings an der indischen Grenze entlang; überall sahen wir Menschen an den Straßenrändern, die uns stoppen wollten, dann Steine hinter uns
herwarfen, weil wir weiterfuhren und nicht stoppten.
Wir sahen, dass einige Dörfer komplett zerstört waren, manchmal war die Hälfte den Hang hinunter gerutscht, der Rest stand noch, aber in sehr desolaten Zustand.
Die Menschen waren alle draußen, oft sahen wir das humanitäre Hilfe vor Ort ist, ganze Zeltstädte wurden errichtet und waren im Aufbau, die Einwohner

standen meist hilflos umher.
Die Erde muss hier mehr gebebt haben als wir es selbst erlebt hatten. Auch bin ich mir ganz sicher, dass die großen Haufen von weißen Tüchern, wo etwas drin eingewickelt war, alles Leichen, Opfer des Erdbebens sind.
Ingo gesellte sich zu uns. Hatte er doch nicht auf dem Pass gezeltet, sondern bei dem vorletzten Posten, wo er auch die beiden holländischen Radfahrer getroffen hatte. Ingo meinte, dass es extrem kalt und Minustemperaturen von unter zehn Grad waren.
Nun sind wir wieder zu dritt und fuhren langsam südlich Richtung Islamabad. Das Gesehene unterwegs stimmte uns alle etwas traurig, missmutig, aber was sollten wir tun, es gab nur diesen einen Weg raus aus dem Katastrophal zerstörten Gebiet. Unendliche Kilometer lang sahen wir die betroffenen Menschen leiden. Ihr Hab und Gut, manche Familien- Mitglieder existierten nicht mehr, alles war in Grund und Boden zerstört. Die ärmsten der Armen, hat es wieder einmal am schlimmsten erwischt.
Wir drei Europäer mitten drin. Was fühlten wir uns schlecht.
Wir konnten ihnen auch nicht helfen: hätten wir gestoppt wären wir vermutlich geplündert worden, das wollte auch keiner von uns.
Den letzten hat es meist erwischt, mit Steinen die nach uns geworfen wurden, es ging aber gut aus. Nur das Motorrad wurde getroffen oder Gepäckstücke davon.
Einige Tage später erreichten wir Islamabad, dort auf dem Campingplatz angekommen, sagten uns die anderen Reisenden, dass wir mitten in den Erdbebengebiet gefahren sind. Das schlimmste, schwerste und stärkste überhaupt- , man sprach von 60.000 Toten, die es gegeben haben soll. Das Hauptzentrum war in Muzaffarabad und Kaschmir auf indischer Seite.
Nun war uns alles klar, wir sind knapp einem Unglück entkommen!
Waren wir nur 150 Kilometer davon entfernt, trotzdem hatte die Erde all die Zeit extrem stark gebebt. Nicht auszudenken wenn wir in Motels, Hotels oder Gasthäusern übernachtet hätten. Die meisten Menschen hat es in der Nacht unvorbereitet erwischt, bei der einfachen Bauweise stürzt hier fast alles ein.
Wir machten uns sorgen um "little Linda," war sie doch mit ihrer DR 650 Suzuki auch den Karakorum- Highway hochgefahren.
Sie war noch nicht zurück!
Ich war länger unterwegs als gedacht und hatte mein Visum schon zwei Tage überzogen. In Islambad auf dem Immigrationsbüro trug ich mein Anliegen vor: absolut kein Problem, dass es überzogen war. Ich sagte, dass ich auf das indische Visum gewartet hatte und in dieser Zeit den Khunjerab- Pass gefahren

bin. Dann war das Erdbeben und ich kam nicht schnell genug heraus aus dem Gebiet, weil viele Erdrutsche die Straßen blockierten und diese erst freigebaggert werden mussten.
Meine Ausflüchte, interessierten hier keinen, wieviele Wochen ich denn noch haben will?
Ob mir vier Wochen reichen würden.
„Mehr als genug“ antwortete ich und bums, da war der Stempel im Reisepass, dass sogar kostenlos. Da sollten sich andere Länder mal ein Beispiel dran nehmen.
“Einige Tage später rollte Linda mit der DR 650 ein, Sie war mitten in dem Geschehen, hatte schlimmeres gesehen und erlebt wie wir. Es ging Ihr gut , nun war Sie wieder unter Reisenden mit Bikes.“
Das Highlight von Pakistan war für mich der Karakorum-Highway, die „Straße der Freundschaft“ kostete 810 Pakistaner und 82 Chinesen das Leben. Ein Gemeinschaftsprojekt zwischen Pakistan und China. Die höchst befahrbare Fernstraße der Welt wurde 1978 nach zwanzig Jahren Bauzeit fertiggestellt, ist allerdings erst seit 1980 für Touristen befahrbar.
Mit einer Länge von etwa 1260 Kilometer, steigt sie von 800 bis auf 4720 Meter Höhe. Erst ab der Stadt Sost, die auf 2800 Meter Höhe liegt, beginnt die Steigung der letzten 100 Kilometer bis auf seinen höchsten Punkt, der sogleich der Grenzübergang nach China ist. 4720 Meter Höhe, nach meinem GPS.
Es geht durch enge Schluchten, so dass man das Ausmaß der Schönheit der Berge nicht so richtig wahrnehmen kann. Erst oben angelangt vor der Chinesischen Grenze kann man erahnen welche Arbeit und wie viele Menschen ihr Leben bei diesem Gemeinschaftsprojekt zwischen Pakistan und China gelassen haben müssen.
Auf der gesamten Strecke sind Mahnmäler für die Toten als bleibende Erinnerung für die Nachwelt aufgestellt worden.
Uns war auf dem Rückweg etwas mulmig im Magen, da wir viele leidende und um ihr Hab und Gut gebrachte Menschen sahen. Auch die Hilflosigkeit in den Augen zu sehen, tat uns im Herzen weh.
Mein gehegter Wunsch, den, “KKH“ zu fahren erschien mir ein wenig abwegig und ich konnte es nicht richtig genießen.
Wochenlang hat es starke Erschütterungen und Erdbeben gegeben, unvorstellbar für uns. Wir ahnten nicht, dass es so schlimm war.

Zum Gedenken an die 60.000 Opfer des schlimmsten Erdbebens, 2005 in Pakistan und Indien.

Nachdem ich mein Indien- Visum erhalten hatte, zog es mich weiter Richtung Indien. Ich fuhr mit Raimund nach beidseitiger Absprache mit. Wir waren ein gutes Team, stellten wir nach der Karakorum- Tour fest.
Er wollte in Goa seine Freundin Treffen, die hergeflogen kommt. Zusammen wollten wir noch versuchen nach Leh und Manali in Nordindien zu kommen um die beiden höchst befahrbaren Pässe der Welt mit 5200 und 5600 Meter, zu befahren. Wir wussten,dass es um diese Jahreszeit schon zu spät sein kann. Inzwischen war es schon November, trotzdem versuchten wir es.
Unterwegs blieben wir noch in Lahore, genauso versmogt, wie ich es Wochen zuvor schon mit Ingo erlebt hatte. Wir sahen uns das Fort und den Bahnhof an, in den man uns nicht reinlassen wollte, nur mit Sicherheitspersonal wurde es genehmigt. Je näher wir der Grenze von Indien kamen desto weniger Fahrzeuge und Menschen waren unterwegs. Raimund verschlug der viele Verkehr, oftmals den Atem. Er fühlte sich bedrückt mit der breiten Boxer-BMW zwischen den anderen Verkehrsteilnehmern hindurch zu schlüpfen. Ich fuhr meist vor und suchte mir immer einen freien Weg, der nicht ganz der Straßenverkehrsordnung entsprach.
Wir wussten, dass an der Grenze eine Parade abgehalten wurde, jeden Tag am Nachmittag, bevor die Wache abgelöst wird.
Wir reisten aus Pakistan aus, die Grenzen haben unterschiedliche Öffnungszeiten, die Inder schließen eine Stunde eher. Die pakistanischen Zöllner bestätigten, dass wir reichlich Zeit hatten, heute noch in Indien abgefertigt zu werden. Nach sechs Wochen und 6500 gefahrenen Kilometern verließ ich dieses Land, dass viel durchgemacht hat.

www.fredontour.de
DUNLOP

TRANSALP

中国
7
(1)

Indien

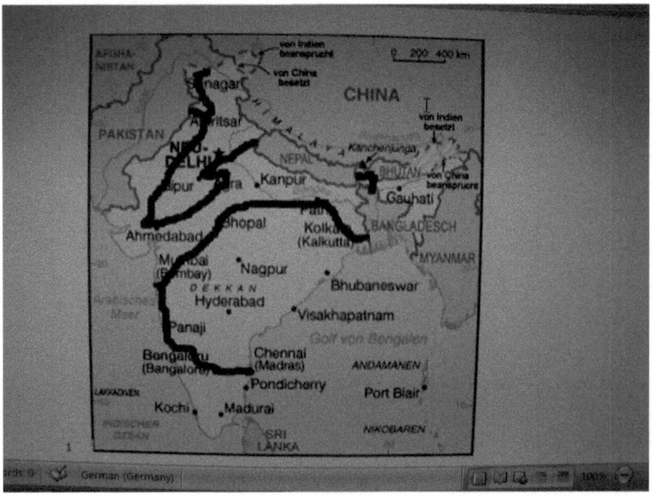

Als wir den indischen Einreisebeamten erreichten, sagte dieser uns gleich, dass wir spät seien. Bald schließen sie die Grenze. „Dann müsst ihr uns eben schneller abfertigen“ sagte ich zu Raimund, wohlwissend, dass man uns nicht verstand.

Die Pakistaner sagten wir hätten genug Zeit, teilte Raimund dem Beamten mit.

Die Einreise ging schnell über die Bühne, von anderen Reisenden haben wir zuvor Horror- Geschichten erfahren, dass diese alles auspacken mussten und es einen halben Tag dauern würde, die Grenze zu durchlaufen.

Nicht einmal die Koffer brauchten wir öffnen. Der Zoll füllte und stempelte das Zolldokument ab, was etwas dauerte, weil man erst den entsprechenden Beamten der dafür zuständig war suchen musste. Dann ging es aber flott, von statten.

Anschließend gab man uns sogar noch eine Schachtel mit kleinen zuckersüßen Gebäckstücken mit auf den Weg.

„Was ein Willkommen“ dachten wir, fängt ja gut an.

Nun waren wir in Indien und die Wegelagerer warteten schon auf uns, Geldtausch und andere Dienste anzubieten, wir verneinten.

Zuerst wollten wir uns die Zeremonie bzw.Parade ansehen. Es waren Sitztribühnen aufgebaut. Auf unserer Seite in Indien, waren hunderte Zuschauer, auf pakistanischer Seite fast niemand.

Die Wachablösung: es wurde die Flagge eingezogen, jeder Wachsoldat trug

eine fantastisch aussehende Uniform. In Reihe und Glied stand man vor dem Wachhabenden Offizier und dann marschierte man auf und ab, bis zur Grenzlinie. Die Pakistaner taten ihresgleichen, es wurde regelrecht geschrieen um die Gegenüberliegende Seite zu übertönen. Das Beifall gebende Publikum auf Indischer Seite übertönte natürlich die wenigen Zuschauer auf pakistanischer Seite.
Alles dauerte knapp eine Stunde, wir machten uns etwas eher auf den Weg, weil nach Beendigung ein mittleres Verkehrschaos ausbricht. Zudem mussten wir noch vor Dunkelheit in Amritsar eine Bleibe für die Nacht finden.
Wir fanden sehr schnell eine Unterkunft aus dem Lonely-Planet Reiseführer. Eine ältere deutsche Frau, hat hier ein Gasthaus eröffnet.
Man sagte uns, dass heute das heiligste Fest der Hindus, Sihks,“ die mit dem Turban um den Kopf gewickelt herum laufen,“ gefeiert wird. Das Diwali-Fest, auch Lichterfest genannt. Nach dem Abendessen liefen wir zu Fuss zu dem Goldenen Tempel und sahen uns alles genauer an.
Uns fielen die Menschenmassen auf, innerhalb des Tempels waren tausende von Sikhs. Der Goldene Tempel, der wirklich mit Goldplatten belegt sein soll befand sich im Innern der Tempelanlage, ebenso ein grosser See.
Überall brannten Kerzen und Lichter, es war wie in “Tausend und einer Nacht,“ die Atmosphäre unbeschreiblich beeindruckend. Uns verschlug es die Sprache, orientalische Musik und Gurus mit ihren Anhängerschaften und Ritualen. Badend im Wasser eine Zeremonie ausführend, tauchten sie immer wieder unter und kamen an die Wasseroberfläche nur um kurz zu atmen und danach gleich wieder abzutauchen. Religiöse Waschungen, mhhhh, stellte ich mir anders vor. Man muss doch nicht jemanden dabei ersaufen wollen, um religiös sauber und heilig zu werden. Oder etwa doch!
Die Erschöpfung stand Ihnen ins Gesicht geschrieben, wir hielten uns stundenlang dort auf, beschlossen sogar, einen Tag länger in Amritsar zu bleiben, um das ganze bei Tageslicht nochmals zu sehen und zu erleben.
Nun war es an der Zeit, dass wir nördlich nach Srinagar hochkommen, entlang der pakistanischen Grenze fuhren wir durch stark militärisch bewachtes Gebiet. Etwa 100 Kilometer vor Srinagar standen im Abstand von fünfhundert Meter Soldaten, links und rechts der Fahrbahn. Die Gegend war kahl und tot, nicht gerade einladend.
Die Bäume alle blattlos, die Felder abgeerntet, nichts grünes, alles braun in braun, schließlich haben wir schon November. Der Pass Leh-Manali, die beiden höchsten befahrbaren Pässe der Welt, mit über 5200 und 5500 Meter Höhe sollen nur von Juli bis September befahrbar sein, wir wollten das Prüfen!

Ein Tunnel lag vor uns, wir sahen eine Kontrolle, fuhren aber daran vorbei, weil nicht eindeutig zu erkennen war, ob wir halten sollten oder nicht. Ich fuhr vor, ein paar hundert Meter weiter sprangen bewaffnete Soldaten aus einem Häuschen heraus. Diese stoppten uns, wir sollten zurück fahren und unsere Papiere zeigen. Der Soldat machte anstalten, warum wir weiterfuhren. Ich sagte, dass kein Anzeichen eines Stoppen zu erkennen war!
Er fragte wo wir hin wollten, wir sagten nach Leh und Manali, er machte eine Eintragung ins Buch, dann durften wir weiter fahren.
Der Tunnel war nicht lang, aber extrem bewacht, weil es die einzige Durchfahrt ins nördliche Indien ist. Auf der anderen Seite sahen wir wieder einen Kontrollposten, der uns aber nicht stoppte, wir fuhren weiter bis nach Srinagar und wollten eigentlich auf dem See in einen Boot übernachten. Die utopischen Preise schreckten uns ab, so dass wir uns ein preiswertes Gasthaus suchten.
Es war hier schon mächtig kalt in der Nacht. Wir fragten den Besitzer wegen den Pässen, Schnee kann über Nacht kommen, dann käme man nicht mehr rein oder raus. Die Motorräder müssten dort bleiben und wir wären per Kleinflugzeug herausgeflogen. Sechs Monate wäre der Pass eingeschneit sagte er, das hieß bis nächstes Jahr Juni etwa.
Raimund wollte dies auf keinen Fall riskieren. Wenn wir fahren, dann gleich morgen früh und zügig durch. In zwei bis drei Tagen alles erledigen, ich stimmte zu.
Am nächsten morgen war Schneefall. Der erste Pass sei dicht, hieß es vom Gasthausbesitzer. Wir fragten noch in dem Touristenbüro am See, die bestätigten es ebenfalls, schade.
Selbst wenn wir dort durch kämen, der höhere Paß sei dann nicht mehr befahrbar, so nah und doch so weit entfernt.
Also fuhren wir die gesamte Strecke wieder zurück, an den Kontrollposten vorbei und durch den Tunnel, diesmal stoppten wir.
Jaisalmer sollte unser vorläufiges Ziel sein, im Wüstenstaat Rajasthan mit der gleichnamigen Festung, ebenfalls ein Traum aus“Tausend und einer Nacht.“
Raimund hatte in Pakistan einen Österreicher mit einem altem VW- Bulli getroffen d.er Mitinhaber eines Hotels ist. Er hat mit Angehörigen der Kaste der Gaukler und Musikanten ein altes Haus auf traditionelle Weise aufgebaut und als Hotel umfunktioniert. Abends sollen die Musikanten althergebrachte Musik auf der Dachterasse spielen, mit Blick auf die Festungsstadt Jaisalmer.
Für einen guten Kurs buchten wir uns gleich mehrere Tage ein, besuchten den einzigen Rattentempel in Indien, vielleicht sogar der Welt und fuhren mit den Motorrädern über einen Salzsee in der Wüste. Dort sahen wir Sanddünen mit

uralten Dörfern und deren armen Bewohnern.
Tagtäglich liefen wir nach Jaisalmer hinein und schauten, hörten den Gauklern und Musikanten zu.
Den Weltgrößten nahegelegenen Kamel-Markt in Pushkar verpassten wir, aus Unwissenheit. Man kann nicht alles sehen. Langsam sollten sich unsere Wege trennen.
Ich wollte nach Nepal und Raimund nach Goa. In Jodhpur blieben wir noch eine Nacht. Weil fast alle Häuser in blauem Farbton gestrichen sind, wird Jodhpur auch „Die Blaue Stadt“ genannt. Hier gibt es das größte Fort Indiens. Wir liefen hoch und entlang seiner Mauern, mit schönem Blick auf die Dächer dieser Millionenstadt.
In Jaipur mit dem Palast der Winde, trennten sich unsere Wege. Nach mehreren Wochen gemeinsamen reisens, fällt es einem schwer wieder alleine unterwegs zu sein mit all dem hektischen Verkehr.
Ständig angequatscht zu werden mit: „Hello Mister, What is your Name?, What is your Country?, How much is the bike?“
Die Kosten hier sind ähnlich wie in Pakistan, für einen Euro gibt es 51 Rupien(2005). Ein Liter Benzin kostet etwa 55 Rupien. Unterkünfte gibt es von 50 bis 250 Rupien, Essen ab 50 Rupien, zum satt werden. Ich habe mir angewöhnt, nur noch vegetarisch zu essen, da ich viel schlimme Sachen mit Tieren gesehen habe und mir der Appetit auf Fleisch vergangen ist!
Eine halb Liter-Flasche-Bier kostet etwa 120 Rupien, 2,40 Euro. An der BMW lief langsam Öl aus dem Federbein aus. Nach über 150.000 Kilometer Laufleistung ist nun das eingetreten, was meine Freunde im Vorfeld schon gesagt haben. Tausche das alte Federbein und die Kardanwelle aus.
Ersatz ist in Indien nicht zu bekommen, über den ADAC in Deutschland habe ich mir gleich ein stärkeres der Firma “Wilbers“ nach Neu- Delhi zum Flughafen senden lassen.
Der Zoll machte Probleme, ich sollte 35% Prozent Einfuhrzoll bezahlen. Da ich mich weigerte und die Beamten das defekte Federbein an dem Motorrad sahen, fand man einen einfachen kostenlosen Weg für mich, in dem man einen Eintrag in mein Carnet de Passage machte. Aus dem ging hervor, dass ich mein altes defektes Federbein aus Indien ausführen muss. Auf diese Weise ersparte man mir etwa 200 US- Dollar. Der Papierkram hat zwei Tage gedauert. Zu meinem Glück fand ich in Delhi noch einen neuen brauchbaren Enduro-Hinterreifen für etwa 65,- Euro mit Schlauch und Montage. Einen neuen Vorderreifen mit 21 Zoll konnte ich nicht auftreiben.
Mit dem neuen Hinterreifen und Federbein begab ich mich in Richtung Agra

zum “ Taj Mahal,“ dem Grabmahl eines Schahs für seine verstorbene Frau. Aus weißem Marmor gebaut, ist es die größte Geldeinnahmequelle Indiens und genauso streng bewacht. Ein Foto mit meinem Motorrad im Vordergrund, wäre auch nicht für eine Million Euro möglich sagte man mir. Der Eintritt kostete 750 Rupien, etwa 15,- Euro mit Ermäßigung auf vier weitere Sehenswürdigkeiten in Agra.
Wegen der geringen Kosten von ein bis fünf Euro für ein Zimmer, habe ich nur zweimal in diesen sechs bis sieben Wochen meines ersten Aufenthaltes in Indien gezeltet.
In Rishikesh der Hochburg des Joga, traf ich “ little Linda“ mit ihrer DR 650 wieder.
Sie hatte ihren Geburtstag gefeiert, an dem ich leider wegen Federbein- Problemen in Delhi nicht teilnehmen konnte. Linda hat mir ihren alten Vorderreifen überlassen, der zwar runtergefahren, aber besser als mein jetziger aussah. Diesen holte ich mir zwei Wochen später bei ihr ab, incl. einem Bier, das wir gemeinsam am Hindus-Fluss tranken um nachträglich auf Ihren sechzigsten Geburtstag anzustoßen. Linda blieb noch einige Zeit länger in Rishikesh, um mit eingeflogenen Familienangehörigen Zeit zu verbringen.
In Rishikesh haben die Beatles in 1968 einige Monate mit ihren Familien verbracht und etliche Titel des Weißen Albums produziert. Ich begab mich auf den Weg nach Nepal. Unterwegs traf ich mehrere Touristen mit gemieteten Royal- Enfield-Motorrädern. Die in Delhi für drei Wochen eine Rundtour durch Indien nach Nepal machten. Alle hatten Probleme, man sollte sich schon einen seriösen Vermieter aussuchen, der einen guten Reparaturservice hat und evtl. einen Mechaniker mitschickt um zu helfen falls man selbst zu unbeholfen ist.
Während dieser Zeit habe ich von Trans Alp Ingo, einem anderen Reisegefährten erfahren, dass er in Indien in der Nähe von Shimla, beim Zelten im Dschungel nachts überfallen wurde. Unter anderem wurden 1000 US-Dollar Bargeld gestohlen. Ingo selbst war im Krankenhaus und musste behandelt werden, eine lange Schnittstelle am Hals wurde genäht. Man hatte tatsächlich versucht Ihn umzubringen. Weil er sich tatkräftig gewehrt hatte, kam er mit dem Leben davon. Mehrere Personen stürzten sich auf sein Zelt und bedrohten Ihn und stahlen fast alles Brauchbare. Nur sein Motorrad, die Trans Alp, blieb zurück.

Tägliche Unfälle mit Bussen und Lastkraftwagen beherrschten das Straßenbild. Es herrscht noch immer unversicht wer der stärkere ist und bremsen

muss.
Auch ich hatte die Situation, dass ich nur knapp einen Frontalzusammenstoß mit einen Bus, der kurz zuvor einen anderen Bus überholte, verhindern konnte. Indem ich mit 80 Kilometer die Stunde auswich, der Bus trotzdem einen meiner Koffer streifte und ich am Straßenrand zum stehen kam ohne zu stürzen.
Ich stellte die Kuh auf den Seitenständer und besann mich. War das knapp. Der spinnt doch, hat mich gesehen und trotzdem überholt. Jetzt reicht es mir. Das ging schon den ganzen Tag so mit den überholenden Bussen auf den Hauptstrecken.
Ich hob ein paar Steine auf, packte diese unter meinen Schlafsack über der Frontlampe und wollte diesen Busfahrer zur Rechenschaft ziehen.
Ich fuhr dem Bus hinterher. Als er mich sah, wurde er immer schneller. Während ich ihn überholte und zum stehen bringen wollte, schmiss ich ein paar Steine an die Seitenfenster. Er fuhr weiter, ich fuhr mit einer Geschwindigkeit von 120 bis 140 km/h voraus. In einer leichten Kurve, stellte ich mein "Mopped" auf der linken Fahrbahnseite auf dem Seitenständer ab. Entweder rammt er die BMW oder stoppt. Herumfahren konnte er nicht, weil entgegenkommende Fahrzeuge ebenfalls stoppten und die Spur blockierten, alle wollten wissen was los ist. Ich ließ meinen Helm auf den Kopf und die Handschuhe ebenfalls angezogen.
Der Bus kam, wurde langsamer und stoppte, ich lief zu der Fahrertür hinüber. Der Fahrer verschloss diese, ich hing mich daran und riss den Türgriff ab. Diesen drehte ich in der Hand um und schlug damit auf die Seitenscheiben ein. Dann sah ich wie der Kassierer im Bus die Seitentür öffnete. Ich lief herum, stieß ihn beiseite und knöpfte mir den Busfahrer vor. Packte ihn an beiden Hemdskragen und schüttelte ihn mehrfach sehr heftig durch und verpasste ihm einen sanften Kinnhaken. Dabei sprach ich in Englisch, was ihm ein fiele, ob er verrückt sei, andere Menschen umbringen zu wollen. Der Beifahrer versuchte mich von hinten wegzuziehen, der bekam ein Tritt von mir und war draußen.
Im Bus waren einhundert Menschen, völlig überladen, aber keiner rührte sich, es war "Muxmäuschenstill.“ Der Busfahrer war ein junger Man in den zwanziger Jahren, “ Ich bezweifelte, ob der überhaupt eine rechtmäßige Fahrerlaubnis hat.“ Er lächelte. Ich fragte immer wieder „warum?“
Dann endlich kam die Antwort: „timetable, timetable!“, “you will kill other people for your bloddy timetable or what?“ So langsam kam ich von 180 runter, mehrere außenstehende Personen kamen näher und wollten wissen was los sei. Ich ging dann nach draußen hob einen dicken Stein auf und ging damit

zur Front- Fahrerscheibe des Busses. Dann warf ich den Stein in die Scheibe, der Beifahrer hielt meinen Arm fest und minderte somit die Wurfgeschwindigkeit. Aber der Stein hinterlies eine markante Stelle in dem Sichtbereich des Fahrers. Ich zeigte dann noch symbolisch, dass ich im beim nächsten Mal killen werde, indem ich mit der Handfläche seitlich an meine Kehle vorbeifuhr und dann auf ihn zeigte.
Nun war ich wieder auf normalem Pulsschlag, ging zu der BMW. Stieg auf und fuhr die gekommene Strecke zurück.
Vielleicht war ihm das eine Lehre. Wenn er jedesmal in seine Scheibe sieht, wird er an mich erinnert, oder an die Kosten denken, diese auszutauschen. Vielleicht hilft es ein wenig. Ihm ist gar nicht bewusst, was er falsch gemacht hat. Er fahre doch den dicken Bus, ich habe Ihm freie Fahrt zu gewähren, was will ich überhaupt!

Straßenkämpfe in Jaigaon, nördliches West-Bengalen, Nordwest-Indien. Als ich von Nepal wieder nach Sikkim in Indien eingereist bin und einen Abstecher nach Jaigaon gemacht habe, um für einen Tag nach Phuentsholing, größte Stadt Bhutans mit 4000 Einwohnern ohne Visum einzureisen. Erlebte ich zum ersten Mal auf der Reise hautnah Straßenkämpfe mit jugendlichen, verfeindeten Banden und der Polizei, samt Militär.
Gegen Abend hörte ich Aufruhr auf der Straße vor dem Hotel. Ich ging auf die Terrasse, wo schon viele andere Hotelgäste waren. Dort konnte ich beobachten, dass alle Autos mit Gewalt gestoppt, die Scheiben zerschlagen und mit Steinen beworfen wurden. Wer nicht bereitwillig nach dieser Attacke umkehrte wurde von etwa einhundert Jugendlichen umringt, die versuchten den Fahrer herauszuholen und das Auto mit Knüppeln zu bearbeiten. Später kam die Polizei hinzu, mit Schutzschildern versuchte diese dagegen zu halten. Es entstand direkt vor unseren Augen ein Kampf mit Steine werfenden Jugendlichen und weglaufenden Polizisten und Soldaten, die in der Minderheit waren.
Alles was im Weg war wurde beworfen, alle Autos wurden beschädigt. Manch ein Besitzer rannte aus dem Hotel heraus und wollte sein Auto wegfahren, umsomehr wurde er beworfen. Mein“Mopped“ stand abgedeckt und geschützt hinter einer Planierraupe und Strommasten, es kam unbeschadet davon.
Alle hatten fürchterliche Angst. Als man uns Touristen auf den Balkonen sah, kamen gleich eine Handvoll Steine als Antwort, ich versteckte mich hinter einen Betonpfeiler, einige Scheiben gingen zu Bruch.
Auf meiner Frage, warum die dieses tun, sagte man nur wegen der Ungleichberechtigung. Was auch immer damit gemeint ist!

Ich hätte auch nichts dagegen unternehmen können wenn mein" Mopped" beworfen worden wäre.
Kurz vor der Dunkelheit bin ich dann zur Grenze gegangen. Machte mich ein wenig klein und lief in dem Gewimmel von Menschen hindurch. Aber man erspähte mich und holte mich an den Armen geführt zurück zu dem Grenzbüro. Ohne Visum darf man nicht mehr hinein, die Gesetze haben sich geändert. Laut Reiseführer war es möglich, einen Tag kostenlos in Phuentscholing nach Bhutan einzureisen. Auch eine Diskussion mit den Vorgesetzten brachte nichts. Ich hätte gerne mehr gesehen und erfahren von den Menschen, die in hosenartigen Röcken herumliefen. Nichts destotrotz setzte ich am anderen Tag meine Reise nach Sikkim fort.
Die Genehmigung erhält man an der Grenze für fünfzehn Tage kostenlos, nachdem man ein Passfoto samt Kopie mit dem indischen Visum hinterlegt hat. Es wird nochmals um maximal fünfzehn Tage verlängert, wenn man es wünscht. Dann muss man drei Monate warten, bevor man wieder einreisen darf. Das Wetter war winterlich kalt, nebelig, die Sonne war erst, wenn überhaupt gegen Mittag zu sehen. In Gangtok, der Hauptstadt von Sikkim, blieb ich eine Woche um auf besseres Wetter zu warten. Als ich eine Tour zum Tsomgo Lake auf 3800 Meter Höhe machen wollte, wurde mir untersagt, dies mit dem Motorrad zu machen.
Sperrgebiet, nur über eine Agentur als Reisegruppe ab vier Leuten. Dann erhält man auch die Genehmigung dafür, da alles Millitärgebiet ist und grenzennah an Tibet liegt. Nachdem sich das Wetter nicht besserte entschloss ich mich die Tour zu buchen, es fanden sich dazu noch drei weitere Touristen. Es ging über eine einspurige steile Bergstraße hinauf, zu dem See, der zugefroren war. Militär und viele Kontrollposten mussten passiert werden. An dem See angelangt durften wir uns nur um diesen und zu den touristischen Verkaufsständen bewegen.
Viele Einheimische Bewohner in traditioneller Kleidung waren hier, um Touristen auf den Yaks reiten zu lassen und etwas Geld für Fotoshooting zu verdienen.
Zurück im Gasthaus, sprach mich Annemarie an, **www.bikeworldttour.de**. Eine Deutsche Fahrradreisende, die schon seit 2002 unterwegs ist, mit dem Endziel Neuseeland. Wir erzählten und tauschten unsere Erlebnisse aus.
Annemarie sollte ich noch mehrere Male im weiteren Verlauf der Reise wieder treffen. Erst bei unserer zweiten Begegnung erfuhr ich, das Sie den gleichen Familiennamen hat wie ich. Was für ein Zufall.
Am 10.02.2006, Freitag war es soweit!

Ich habe meinen ersten Inder auf die Gabel genommen. Im wahrsten Sinne des Wortes. Es war ein schöner Morgen, herrliches Wetter und ich war auf dem Weg von Varanasi nach Khajuraho zu den erotischen Tempeln.
Es war wie verhext, als ob alle Bewohner Frau und Mann zugedröhnt waren mit Drogen. Betelnuss kauend standen sie auf dem Highway, redeten, oder wickelten Geschäfte dort ab.
Ein Morgen der fast tödlich hätte sein können. Ständig musste man hupen um anzudeuten, dass man Platz machen sollte, auf der zweispurigen Hauptstraße. Man machte auch Platz oder gab zu verstehen, das ich erkannt wurde, nicht aber dieser eine Inder. Er drehte sich um und blieb mit einem Kollegen stehen, ich hupte nochmals, nahm Gas weg und machte einen kleinen Bogen. Als ich auf deren Höhe war, drehte sich einer von beiden um und machte einen grossen Schritt nach vorne. Somit stand er direkt vor meinen Motorrad. Ungebremst nahm ich Ihn mit etwa 60 km/h auf die Gabel. Ohne meinen Körper zu berühren flog er im hohen Bogen über mich hinweg. Nicht einmal das Motorrad kam aus der Spur.
Mir war klar, dass nichts passiert war: als ich ihn im Rückspiegel breitbeinig und mit erhobenen Armen hinter mir hergelaufen sah. Ich gab Gas und weg war ich.
Ein paar Kilometer weiter stoppte ich und sah mir die Bescherung an: Mein Schlafsackhalter über der Gabel und Frontlampe war total platt und mehrfach gebrochen.
Wahrscheinlich unser beider Glück, weil er dadurch einen Katapult-Effekt erhalten hat und über das "Mopped" geflogen ist.
Die Inder sind meist kleine und leichte Personen, das klappt dann schon mal so und geht glimpflich aus!
Bei einem Europäer würde ich wohl jetzt im Krankenhaus liegen. Der linke Blinker und die Lampenverkleidung waren abgerissen, das Fahrtlicht brannte nicht mehr, also kaum Schäden.
Der Inder wird diesen "Freiflug" in seinem Leben nie vergessen, genauso wie ich. Das muss sehr schmerzhaft gewesen sein, vor allem die Landung auf dem harten Asphalt. Nochmals Glück gehabt, aber so ist das in Indien,
" So sind die Inder halt."
Die Vögel fliegen weg, wenn ein Fahrzeug näher kommt, nicht der Inder, der rennt rein und denkt "Shiva" hilft.
Kalkutta, diese Stadt hat mir am besten von allen indischen Städten gefallen, trotz der über 15 Millionen Einwohner.
Das besondere Flair in Chowringhee in der Sutterstreet passte. Alle Sehens-

würdigkeiten habe ich zu Fuß abgelaufen und besichtigt. Das Armenhaus von Mutter Teresa ebenfalls, die 1997 in Kalkutta verstarb.
In Mahabodhi, der weltweit,- heiligsten, buddhistischen Pilgerstadt und Tempelanlage, stahl man meine Bikeboots, die ich vor dem Tempel abstellte, um diesen von innen zu besichtigen. Normalerweise nahm ich meine Schuhe in einer Hand gehalten mit hinein, aber hier durfte ich das nicht.
Was will ein Inder mit Schuhgröße 47 ?
Für mich ein großer Verlust, da ich von nun an immer in meinen dicken Motorradstiefeln fahren musste. Was bei 40 Grad und mehr nicht sehr angenehm ist.
Ersatz war in Indien nicht zu kriegen, Schuhgröße 47 unmöglich.
Varanasi mit den Ghats, den Verbrennungplätzen am Fluss Ganges. Wo morgens die rituellen Waschungen zu sehen sind. Wahnsinn, vor allem der Ganges, unbeschreiblich, dreckig, stinkig, vermüllt und trotzdem unternahm ich eine Bootstour, wo ich fotografieren konnte.
Die nächste Station war Khajuraho, wo die erotischen Tempelanlagen zu besichtigen sind. Dann Mandu-Mandeswhar wo ein altes afghanisches Fort auf einem Hochplateau liegt mit riesigen Ausmaßen. Die Ellora Caves, Tempelanlagen die in den Felsen gemeißelt wurden. Eine Stadt die in fünf Generationen von Mönchen und Heiligen erschaffen wurde.
Mumbai, auch Bombay genannt, die 18 Millionenmetropole ist Verkehrsmäßig nicht schlimmer als alle großen Städte in Indien.

Liebe Freunde, Biker, alle warnten mich vor Indien, der Überbevölkerung und großen Städte wegen. Ich reise schon seit den achtziger Jahren, es ist nicht schlimmer als in Kairo, Istanbul, Paris oder Marseille. Mir macht es nichts aus, man muss nur die Nerven behalten. Die Inder können einen zur Verzweiflung bringen. Weil jeder versucht voran zu kommen, seinen Vorteil zu nutzen, obwohl es nichts bringt. Man riskiert nur das Leben anderer, aber dies ist hier nichts Wert bei einer Bevölkerung von mehr als einer Milliarde Menschen. Es macht auch nichts aus, wenn täglich 10.000 bei Unfällen im Straßenverkehr sterben.
Die LKW und Busse überholen wo sie wollen, selbst in den Kurven, tagtäglich erlebe ich diese Situation. Ich komme schön geschwungen um eine Kurve herum, um dann mit 80 Kilometer Geschwindigkeit, eine Vollbremsung bei 45 Grad Neigungswinkel zu vollziehen. Weil ein fast stehender Lastkraftwagen versucht einen anderen LKW zu überholen. Manchmal bremse ich, wenn ich nicht daran vorbei komme und stoppe. Dann stelle ich mich direkt vor diesem

hin damit er stoppen muss. Einige male stellte ich mein “Mopped“ auf dem Seitenständer ab, direkt auf der Straße vor dem LKW. Dann gehe ich zu dem LKW- Fahrer und versuche in sein Führerhaus zu kommen. Er soll mir seinen Führerschein zeigen, den ich dann zerrissen hätte. Ich habe aber nie einen zu Gesicht bekommen.
Währenddessen ist ein mehr oder weniger großer Verkehrsstau aufgelaufen Ich verschwinde und alle hacken auf dem LKW-Fahrer ein.
In Mumbai hat mich ein Motorradkollege eingeladen, Udo und Ingrid Schilling, aus Diepholz. Udo hat für mehrere Jahre berufsmäßig dort zu tun. Es lagen einige Ersatzteile für mich parat, die er aus Deutschland mitgebracht hat. Es war wie Weihnachten, Päckchen aufmachen und freuen. Es war eine heimatliche Ruhezone im Stress meiner Reise, die ich bei Euch genießen konnte.
Unterwegs trifft man viele neugierige, interessante Menschen auf solch einer Reise. Menschen die an einer Hand ihres Daumens, einen zweiten kleinen Daumen haben. Oder Tiere mit entstellten Körpern, die von den Besitzern als heilige Tiere hingestellt werden um damit Geld zu verdienen. Meine Gummimanschette am vorderen Kardangelenk ist gerissen. Ich legte eine Bandage aus Stoff an und fixierte diese mit Kabelbindern, damit kein Dreck und Wasser herein kommt und das Kreuzgelenk schädigt.
Als nächstes lag Goa vor mir, eine Strandhütte sollte für zwei Wochen meine Unterkunft sein. Von der Luxusherberge in eine Bambushütte mit Null Komfort. Sehr schön und direkt am Strand gelegen, das Meeresrauschen zu hören und zu riechen. Ich traf viele Europäer, die hier mit einem Royal- Enfield-Motorrad für mehrere Wochen oder Monate unterwegs sind und das Hippieleben vollziehen. Mit starkem Alkohol- und Drogen-Gebrauch, da Goa immer noch Touristen aus aller Welt anzieht.
Ich wunderte mich morgens immer, warum so viele Einheimische an den Strand gehen. Dann sah ich, dass diese sich hinhocken und ihre Morgendliche Toilette verrichten. Die Flut nimmt es mit, wenn das die badenden Touristen wüssten!
Für mich stand aber fest, dass ich nach vier Monaten hier raus muss, es ist genug, das ständige Fragen "What‘s your name, What’s your country, How much is the bike?“ und neuerdings, „What’s the mileage?",
(gemeint ist, wieviel Kilometer ich mit einen Liter Benzin fahren kann).
Mit Englisch ist nur in den Touristenhochburgen und größeren Städten etwas zu machen, viele können auch nicht lesen. Wenn ich eine Landkarte zeige um nach den Weg zu fragen, neigen viele den Kopf weg. Alles klar, man kann

nicht lesen.
Die ständige Belagerung ums Motorrad, es nervt schon mit der Zeit. Somal man als alleinreisender überhaupt keine Erholung hat, sobald ich stehe kommen sie.
Die Einheimischen, da gewöhnt man sich dran. Ich haßte es nur, wenn man überall dran rum fingerte und alles betatschte. Manchmal sogar den Deckel des Topcase öffnete um reinzusehen.
Sobald ich das Motorrad abstelle und außer Sichtweite bin, kristallisiert sich ein Obermotzt heraus. Der meint den anderen Leuten zu erklären, was dies und das ist. Indem er an alles dreht und schaltet was am Lenker an Schaltern vorhanden ist.
Ich betatsche dann auch sein Motorrad, Fahrrad, oder Rikscha. Sehe ich eine Tüte am Lenker hängen, hole ich den Inhalt, meist Gemüse heraus und zeige es den Anderen, die dann alle lachen. Falls er kein eigenes Fahrzeug hat gehe ich an seine oberen Hemdtaschen und hole den Inhalt heraus. Meist ein paar lumpige dreckige Rupien, zeige die ebenfalls mit erhobener Hand herum und sage“ poor man, less money“, stecke diese dann wieder zurück. Volksbelustigung nennt man so etwas, alle lachen.
Folgende Situation ist ständig, ja sogar fast tagtäglich in Indien passiert. Wenn ich Hunger verspürte, stoppte ich am Straßenrand und bestellte irgend etwas zu Essen an einer der vielen Freßbuden. Meistens etwas mit Reis und Curry, das immer sehr scharf gewürzt ist, obwohl ich nachträglich weniger scharf bestelle.
Meine Kuh brachte wie immer sehr viel Aufsehen, manchmal standen einhundert Personen darum und gafften mich ebenfalls an. Es machte mir aber nichts aus, ich mag es nur nicht, wenn man mich meiner Bewegungsfreiheit beraubt.
Oft zog ich die Plastikstühle der Inder samt ihnen darauf sitzend etwas weg, wenn man mir zu nahe an meinen Tisch kam. Ich brauche um mich herum etwas Platz, ein Meter Freiraum sind doch nicht zu viel verlangt. In Indien zählt anscheinend jeder Quadratzentimeter.
Diesmal sass ich so da, esse mein Curryreis und trank etwas kaltes, mit Eiswürfeln drin.
“Ich weiß, um Himmelswillen, bloß keine Eiswürfel in den Getränken, du holst dir was weg und stirbst davon,“ später dazu mehr.
Also, ich sass so da und sah, wie ein junger Inder vor meiner BMW stand, die auf dem Seitenständer abgestellt war. Ständig schlug er mit seinen geballten Fäusten auf meinen dicken Winterschlafsack ein, der über der Frontlampe auf einem Edelstahlträger befestigt war.

Er nutzte diesen als Punchingball!
Mein Motorrad schwankte jedesmal etwas auf dem Seitenständer Es war nur eine Frage der Zeit, wann dieser wieder abbrechen würde.
Zweimal schrie ich hinüber, “stop this, the sidestand will brake away,“ er drehte sich jedesmal zu mir um, machte dann aber weiter.
Dann reichte es mir, ich stand auf, zeigte den anderen fünfzig herum stehenden Indern symbolisch mit meinem Zeigefinger auf den geschlossenen Lippen, nichts zu sagen.
Ich ging dann zu ihm hinüber und versetzte ihm einen harten, saftigen Tritt mit meinem Stiefel in den Hintern. Er drehte sich um, es muss schmerzhaft gewesen sein, hatte aber ein Lachen auf dem Gesicht. Dazu gab ich Ihm noch ein paar milde Faust- Trommelschläge auf seinen beiden Schulterblätter. Er sagte nichts, ich drohte ihm
“stop it now, the next time I’m going very angry, you understood.“
Alle herum stehenden Inder haben laut gelacht, das hatte er kapiert.
Meine Pause samt Essen war beendet, ich trank aus, bezahlte und ging zum “Mopped.“ Niemand machte Platz, ich schob einige von hinten an den Schultern gefasst zur Seite, setzte mich auf die BMW und startetet den Motor. Darauf haben alle, vierzig Minuten lang gewartet!
Manche erschraken fürchterlich, man machte aber kein Platz damit ich zur Straße zurück konnte. Fahrrad und Motorrikschas haben sich dazu gestellt, mit dem Fuß trat ich den ersten Gang rein, ließ die Kupplung kommen und habe die Inder mit den Zylinderschutzbügeln in den Waden und Kniekehlen zur Seite geschoben, damit ich weiter kam.
Zu dumm, ich hatte an den Enden der Schutzbügel ausklappbare Fußrasten angebracht, mit diesen blieb ich des öfteren auch hängen, an einer Rikscha, Fahrrädern, usw., diese schob und zog ich manchmal seitlich weg, oder hinter mir her.
Ein einziges mal, ebenfalls beim Mittagessen, passierte folgendes!
Es kamen mehr und mehr Schaulustige Inder um die BMW herum zusammen. Soviel, dass die Straße blockiert war und der Verkehr zum Stillstand kam. Ich hatte kurz zuvor mein Essen bekommen. Nach etwa zehn Minuten kam ein Polizist mit einen Bambusstock in der Hand. Dieser kam direkt zu mir herüber und sagte “go, go, go,“ fuchtelte dazu mit seinen Händen vor mir herum, während er den Bambusstock unter einer Achsel geklemmt hatte.
Ich stand auf, überragte Ihn um Kopfhöhe und sagte“no, no, no.“ Alles grölte,“ I’m going when I finished my lunch“ und setzte mich wieder hin und aß zu Ende. Fürchterliches Autogehupe fand statt, plötzlich fing er an, mit dem

Bambusstock auf die Menschen einzuschlagen. Es waren keine sanften Schläge. Ich stand dann auf und hielt den Bambusstock fest und sagte nochmals “no, no, no,“ lautes Gelächter fand statt. Er sah mich an, sagte etwas auf “Hindu“ und verschwand.
Selbst die LKW- und Pkw-Fahrer kamen heran und wollten sehen was da los war. Ein fürchterliches Chaos und Lärm war entstanden. Als ich mit Essen und bezahlen fertig war schob ich wieder einige der Menschen mit den Sturzbügeln beiseite. Es war kein Entkommen aus dieser schaulustigen Meute. Es wurde immer schwerer sich aus den Menschenmassen zu befreien.
Alles war mit Lächeln verbunden, nur einmal sah ich bei folgender Situation keine lächelnden Inder mehr. Ich bin in einer Nebenstraße rein gefahren wo ich einen Bahnübergang kreuzen musste. Die Schranken waren ein Seil, dass gespannt wurde und die Bahnwärter standen auf jeder Fahrbahnseite davor. Alles staute sich vor diesen. Menschen zu Fuß, mit Körben, Tüten, haufenweise Fahrräder und Rikschas, auch einige Eselskarren, die mal mehr und weniger beladen waren.
Ich sah, dass die Schwellen offen lagen, sie ragten etwa fünfzehn Zentimeter heraus. Auch waren einige Lkw mit leeren Pritschen dazwischen, ich schob mich so weit wie machbar nach vorne. Der herannahende Zug hielt viele nicht davon ab, sich noch über das Seil samt Fahrrad und Fracht auf die Gegenüberliegende Seite zu bewegen.
Der Zug war völlig überladen, auf dem Dach und an den Seiten klebten, hängten, hunderte von Indern. So etwas habe ich noch nie gesehen, kein Wunder das viele ihr Leben verlieren wenn sie herunterfallen oder beim auf,-abspringen zwischen den Gleisen gelangen.
Sobald der Zug vorüber war, fuhren und schoben die ersten vorwärts, die Bahnwärter hatte keine Chance diese Wilde Meute zurück zu halten, jeder wollte der erste sein.
Beide ließen das Seil auf die Erde fallen und los ging es. Auf meiner Seite waren beide Fahrspuren blockiert. Die ersten von der anderen Seite kamen, mussten aber mitten auf dem Übergang warten weil sie nicht weiterkamen. Ich war links, hatte ein Eselkarren vor mir, der schwer beladen war. Als dieser an die erste Schwelle kam blockierten die Holzräder. Mit etwas Schiebekraft von hinten und ziehen von vorne schaffte er es über den ersten Strang. Beim zweiten Gleis blieb er hängen und die Ladung kippte nach hinten. Der Esel hing dann in seinen Zuggeschirr in der Luft, sein Besitzer und andere versuchten ihn herunter zu ziehen, keine Chance. Ich schob mich seitlich daran vorbei, mit den anderen Rikscha-Fahrern, die ihre Fahrräder dort mit etwas Schwung he-

rüber brachten.
Ich wollte aus diesen Chaos schnell raus, der nächste Zug deutete sich schon mit pfeifen von weitem an.
Ich könnte ein ganzes Buch über Indien schreiben, hier erlebt und sieht man Geschehnisse die es nicht gibt. Die schlimmsten Unfälle, über 120.000 Verkehrstote und 2 Millionen überlebende Schwerverletzte, jedes Jahr. Weltweit führt Indien die traurige Statistik von Verkehrstoten an und es ist keine Besserung in Sicht. Ich habe Sachen erlebt und gesehen, wo ich mir sage was geht bei denen im Kopf vor!
Wie machen die den Führerschein und warum haben die überhaupt einen Führerschein?
In Kalkutta bin ich morgens um sechs Uhr zu einer Bushaltestelle gegangen, weil ich eine Tour gebucht hatte. Auf meinem Weg dorthin habe ich ein totes Kind in der Gosse gesehen, am Straßenrand zwischen Pappkartons und Müll. Wahrscheinlich von einen LKW überollt, es hat vielleicht sogar dort geschlafen, weil haufenweise Menschen auf den Gehsteigen unter Pappkartons schliefen.
Ich bin dann über eine Brücke gekommen und wunderte mich warum soviele Menschen auf dem Betongeländer sassen und hockten. Dann sah ich, dass die hinunter scheißten. Ihr morgendliches Geschäft erledigten. Aber unter der Brücke war eine weitere Straße, mit noch wenig Verkehr. Die Autos werden das schon verteilen, so das keine Rückstände hinterbleiben. „So läuft das also“ dachte ich mir, clever!
Außer einer Fahrbahnoberfläche in braunem Farbton, bleibt nichts übrig.
Den Preis mit der Fahrrad-oder Motorrikscha muss man vorher aushandeln, wenn man diese Art der Fortbewegung vorzieht um von A nach B zu kommen. Wenn es Sprachprobleme gibt, den Preis aufschreiben oder als Geldschein zeigen lassen. Ich habe oft die Fahrrad- und Motorrikscha benutzt, es ist eine hilfreiche, wenn auch nicht unbedingt schnelle (bei dem Verkehrschaos), aber billige Art irgendwo hinzu gelangen.
Vorsicht ist geboten, wenn der Fahrer eine fast kostenlose Stadtrundfahrt anbietet, um bei dem einen oder anderen Shop zu stoppen. Hier versucht man Touristen zum Kauf zu bewegen und wird ärgerlich wenn nichts gekauft wird. Manchmal stoppt der Fahrer auch einfach an einem Souvenirladen, wenn der dann nicht auf meiner Bitte reagiert, mich zu dem ausgemachten Platz zu fahren, steige ich aus der Rikscha aus, ohne zu zahlen und nehme eine andere.

Es gab bei mir viel Streit um das Geld, es wurde ein Preis ausgehandelt, der bei Ankunft gezahlt werden sollte, dann wollte man plötzlich mehr Geld haben.
„Ich gebe aber nur das ausgehandelte, manchmal geht es zwei,-dreimal hin und her mit den Rupien, dann sage ich " nehme es oder du gehst leer aus."
Wenn es dann wieder anfängt, stecke ich das Geld selber ein, dann gibt es eben nichts, gut für mich.
Ich lass den Fahrer stehen und gehe meines Weges, dieser verfolgt mich mit seiner Rikscha und quatscht mich immer mit "Mister, Mister, Mister" an. Ich stoppe dann und sage „Du wolltest den ausgemachten Preis nicht, jetzt kriegst du nichts mehr und wenn Du mir weiterhin folgst gibt es Ärger."
Ich gehe weiter, natürlich folgt der Inder mir, schnelltrampelnd mit seiner Rikscha, dann bleibe ich stehen und hebe die Rikscha an dem Seitenrad hoch in die Luft und sage in lautem Ton, dass er nun abhauen soll sonst passiert schlimmeres. Er hängt zappelnd am Lenker und versucht nicht herunter zu fallen. Anschließend lasse ich den Seitenwagen los, der hart auf dem Asphalt aufschlägt. Natürlich flucht er wie ein Rohrspatz, will die Polizei holen, aber ich lasse ihn stehen.Dies habe ich zig mal machen müssen in Indien. Traurig das es soweit kommen muss, ist aber die einzige Sprache die sie verstehen.
Es gibt die verschiedensten Festivals, heilige Feiertage, so wie am
15.3.06 in Karnataka südlich von Goa. Ein Farbenfestival wo alles und jeder mit Wasser und Farbstoffpulver bespritzt wird, ganz besonders Motorradfahrer aus Deutschland.
Sobald man mich erblickte wurde ich während der Fahrt beworfen, aber es liess sich alles ausklopfen, nachdem das Wasser getrocknet war.
Von Goa ging es nach Hampi, auch wieder heilige Tempelanlagen ansehen, dann weiter nach Chennai (Madras), 6 Millionen Einwohner. Dort habe ich über den Skylark Frachtservice, für etwa 250,- Euro meine BMW von Indien nach Malaysia per Seefracht verschifft, inklusive Kiste, Papierkrams und Folgekosten in Malaysia.
Platte Reifen hatte ich wie in keinem anderen Land bisher. 23 mal in Indien. Ja, ihr lest richtig. In vier Monaten bei knapp 10.500 gefahrenen Kilometern, vorne 7 und 16 hinten.
Es lag aber auch daran, das ich mir meinen Weg immer gesucht habe. War im Verkehrschaos eine Lücke, bin ich da durch. Sei es direkt vor einem metallverarbeitenden Betrieb, durch Müllberge, zwischen Freßbuden, vermüllte Hinterhöfe und Gassen. Gehsteige gibt es nicht so viele, am Straßenrand findet sich oft auch Glas und aller erdenklicher weggeschmissener Müll.

Meistens aber hatte ich Metallstücke in dem Mantel stecken, Nägel, irgendwelche undefinierbaren Teile.
Für 50 Rupien, 1,- Euro macht man sich selber nicht die Arbeit. Die Räder habe ich aber immer selber ausgebaut und wieder eingebaut. Da kommt mir kein Inder dran. Wer die alte GS kennt, weiß, dass es schwierig ist den Mantel aus dem Felgenbett zu drücken. Mit meinen Motorradstiefeln und Körpergewicht klappte es immer sehr gut. Das Problem war aber, den Mantel wieder ins Felgenbett zu bringen, wenn man da nicht genug Luftdruck hat, wird das nichts.
In Indien sind in jedem Ort und irgendwo am Straßenrand,
Menschen die Reifen reparieren. Absolut ärmlich ausgestattet, aber die verstehen ihr Handwerk. Es wird noch auf traditionelle Weise vulkanisiert, mit offenen Flammen und einem Flicken aus einem anderen Schlauch.
Es wird regelrecht verschweißt. Am Anfang hatte ich etwas Panik, weil ich meinen Schlauch verbrennen sah. Nachdem dreißig Sekunden die Flammen darauf gewütet hatten, wurde der Flicken draufgelegt und zwischen einer selbstgebauten Presse für einige Minuten gespannt.
Es hat immer gehalten, die gefundenen Metallgegenstände aus dem Mantel, warf man wieder auf die Straße, damit der nächste Kunde reinfährt, "ahaha, so läuft das."
Man sollte die Räder selber ausbauen und dann reparieren lassen. Auch immer dabei bleiben, damit keine Bremsscheibe oder Speichen, bzw. die Felge beschädigt wird.
Hygiene in Indien ist ein Fremdwort, zu mindestens bei den Einheimischen. Nirgendwo anders sah ich bisher schlimmere hygienische Zustände als in Indien. Das ist nicht nur bei den Toiletten,
Restaurants, Zimmern, Betten, Duschen, Handwaschbecken so. Sobald man etwas anfasst, hat man mehr Keime an den Händen, als jemals zuvor in seinem Leben.
Am Anfang war ich noch vorsichtig, aber es ist schwer auf alles zu achten. Beim Essen sehe ich mir immer das Besteck und Geschirr an, achte darauf, das es trocken und sauber ist. Trinke ich aus einem Glas, sehe ich es mir ebenfalls genauer an, vor allem, dass keine Flüssigkeiten vom Spülen vorhanden sind.
Aber manchmal kann man den Teller nicht vorher inspizieren, weil dort gleich das Essen drauf kommt und serviert wird.
Öffentliche Toiletten gibt es nicht, zumindestens habe ich keine gesehen. Handtücher, Bettwäsche in den Hotels oder Gasthäusern, die schon benutzt worden sind und einfach nicht gewechselt wurden, waren normal. Wenn ich

ein Zimmer genommen habe, habe ich immer gleich geprüft, ob irgend etwas im Bett krabbelt oder sich sichtbar bewegt. Wenn ich das Bettzeug zurück geschlagen habe, ebenfalls das Kopfkissen. Manchmal war die Bettwäsche sehr schmutzig und voll fremder Haare. Dann ließ ich es wechseln. Manchmal hat man es nur ausgeschüttelt und wieder drauf gelegt, was kann man verlangen für ein bis fünf Euro pro Nacht.
Wenn ich auf Unterkunftsuche war, ließ ich mir stets die Zimmer zeigen, prüfte dann sofort die Toilettenspülung, Wasserhähne im Bad samt Dusche, Bettzeug und Bezüge auf Reinheit und Lebewesen, die Funktion des Lichts, Türschlosses und der Fenster. Wenn etwas nicht funktionierte dann reparierte man es oder gab mir ein anderes Zimmer, ansonsten suchte ich mir eine andere Unterkunft. Ich spannte fast immer mein Moskitonetz auf.
Trotz aller hygienischen Maßnahmen, hat mich für etwa zwei Wochen der Durchfall erwischt, man kann noch so aufpassen, in Indien erwischt es jeden!
An Sehenswürdigkeiten haperte es nicht, überall gibt es Tempel,
Forts, altertümliche Bauten aus den Zeiten der Maharadscha. Jedesmal war ich neu überrascht und kam aus dem Staunen nicht heraus.
Mich störten aber die ungleichen Eintrittspreise, das Taj Mahal z.B. Touristen zahlen 750 Rupien, etwa 15,- Euro, während Einheimische nur 25 Rupien zahlen.
Es gibt auch separate Eingänge für Touristen und Einheimische. Als ich dort war stellte ich mich bei den Einheimischen an. Man wies mich ab, ich sollte zu den Touristen gehen. Plötzlich fuhr eine Großraumlimousine vor, ein Sikh und mehrere Frauen stiegen aus. Er war sicherlich nicht arm, hatte einen Chauffeur. Dieser hätte auch mehr Eintritt zahlen können.
Dies sind so Sachen die bei mir innerlich aufstoßen. Mit der BMW fuhr ich an einen separaten Seiteneingang des Taj Mahal vor, wollte fragen ob es machbar ist, ein Foto zu machen. Unter Waffenbedrohung wurde ich verwiesen, umgehend sollte ich weg und Abstand halten.
Die Neugierigkeit der Einwohner ließ nie nach, nur im Norden, in der Bergregion, war man nicht so interessiert an meinem Motorrad, man ließ mich in Ruhe. Dies sind nur wenige aufgeschriebene Erlebnisse von meiner Tour durch Indien, jeden Tag sieht und erlebt man etwas, was man eigentlich für unmöglich gehalten hat. Aber in Indien ist das normal und die Einheimischen wundern sich, warum mich das so fasziniert und ich haufenweise Fotos davon mache.
Es ist auf jeden Fall eine Reise wert ich werde wiederkommen, um die beiden höchsten Pässe der Welt zu befahren.

Nepal

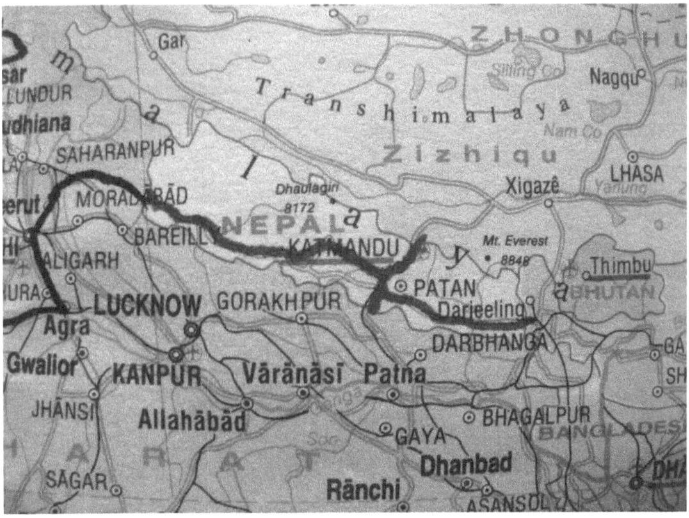

Knapp 30 Millionen Menschen leben in Nepal. Es ist so groß wie Österreich und die Schweiz zusammen. Auf einen Quadratkilometer leben 192 Menschen. Die Hauptstadt ist Kathmandu wo circa 1 Million Einwohner Leben. 27.000 Kilometer habe ich in 5 Monaten bis zum Nikolaustag 2005 gefahren und stehe nun an der Grenze zu Nepal.
Ein entsprechendes Visum für Nepal erhält man gegen 30 US-Dollar mit einer Gültigkeit von 60 Tagen, direkt an der kleinen Grenze.
Diese liegt an einem Fluss und muss zweimal per Brücke überquert werden. Ich bin vom äußersten Westen, aus Richtung Corbett-Nationalpark eingereist. Man ahnt nicht, dass hier ein Grenzübergang ist, aber die vielen Menschen die dort verkehren, sagen einem hier muss es sein. Mir fiel sofort auf, dass sehr wenig Straßenverkehr herrscht. Meist bin ich alleine auf der Straße. Fahrräder und Rikschas beherrschen hier das Straßenbild. Nur in Kathmandu sieht es anders aus, die einzige Stadt mit richtig viel Straßenverkehr und Chaos. Zudem extremer Smog von den Massen an alten Fahrzeugen. Die Höhenlage von 1300 Meter macht die Luft sowieso schon dünn!
Die Zollpapiere, dass Carnet de Passage wurde mit einer Einfachheit ausgefüllt und ohne Computer in Akten-Ordner eingetragen. Daran sollten sich andere Länder ein Beispiel nehmen die Computer haben und dieses Verfahren sehr umständlich machen.

Das Preisniveau ist fast wie in Indien, ein Liter Benzin kostet etwa achtzig Eurocent. Eine Unterkunft im Low-Budget Bereich gibt es mit Toilette und Dusche schon ab drei Euro, wobei nicht immer warmes Wasser vorhanden ist. Essen und Getränke kosten ab etwa ein Euro, ohne Bier.
Der Wechselkurs lag bei 83 Nepalesische Rupie für ein Euro.
Das Wetter war trotz Winter überwiegend gut, oft Sonnenschein und Tagestemperaturen von 25 Grad. Meist bewegte ich mich auf einer Höhenlage von 500 bis 2500 Metern. Je nachdem wo man ist, Pokhara und Kathmandu (1300m), Nagarkot (2000m), Daman (2500m), Jiri und Kodari etwa (1500m) über dem Meeresspiegel.
Sobald die Sonne verschwand wurde es bitterlich kalt. Mein Regenzeug brauchte ich hier nicht, höchstens als Kälteschutz, über den Motorradklamotten getragen.
Im Bardia-Nationalpark blieb ich einige Tage um einen "Dschungel-Walk" zu machen und mich von den Verkehrs-Strapazen in Indien zu erholen. Dort habe ich, Elefanten, Rhinozerosse und Dammwild mit meinem Führer beobachten können. Es war sehr ruhig im Nationalpark, keine Touristen außer mir. Viele dieser Tiere habe ich aus nächster Nähe sehen können. Von hier ging es immer Richtung Osten, bis nach Lumbini. Dem Geburtsort von Buddha, wo viele Länder sich mit Glaubenshäusern im Landestypischen Stil verewigt haben. Auch Deutschland ist vertreten, mit einer Monasty unglaublichen Ausmaßes und einer Schönheit die viele andere Länder in den Schatten stellt.
Kaum jemand weiß dieses in Deutschland, auch ich war verwundert wie ich davon gelesen hatte, es ist sehenswert und steigert das Ansehen Deutschland als wohlhabendes Land weltweit.
Pokhara ist eine Touristenhochburg. Nach Kathmandu an zweiter Stelle, mit einem See der direkt an der Stadt liegt. Dieser lädt zum Spazierengehen ein. Klare Luft und Ruhe mit netten kleinen Gassen und Unterkünften machen diesen Ort zu einer Oase. Hier hielt ich mich mehrere Tage auf und tat einfach nichts.
Von Kathmandu aus, führen viele Trekking-Touren ins Hochgebirge des Himalaja. Ich nahm davon Abstand, da ich nicht trainiert bin und weiß ob es meinen Asthma gut getan hätte. Mit meinem Motorrad bin ich durch viele Bergregionen gekommen, Höhenlagen von bis zu 3000 Meter, mit wunderbaren Blick auf die Himalaja-Ranges, so dass ich mir das Geld für Trekkingtouren gespart habe.
Es war wieder eine kleine Inspektion fällig , Ölwechsel und Zündkerzen tauschen, die Ventile wurden ebenfalls eingestellt. Der Einlass war zu eng, das

Motorrad lief danach wieder runder. Den Ölfilter wechsle ich nur jedes zweite mal, da ich nicht genug vorrätig habe. In Kathmandu traf ich Ingo mit seiner Trans Alp wieder. Zuletzt hatten wir uns in Indien getroffen, wir verbrachten einige Tage zusammen. Von seinem Raubüberfall in Indien, hat er sich inzwischen erholt. Eine Narbe an seinem Hals erinnert an das Geschehene. Ich blieb geschlagene drei Wochen in Kathmandu, (Thamel), wo ich unters Volk gemischt die Weihnacht-und Neujahrestage verbrachte. Da ich sowieso zwei Wochen auf mein Indisches Visum warten musste.
Die Indische Botschaft, war täglich mit einhundert Reisenden überlaufen, die ersten kamen schon um zwei Uhr morgens und warteten, ich beauftragte eine Agentur, die für etwa 15,- Euro Mehrkosten dieses für mich erledigte. Nun konnte ich in Ruhe mit meinen zweiten deutschen Paß, mein Bangladesh Visum beantragen. Welches ohne Probleme noch am gleichen Tag ausgestellt wurde. Eine Gebühr von 36 US-Dollar war für ein 3 Monate gültiges Visum fällig.
Ich hatte hier Zeit um alle Sachen durchzusehen, reparieren und nähen zu lassen. Meine Hosen wurden vom Schneider alle enger gemacht. Ich stellte erschrocken fest, dass ich fast 25 Kilogramm an Körpergewicht verloren habe. Ich wog 130 Kilogramm bei Reiseantritt, was sind da schon 25 Kilogramm weniger.
Die Stiefel mussten auch genäht werden, dies war das erste mal in den letzten 5 Monaten, das ich so lange an einem Ort blieb, es tat mir und dem "Mopped" gut. Hier herrschte viel Tourismus und chaosartiger Autoverkehr. Ganz Kathmandu lebt vom Tourismus. Ich besuchte in dieser Zeit den berühmten Affentempel, die Buddha Stupa in Boudha und Patan einem alten Stadtteil mit Tempelanlagen. Ebenso Durbar-Square in Thamel und Bhaktapur.
Überall sind alte Tempelanlagen, die nicht gepflegt werden sondern langsam aber sicher dem Verfall erliegen.
Ebenso besuchte ich den Pashupati-Tempel wo nur Hindus hinein dürfen. Vom Gegenüberliegenden Flussufer habe ich auch zum ersten mal die Holz- Scheiterhaufen Verbrennung von Toten Hindus gesehen.
Die Familienangehörigen nehmen Abschied bei der letzten Waschung des Leichnams im Bagmati River. Der sehr dreckig ist und kaum Wasser führte. Zum Schluss werden die verbrannten Überreste in den Fluss gekehrt, wo die Seele ihren Frieden findet.
Man kann sich auch vorstellen, dass nicht alles verbrennt und einiges davon an der Wasseroberfläche wieder auftaucht!
Es gibt dann andere Menschen, die etwas Flussabwärts in den Fluten stehen

und die Unverbrannten Blumen, Sarongs aus dem Fluss fischen. Nachdem ich mein Visum für Indien zurück bekommen hatte, verließ ich Kathmandu. Weil es viele Bombenanschläge und Schießereien bei den Demonstrationen zwischen den Maoisten und den Soldaten der königlichen Armee gegeben hatte.
Viele Menschen kamen Ende 2005 und Anfang 2006 in Kathmandu dabei ums Leben, niemals sind Touristen darin verwickelt oder verletzt worden.
Ich hatte Probleme mit meinem Asthma. Bei all meinem zu Fuß laufen, habe ich zuviel Abgase eingeatmet, diese Stadt versinkt im Smog.
Das nächste Ziel war Nagarkot, mit herrlichem Blick auf die Langtang Himalaja- Range, dann weiter nach Kodari, Grenzort nach Tibet.
Nach Zahlung einer hohen Geldsumme wird es einer kleinen Anzahl von Touristen erlaubt, in einer geführten Tour dieses Land zu besuchen.
Jiri ist ebenfalls ein Trekking-Dorf, wo Touren zu dem Mount-Everest Basislager aus starten. Hier blieb ich einige Tage, entschied mich dann aber doch dazu, die teure Basislager Tour zum Everest nicht zu machen.(5500m)
Ich fühlte mich noch sehr geschwächt nach meinen Asthmaproblemen in Kathmandu. Die Bronchien waren immer noch verschleimt, dass kalte Wetter- und Motorradfahren trugen natürlich auch nicht dazu bei, dass es besser wurde.
Es hat in Nepal einen kurzen Frieden zwischen den Maoisten und dem Nepalesischen König gegeben. Bis zum 3.1.2006, war Waffenstillstand. Danach sind wieder verstärkt Schießereien mit Toten auf beiden Seiten und selbst in Pokhara Bomben hochgegangen. Laut Zeitung hat es viele Tote gegeben. Touristen wurden daraus gehalten und sind nie in Mitleidenschafft gezogen worden, hieß es.
Unterwegs hörte ich von einem neuen Buddha. Es sitzt seit 7 Monaten und 28 Tagen ein 16 jähriger Junge namens Palten Dorje (Ram Bojeim) in dem Wald Ratajone bei Nigjardha unter einem Baum und meditiert. Er soll kein Essen oder Flüssigkeit zu sich nehmen. Ich durfte bis auf zehn Meter heran und ein Foto machen, weil ich mich als Reporter ausgab und mein “Mopped“ präsentierte. Ich komme von sehr weit weg um diesen neuen Buddha zu sehen und darüber in der deutschen Presse zu berichten, war meine Ausrede.
Für mich sieht es aus, als ob er tot ist und das schon lange. Seine Hände sind an den Fingerspitzen schwarz und der Mund zieht sich nach unten aus dem Gesicht heraus. Vermutlich ist er hier gestorben, bei dem Versuch langzeitlich zu meditieren!
Alles war Profimäßig aufgezogen und ist eine gute Geldeinnahmequelle. Es kommen täglich 5 bis 10.000 Menschen in Bussen von Indien und Nepal hier-

her, um dieses Wunder zu sehen.
Zum Abschluss von Nepal, habe ich mir zwei Tage Aufenthalt im Koshi- Tappu-Wildlive-Ressort gegönnt. Wo ich viele Vogelarten, einen Ganges Süßwasser Delphin, Elefanten und Büffel gesehen habe. Eine Oase der Stille und Erholung. Das Wetter hat sich geändert, es war tagsüber wärmer, auf Höhenlagen von 100 bis 250 fünfzig Meter war es angenehm warm und schön zu fahren. Jeden Morgen war es kalt und sehr nebelig, die Sonne kam erst gegen Mittag durch. Wie ich von unterwegs aus erfahren habe, hat es zwischen den Maoisten und dem Monarchen eine akzeptable Lösung, die für
beide Seiten annehmbar ist gegeben. Nun herrscht Frieden im Land, der König hat klein beigegeben und die jahrelangen Unruhen fanden ein gutes Ende.
Zwei schlechte Erfahrungen habe ich im Umfeld von Kathmandu gemacht. Nachdem ich von der Tibetischen Grenze zurück fuhr, hat eine Mutter ihr kleines an der Hand geführte Kind vor meinem Vorderrad gestoßen. Ich machte eine Vollbremsung und kam zum Sturz. Nachdem ich mich aufrappelte ,"ging zu Ihr hin und schimpfte, ja schrie sogar, ob sie verrückt sei und warum sie das tat?"
Ich hob die BMW auf, aus einem Haus kam dann ein Mann heraus, der direkt zu der Frau ging und mit ihr schimpfte, anscheinend ihr Ehemann. Anschließend fuhr ich mit zitterndem Körper weiter. Es war wirklich Haarscharf, dass ich das Kind verfehlte und nicht überrollt habe.
So etwas ist mir nicht einmal in Indien passiert. Versuchen einige Einwohner auf dieser Art Geld zu machen. Wenn ich nicht so schnell reagiert und dieses kleine Kind angefahren hätte, wäre ich in Teufelsküche gekommen und nur mit Schwierigkeiten wieder heraus.
Eine andere Sache ist mir in Kathmandu passiert. Ich kaufte meine Lebensmittel immer im selben Laden ein.
Jedesmal sah ich eine Mutter mit ihrem kleinen Kind die bettelte.
Am 24.12.2005 hatte ich Mitleid und wollte der Frau und ihrem Kind etwas gutes tun. Die Mutter kam mit mir und Ihrem Kind in den Lebensmittel Laden herein und zeigte mir eine ein Kilogramm Milch-Pulver-Packung. Die etwa vier Euro gekostet hat. Ich packte diese zu meinen weiteren Lebensmitteln in den Korb.
Die Frau ging wieder zurück und wartete an der Kasse auf mich. Als ich alles bezahlte," schnappte sich diese Frau meinen Kassenzettel (Bon)" direkt von dem Kassierer aus der Hand. Ich wunderte mich!
Als ich ihr dann das Milchpulver gab bedankte sie sich kurz und verschwand. Ein anderer Tourist klopfte mir auf die Schulter und sagte, dass ich einen Feh-

ler gemacht habe. Ich meinte nur warum! Heute ist Heilig Abend und ich wollte der Frau mit ihrem kleinen Kind eine Freude machen. Dann wurde ich aufgeklärt, dass die Frau mit dem Kassenzettel irgendwann zurück kommt und die Trockenmilch gegen Bargeld zurück tauscht. Nun fiel mir die Kinnlade herunter, mit soviel Abgebrühtheit hatte ich nicht gerechnet.
Das hat mich doch sehr bedrückt und über die Weihnachtstage zum Nachdenken gebracht.

Bangladesh

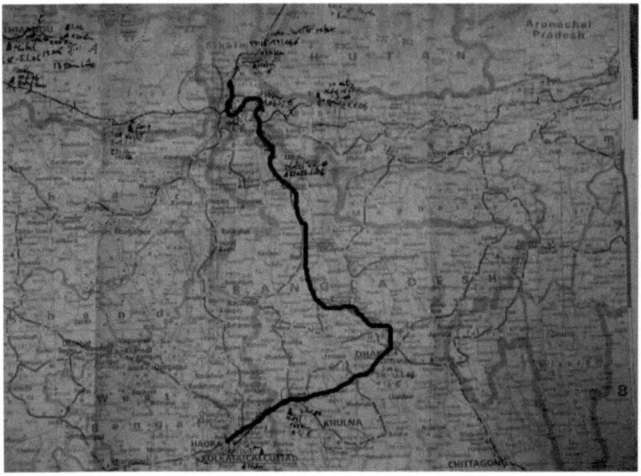

Ein Land, dass nur wenige besuchen. Dort wollte ich auf jeden Fall hin, da ich sowieso im nahegelegenen Sikkim war. Es ging kein Weg daran vorbei. Das Visum habe ich mir zuvor in Nepal bei der Botschaft besorgt.
Ich wusste von Bangladesh nur; dass alle in Indien lebenden Moslems, damals in den vierziger Jahren ausgesiedelt worden sind!
Das es Land-Bevölkerungmäßig das dicht besiedelte Land der Welt ist und 1100 Einwohner per Quadratkilometer hat. Hier wird mehr Reis angebaut, wie anderswo in der Welt, bedingt durch das riesige Ganges- und Brahmaputra-Delta.
Ein Meeresspiegel Anstieg von nur einem Meter, würde 30% Prozent von Banglasdeshs-Landmasse überschwemmen. Zur jährlichen Monsunzeit passiert es immer wieder, dass riesige Abschnitte über Wochen unpassierbar sind und tausende von Menschen sterben. Die Armut ist größer wie in Indien.
Es war ein kleiner Grenzübergang, der von Touristen kaum frequentiert wird. Selbst die Straßen waren die letzten einhundert Kilometer sehr schlecht und manchmal nicht vorhanden. Für ein Euro bekam ich 83 Taka. Ein Liter Benzin kostete fünfzig Eurocent, halb soviel wie in Indien. Ansonsten waren die Preise eher etwas günstiger. Da hier nicht soviel Touristen verkehren stand ich immer im Mittelpunkt. Egal ob mit Motorrad, oder ohne. Es gab Probleme für mich. Da nur ein Kleinteil der Bevölkerung englisch spricht, musste ich mich wieder mit Händen und Füßen verständigen. Sehr oft habe ich nach dem Weg fragen müssen, weil es nur wenig Ausschilderung gab. Zeigte ich dazu meine

Landkarte, neigte man oftmals den Kopf weg. Ein Großteil der Bevölkerung kann nicht Lesen-und Schreiben. Manchmal sprach ich auch den Namen der Stadt aus, wo ich hinwollte, dann zeigte man mir den Weg. Stand ich aber vor einem Kreisverkehr war es immer schwierig die Richtung auszumachen, in die man zeigte. Es gab nie klare Zeichen, die eindeutig gewesen sind.
Also fuhr ich etwas weiter und fragte nochmals. Manchmal bis zu dreimal, um sicher zu sein, mich auf der richtigen Straße zu befinden.
Überall sind kleine Moscheen, der Muezzin ruft mehrmals am Tag zum Gebet. Die Leute sind nett, aber sie packen auch alles an. Eigentum wird nicht respektiert, lege ich Sachen auf das Motorrad oder der Erde, wenn ich aufpacke. Dann ist gleich jemand da und sieht hinein. Ich mache natürlich das selbe wie zuvor schon in Indien, schaue ebenfalls in seinen Sachen nach. Auf diese Art- und Weise schafft man sich der Bevölkerung gegenüber etwas Respekt, sonst ist man verloren.
Eine Stunde Rikscha fahren kostet 50 Taka, ich gebe immer
etwas mehr. Da die Besitzer vom strampeln wirklich KO sind.
Rangpur, Mahanganhar, Bogra und Dhaka sind einige Städte auf meinem Weg. Die Sehenswürdigkeiten, ein altes Fort, der Pink-Palast, alte Moscheen und riesige Ausgrabungshügel mit alten Tempeln. Aber nichts ist wirklich im Sehenswerten Zustand. Touristen zahlen ein vielfaches mehr an Eintritt wie Einheimische. Das steht in keinem Verhältnis, ähnlich wie in Indien. Sie pflegen ihre Anlagen nicht, es wird Picknick gemacht und der Müll landet auf der Wiese, bleibt dort zurück.
Ich sprach eine Familie darauf an, sie sagten, dass machen wir immer so.
Überhaupt keine Anstalten den Müll wieder aufzuheben und mitzunehmen. Kein Wunder das Bangladesh im Müll versinkt.
Öffentliche Toiletten sind ein Fremdwort, es wird dort
geschi..... und gep....... wo man gerade ist. Frauen machen es verdeckt mit ihren Sarong und hocken sich nieder, Männer einfach in der Öffentlichkeit.
In Dhaka blieb ich eine Woche, weil diese Stadt für Touristen, dass meiste zu bieten hat. In Bahnami, einem vornehmeren Stadtteil nahe dem
Botschaftsviertel wo die Hotelpreise dementsprechend höher sind, fand ich
für 15,- Euro, incl. Frühstück, frei Tee und Internet, ein sehr schönes
ruhig gelegenes Hotel.
Dhaka ist eine 13 Millionen-Einwohner-Stadt mit etwa einer Million Illegalen, die in Slums leben. Die Altstadt explodiert vor Müll der bergeweise herum liegt. Der Gestank ist unerträglich und der Fluss ist biologisch tot. Ich unternahm darauf eine Bootstour, sah Menschen die sich darin waschen und auch

religiöse Waschungen vornahmen.
Nach einer Woche Aufenthalt, musste ich aus dieser riesigen, chaotischen Stadt heraus. Mein nächstes Ziel sollte Jessore sein. Von Chittagong und Cox-Basar, die zwei Hafenstädte ließ ich ab, weil ich denselben Weg hin und zurückfahren musste.
Über Nebenstrecken ging es nach Jessore, viele Flüsse mussten mit Fähren überquert werden, die altertümlich aussahen aber dennoch funktionierten. Jedesmal entstand ein Riesen Auflauf, wenn ich mit dem Motorrad irgendwo stoppte. Anscheinend bin ich der erste Reisende aus Europa, den muss jeder sehen!
Jessore war für mich enttäuschend, im Reiseführer hob man diese Stadt hervor, weil Hillary Clinton 1995, hier war. Ich sah mir die Gebäude an, die alle im ungepflegten und nicht sehenswerten Zustand waren.
Die Bevölkerung stellt immer dieselben Fragen. "What´s your country?, What´s your name?“

Sri Lanka

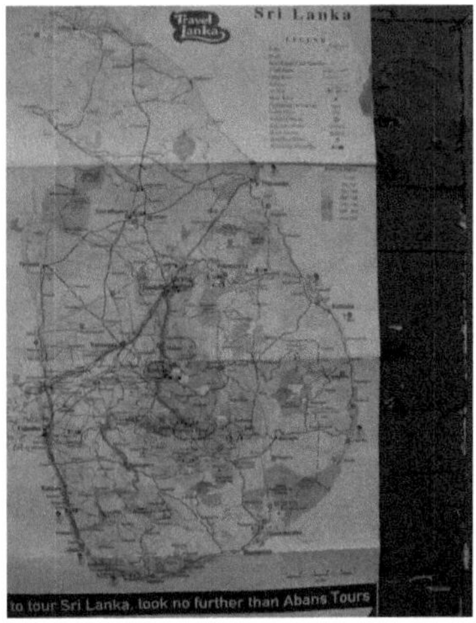

Nachdem mein Motorrad Indien auf dem Seeweg Richtung Malaysia verlassen hat. Stellte sich mir die Frage, was ich während der Verschiffung, die zwei bis drei Wochen dauert, machen soll?
Nach einiger Überlegung hatte ich meinen Flug nach Malaysia mit einem einwöchigen Zwischenstopp in Sri Lanka gebucht.
Es verkehrt leider keine Fähre mehr zwischen Sri Lanka und Indien.
Zumindest seit 2006, die letzte ist untergegangen und nicht ersetzt worden.
Ich hätte also wieder verschiffen müssen, diesen Umstand wollte ich aber nicht auf mich nehmen. Zuviel Kosten und Papierkrams kämen auf mich zu, zudem gab es im Norden von Sri Lanka auch Unruhen mit Tamilen.
Colombo die Hauptstadt, erlebte ich nur bei meiner Ankunft für einige Stunden und am letzten Tag der Abreise bei Nacht. Im Flughafen habe ich sofort eine fünftägige Tour mit Auto-und Fahrer gebucht. Die Unterkunft und das Essen war inklusive, die Getränke und Eintrittsgelder etc., musste ich dann noch selbst zahlen. Für mich war es die beste und billigste Weise diese Insel samt Sehenswürdigkeiten im Schnelldurchlauf zu besichtigen. Besser kurz und schnell, als überhaupt nicht dachte ich mir.
Am selben Tag gegen Abend, erreichten wir die im Süden liegende Stadt Galle mit einem alten Holländischen Fort. Nach einem Tag Aufenthalt, ging es weiter nach Kandy, eine nette Stadt im Landesinneren und darauf nach Hatton im Hochland. Wo die Temperaturen eine Abkühlung brachten, überall übernachtete ich und konnte mir die Sehenswürdigkeiten am selben Tag und den darauf

folgenden Morgen bis zum Mittag ansehen. Dann ging es wieder weiter. Der Fahrer fuhr direkt zu den Interessanten Plätzen, auch konnte ich Wünsche einbringen was ich will und nicht.
Galle an der Küste im Süden hatte noch sichtbare Tsunami-Schäden, vieles war noch zerstört und befand sich im Aufbau.
Sri Lanka (Ceylon) wird auch der Garten-Eden genannt. Es war kurz und etwas stressig, da ich manchmal nur zwei Stunden Zeit hatte um etwas anzusehen. Dieses grüne Paradies mit Teeplantagen im Landesinneren, Naturereignissen, Wasserfällen, Nationalparks und Regenwaldatmosphäre ist sicherlich auch eine Reise mit dem Motorrad wert. Ich habe viele Pisten und schöne Naturwege in den Regenwald gesehen, die einladend für Biker aussahen.
Ich hoffe in meinem Leben ein weiteres Mal hierher kommen zu können. Dann allerdings mit dem Motorrad, um diese Insel intensiver zu bereisen.

Malaysia 1

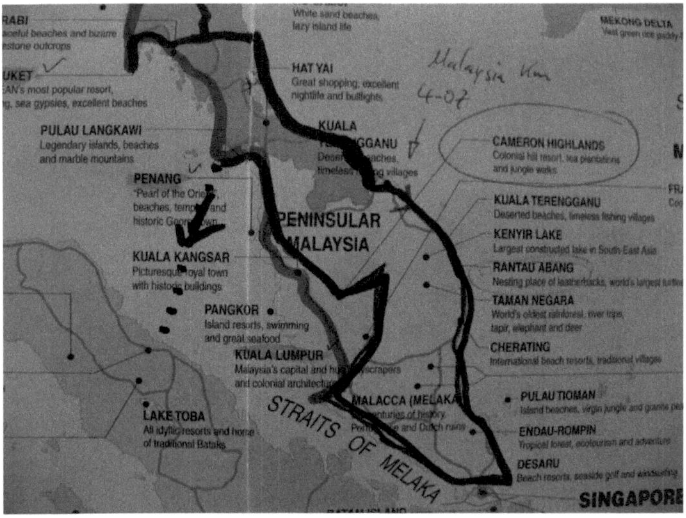

Willkommen in Malaysia; so wurde ich von den freundlichen Malaisen Empfangen. Deutsche Staatsbürger erhalten an der Grenze ein kostenloses Visum, dass 90 Tage gültig ist.

Das sind erfreuliche Informationen, aus einem moslemischen Land, in dem Frauen Kopftücher tragen, Männer mit Bärten herum laufen und verschiedenartige Kopfbedeckungen tragen als Zeichen ihres Glaubens.

In Port Klang unweit von Kuala Lumpur, hatte ich zwei Tage Ärger mit dem Zoll und der Frachtgesellschaft. Ich hatte per e-Mail und Fax Hilfe angefordert. Eine Person sollte mir bei den Papierkram für die Motorrad- Einfuhr helfen. Aber wie sooft zuvor, wenn es soweit ist, weiß niemand Bescheid.

So sind sie, die Südasiaten ein Volk von überwiegend hilfsbereiten

Menschen, die eigentlich immer zuvorkommend sind, speziell wenn es um Geld geht. Nicht aber an diesem Morgen.

Also machte ich die Arbeit alleine, von einem Ort zum anderen, hier und da einen Zettel ausfüllen, dann zum Zoll. Das Motorrad wurde mit dem Carnet de Passage verglichen, anhand der Motornummer und Fahrgestellnummer. Dann musste ich zu einem anderen Büro wo alle Zettel und Stempel auf Vollständigkeit überprüft wurden.

Nach zwei Tagen kam das OK. Undurchsichtiger Papieraufwand, ich glaube die wussten selber nicht, ob alles richtig war. Ich bin fertig und kann nun zum

Lagerhaus zurück und mein Motorrad holen. Allerdings ist heute schon Feierabend. Morgen früh soll ich wieder kommen, gegen neun Uhr sagte man mir. Punkt neun Uhr war ich da. Hatte in aller Herrgottfrühe, Kuala Lumpur mit dem Bus verlassen um pünktlich dort zu sein. Die Lagerhaus Beschäftigten kamen erst gegen zehn Uhr, ich denke die Frühstückspause war dann zu Ende. Die Arbeitmoral ist auf unterstem Niveau, auf meiner Frage wo mein Motorrad ist, lachte man nur!
Gestern Nachmittag habe ich es mit dem Zollbeamten besichtigt und dort sollte diese stehen bleiben, bis heute morgen. So war es mit den Mitarbeitern ausgemacht.
Die BMW stand inmitten hundert anderer Kisten im Lagerhaus, ich bin dann hoch ins Büro. Beim Chef, der eine Frau war, habe ich mich beschwert. Nach anderthalb Stunden stand die Kiste mit der BMW draußen vor dem Lagerhaus. Nun wollte man 32 Ringgit von mir, etwa 8 Euro. Das herausbringen der Kiste gehöre schließlich nicht zum Service!
Ich bin wieder zur Chefin hoch, Sie hatte Einsicht.
Inzwischen war ich schon auf einhundertachtzig, offensichtlich sollten Ausländer zahlen. Als ich die Kiste öffnen wollte und um Werkzeug bat,
sagte mir der Mitarbeiter, dass kostet 30 Ringgit. Jetzt reicht es mir! Ich wurde laut und alles verschwand aus meiner näheren Umgebung, was auch besser so war.
Ich sollte wirklich fürs öffnen der Kiste zahlen, bzw. 30 Ringgit für das Werkzeug als Leihgebühr zahlen. Auch wenn ich diese selber geöffnet hätte.
Nach kurzer Überlegung, bin ich nebenan ins Nachbar Lagerhaus gegangen und kam mit Werkzeug zurück. Da klappten dann die Kinnladen der Arbeiter herunter. Nach zwei bis drei Stunden, war die BMW startklar, ich brachte das Werkzeug ins Nachbarlager zurück.
Mit einer kleinen Holzlatte in der Hand ging ich anschließend zur Chefin. Ich teilte Ihr mit, „dass Sie das Holz der Kiste," behalten können. Ich glaube, als Sie die Latte in meiner Hand sah, Sie sich verkniffen hat zu sagen, ich muss das Holz entsorgen oder dafür zahlen, dass es dort bleibt.
Ich war so drauf, dass ich mit einem Spanngurt das Holz hinter der BMW hergezogen hätte, in die äußerste Ecke des Grundstückes und dort ein großes Lagerfeuer entfacht. So wütend war ich an diesem Tag über deren Handhabung Kunden,-Touristen gegenüber.
Die Malaisen an sich, sind sehr freundlich. Das war die einzige negative Erfahrung die ich gemacht habe.
Es waren 70 Kilometer bis nach Kuala Lumphur, eine 11 Millionenstadt mit

einer Skyline die Frankfurt in den Schatten stellt. Die Petronas-Tower mit 450 Meter Höhe sind weit sichtbar. In der Mitte sind beide mit einer Brücke versehen um im Notfall von einem Gebäudetrakt in den anderen zu gelangen.
Bis hierher dürfen unter großen Sicherheitsvorkehrungen Touristen. Ein unbeschreiblicher Eindruck, aus einer Höhe von 200 Metern über diese gewaltige Stadt mit einem geordneten Verkehrssystem von Hoch- und Tiefbahnen zu schauen. Es macht Spaß, von einem Vorort zum anderen zu fahren, ich hatte noch nie solch leichtes Spiel, meine Unterkunft inmitten von Chinatown zu finden. Die vielen Einbahnstraßen erschwerten es ein wenig, ich sah mein Ziel wurde aber immer weggeleitet. Wenn ich mich an Ampeln oder sonst wie einen Vorteil verschaffte, wurde ich von den Einheimischen Autofahrern angehupt.
Alles was ich mir vier Monate zuvor in Indien angeeignet habe, um durch das Verkehrschaos zu kommen. Musste ich hier wieder vergessen und habe die Deutschen Verkehrsregeln rausgekramt und bin danach gefahren. Kein Gehupe, kein Müll, kein Urinieren und Scheißen auf der Straße, es gibt haufenweise öffentliche Toiletten. Wenig Smog, eben wie in Europa, diesen Standard wird Indien auch in einhundert Jahren nicht erreichen!
Eine Woche Kuala Lumpur reichte mir um alle Sehenswürdigkeiten zu besuchen. Mit 15,- Euro pro Tag für Essen, Trinken und Unterkunft kommt man hier gut hin. In 2005 kostete ein Liter Benzin etwa siebzig Eurocent. Malaysia nutzte ich als Transitland um schnell nach Thailand, Laos, Vietnam und Kambodscha zu kommen.
Nach Kuala Lumphur fuhr ich nach Phenjang, die touristische Halbinsel. Dort habe ich mir mein erstes persönliches Souvenir gegönnt. Einen MP- 3 Player, um meine Musik die ich mehr vermisse wie Heimweh, zu hören. Iron Maiden, ACDC, U2, usw., dass musste her, dadurch bin ich viel lockerer drauf. Den MP-3 Player hätte ich schon in Indien haben sollen, dann wäre ich volle sechs Monate geblieben.
Auf den Highway traf ich einige Big-Bikes wie Suzuki Hayabusa, Yamaha V-Max und Harley Davidson. Ich fragte wo sie hin wollten, „nach Phuket in Thailand zur Bike Week“ war die Antwort. Ich schloss mich ihnen an, verlor diese auf der Autobahn weil sie zu schnell fuhren. In Phuket blieb ich eine geschlagene Woche und genoss das Feeling unter gleichgesinnten zu sein. Alles sind meist wohlhabende Geschäftsleute, die hier einmal im Jahr zusammen kommen um ihre Motorräder, die sonst das ganze Jahr im Haus oder Schauraum stehen zu präsentieren.
Für mich sind es nicht richtige Biker, einige haben eigene Mechaniker und

Fahrer dabei, manche kommen mit Bus und Familie angereist. Es läuft hier ruhiger ab wie in Deutschland auf den Bikertreffen, aber trotzdem ein schönes Gefühl mal wieder richtige Motorräder zu sehen mit 1000 und mehr Kubikzentimeter.

Hier traf ich einen alten Reisebekannten, Raimund, Remy mit seiner BMW 1100 GS wieder. Er kam aus Laos und Kambodscha zurück und hat mir sehr nützliche Hinweise für diese bevorstehenden Länder geben können. Eine große Anzahl Europäer kommt hierher um ihre Knabberleisten (Zähne) reparieren zu lassen, da es um ein vielfaches billiger ist wie in Deutschland (Europa). Ich selber habe einen Zahnarzt aufsuchen müssen, weil mir ein Stück vom Backenzahn abgebrochen ist, es wurde einfach und schnell repariert und hat nur neun Euro gekostet.

Thailand 1

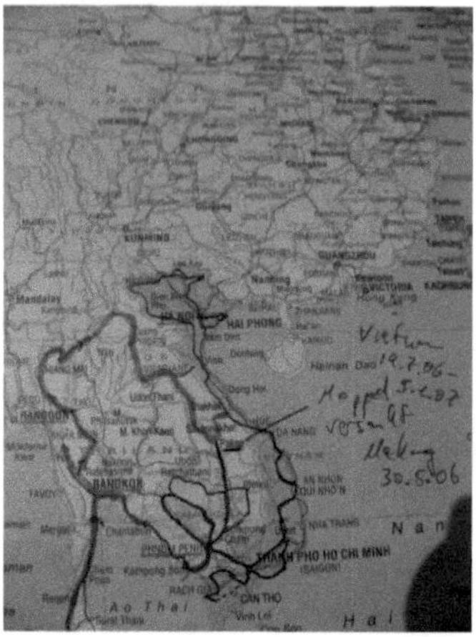

Der Grenzdurchlauf von Malaysia nach Thailand verlief reibungslos und einfach. Das Carnet de Passage wird nicht benötigt. Ich ließ es einfachheithalber ausfüllen. Motorradreisende, ohne “Carnet“ können bei der Einreise ein Formular ausfüllen, dass an der Grenze ausliegt und für die vorübergehende Einfuhr eines Fahrzeuges gültig ist.
An der Grenze schloss ich eine Haftpflicht-Versicherung ab, die sechs Monate Gültigkeit hat und sechs Euro kostete. Das Thailand-Visum erhält man an der Grenze kostenlos und ist 30 Tage gültig, für deutsche Pass-Inhaber. Die Straßen sind sehr gut, Zustände fast wie in Europa, der Sextourismus blüht. Überall wo Touristen sind, werden Thai-Mädels angepriesen. Sitze ich abends im Restaurant, werde ich immer wieder angesprochen, ob ich eine Frau, Drogen, Mädchen, Jungen oder sonst etwas brauche.
Dann passierte es, “ am 20.4.2006 bei 80 km/h auf dem Highway,“ vielleicht 50 Kilometer vor Bangkok. Ein Knall und nichts geht mehr! Mein Endantrieb ist kaputt, fast 40.000 Kilometer nach meiner Abreise letztes Jahr in Deutschland. Nun ist das, was all meine Freunde mir sagten passiert!
Ich schob das “Mopped“ zu einer nahegelegenen Tankstelle,“schwitz.“ 44 Grad und 80% Prozent Luftfeuchte, alles war nass. Hier konnte ich die BMW vorrübergehend unterstellen.
Ich stoppte ein Taxi, dass mich nach Bangkog zum örtlichen BMW-Händler brachte. Es stellte sich heraus, dass dieser zweimal innerhalb von Bangkok umgezogen ist. Letztendlich fanden wir “bkk-motorcycle.“
Dem Taxifahrer gab ich 500 Baht (10 Euro), dann fuhr ich mit zwei Angestell-

ten im Firmeneigenen Pick-Up zurück," um meine verletzte Kuh," abzuholen. Am inzwischen späten Nachmittag, öffnete der Mechaniker den Endantrieb um die Bescherung zu sehen. Ein Kreuzgelenk Abriss, dass hatten selbst die Mechaniker noch nicht gesehen,"wauhhhhh."
Wie geht so etwas, war Ihre Frage?
Mein Tachostand zeigte über 160.000 tausend Kilometer an. Es ist die erste originale Kardanwelle, darauf sagten Sie, das die normalerweise alle 100.000 Kilometer ausgetauscht wird.
Nicht aber ansich der Deutsche Fred Klein, der fährt bis zum bitteren
Ende (Abriss). Nun musste ich wieder auf die Hilfe von dem ADAC in Deutschland hoffen. Da hier keine Ersatzteile erhältlich sind, für meinen alten Zweiventilboxermotor.
Ein ganz spezieller Dank an den ADAC in München, innerhalb von drei Tagen hatte ich meine Teile.
Eine Ersatz-Kupplungsreibscheibe hatte ich mit und ließ die alte gleich austauschen, ebenfalls die Simmerringe vom Motorausgang, Endantrieb-und Getriebe.
Bangkok hat 15 Millionen Einwohner. Hier ist es nicht schlimmer als in Delhi, Kuala Lumphur und eben alle großen Städte der Welt. Mit einem guten Verkehrssystem, von Hoch und Freeways. Die einen gegen Bezahlung ans Ziel bringen. Motorräder dürfen diese nicht benutzen.
Es ist eine gute Kombination, meine in Indien erlernte Praxis mit der hiesigen zu mischen. Vor den Ampeln zwischen einhundert anderen Motorrädern als erster loszufahren und als erster wieder an der nächsten Ampel anzukommen.
Meine Unterkunft lag im Zentrum, an der Khao San Road, billige Touristen Unterkünfte und alles zu Fuß, per Wassertaxi und mit billigen Tuk-Tuk, (Motorrikscha's) zu erreichen. Die Luft ungewöhnlich sauber, wenig Gehupe und Müll. Die Tuk-Tuk's laufen alle auf Gas und die Pkw sind neueren Baujahres. Eine ständige Geräuschbelastung rund um die Uhr, bereitete mir Probleme beim einschlafen. Obwohl ich eine ruhige,
Straßenabgewandte Unterkunft hatte, Joes-Gasthaus.
Ich mochte Bangkok so wie Indien's Kalkutta, es gab viel zu sehen, aber eine Woche reichte dann auch.
Kanchanaburi und die Brücke am River-Kwai waren mein nächstes Ziel, traurige Erinnerungen kamen hier auf. Jeder der den Film gesehen hat, weiß was sich dort im zweiten Weltkrieg abspielte.
Heute eine touristische Stadt mit Sextourismus, Disco's, Bars und der legendären Death Railway. Eine Eisenbahnlinie, die beim Bau 1942, je Kilometer acht

Tote gefordert hat. Den nahegelegenen Tigertempel, in dem Mönche verwaiste Tigerbabys aufziehen um sie wieder in der Wildnis auszusetzen schaute ich mir auch an. In der Stadt Shangla Buri bin ich über den Drei-Pageoden-Pass nach Burma gefahren. Dort konnte ich mich für 10 US-Dollar Eintritt, einen halben Tag aufhalten. Allerdings durfte ich nur eine Meile hinein laufen, dass Motorrad durfte nicht hinein. Es war wie ein großer Basar, überall Verkaufsstände, nicht wirklich Burma.

Im weiteren Verlauf folgte ich der Burmesischen Grenze über Mae Sat, Mae Saring und Mae Hong Son, wo ich das legendäre Volk der Longneck Women zu Gesicht bekam. Etwa 25 Kilometer von ihrer eigentlichen Heimat aus Burma vertrieben, leben diese nun auf thailändischer Seite. Ab dem fünften Lebensjahr werden den kleinen Mädchen Messingringe um den Hals gelegt. Die Hälse werden dadurch bis zu dreißig Zentimeter gereckt. Den Kopf können sie nur schwerfällig drehen, ohne diese Ringe würde das Genick sehr schnell brechen.

Mit dem Motorrad durfte ich nicht ins Dorf hinein, auch musste ich eine Summe von 250 Baht, etwa 5 Euro zahlen. Die kommt ausschließlich den Frauen, die im Dorf leben zugute, da Sie sonst keine Einkünfte haben außer dem Verkauf von Souvenirs.

In Chiang Mai, einer 4 Millionenstadt, die zweitgrößte von Thailand verweilte ich einige Tage um an der BMW eine Inspektion durchzuführen. Ölwechsel, Ventile einstellen, neuer Luftfilter und Zündkerzen wurden erneuert und eingestellt, ich wollte für Laos vorbereitet sein. Die folgenden Tage verbrachte ich im Goldenen Dreieck, dass inzwischen Opiumfrei sein soll. Damals war es die größte und oftmals einzige Geldeinnahmequelle der Einheimischen Bevölkerung. Heute wird das Gebiet überwacht und es ist strengstens verboten etwas anzubauen. Hohe Strafen, auch Todesstrafen werden verhangen. Entlang der Länder Burma, Laos, Thailand und China schlängelt sich der gewaltige Grenzfluss Mekong durch die Regenwälder. Die Regenzeit kommt näher, tagtägliche Regengüsse von kurzer Dauer machen ein Fahren auf Naturstraßen wegen der Verschlammung der Reifen fast unmöglich.

Bangkok broken driveshaft 180.000ks

turn over, 180.000km BMW driveshaft

I really was their

V8 Trike, Phuket Thailand

Bangkok River

BMW workshop in Bangkok

Laos

Laos, dass kleinste aller Asiatischen Länder liegt zwischen Vietnam, Thailand und China.

Von Chiang Khong im Norden von Thailand ging es mit einer Fähre über den gewaltigen Mekong-Fluss, der Thailand und Laos als Grenze dient. Die Fähre kostet 500 Baht, etwa 10,- Euro.

Die Urwaldpiste nach Luang Namhta ist sehr schön, allerdings musste ich im Dschungel übernachten, denn diese etwa 160 Kilometer hatten es in sich (2006). Der Regen läßt alles stocken, nichts rollt mehr. Alles verschlammt und verklebt am Motorrad. Es ist eine Zwangspause nötig, bis alles trocknet und die Oberfläche der roten Erde ein befahren möglich macht. Zwei Nächte musste ich im Zelt übernachten.

Von Luang Namhta bin ich die Nationalstraße eins gefahren, weil sie als schönste Scenic-View-Road im Reiseführer ausgeschrieben war. Einspurig schlängelt sie sich durch Regenwald und Gebirge, ein Mix aus Asphalt, Schotter und Erde. In Luang Phrabang der zweitgrößten Stadt Laos, laufen morgens Mönche durch die Straßen um Almosen zu erbetteln. Der Königspalast ist ein Museum, die vielen Tempel sind fast alle gleich aber immer wieder schön anzusehen. Ich besuchte die Buddha Höhlen von Pak Ou am Mekong, diese sind nur mit einem Boot zu erreichen. Das Whisky Dorf, wo man Alkohol brennt weil dies mehr einbringt wie Feldarbeit lag auf dem Weg, dies sind einige Sehenswürdigkeiten von Laos.

Die Einwohner sind alle nett, auf meinen oft abseits gefahrenen Strecken, bin

ich in Dörfer gekommen, die noch nie weißhäutige Menschen gesehen haben. Schon gar nicht Riesen mit schwarz-weißem Dress und ein Motorrad, dass als Monster bezeichnet wurde. Die kleinen Kinder laufen schreiend weg wenn sie mich sehen. Dann kommen die Eltern mit ihnen zurück und tasten meine Klamotten ab. Wo komme ich her; meine Weltkarte verschlägt ihnen den Atem. „So weit weg," unvorstellbar für Sie.
Hier wo es kein Strom, Fernsehen und Radio gibt, wird man im Dorf geboren und stirbt man auch. Ich war ein Lichtpunkt im Leben dieser Menschen die jetzt gesehen haben, dass es auch andere Sachen gibt, in einem Ort weit weg von hier. Wo Menschen wie außerirdische herum laufen und Motorräder haben die riesig sind. Lange werden sie mich in Erinnerung behalten und vielleicht ihren Nachfahren von diesen einen Menschen mit Motorrad erzählen, aus einer anderen Welt. Ich werde sie ebenfalls lange in Erinnerung behalten, auch ohne meine Fotos. „Ihre ängstlichen Blicke." Aber in den Augen ein Lächeln, dass alles Glück dieser Erde ausspricht, zumindest in ihrer kleinen Welt, rund um das Dorf, denn mehr kannten sie nicht.
Vientiane die Hauptstadt von Laos; die Französische Kolonialzeit hat ihre Spuren hinterlassen. Breite Straßen und ein Champs de Elysee, eine Art Triumphbogen, der als hässlicher Betonklotz von den Einwohnern bezeichnet wird. Für mich aber ein gewaltiges Bauwerk mit einem Platz im Herzen der Stadt ist. Somal man innerhalb hinauf laufen kann und einen schönen Rundumblick von oben hat.
Baguettes kann man an jeder Ecke kaufen, eine Abwechselung, denn das ständige weiche Toastbrot bin ich leid. Hier wird morgens, mittags und abends Nudelsuppe gegessen, „die bin ich ebenfalls Leid."
Die Plains of Jars nahe der Stadt Ponsavan, eine baumlose Hochebene die im letzten Indochina (Vietnam Krieg,1960) fürchterlich zerbombt wurde. Hier stehen überall riesige Steingefäße herum, wo früher Bronze, Messing, Eisen etc. drin geschmolzen wurde um Waffen herzustellen.
In Laos sind mehr Bomben entlang der Grenze zu Vietnam gefallen, als in Vietnam selbst. Auch heute noch, sterben fast täglich Feldarbeiter bei der Arbeit, weil eine Mine oder Bombe hochgeht. Ich bewege mich immer nur auf Pfaden und Wegen, überall stehen Warnschilder, dass hier und dort noch Minen liegen.
Für ein Euro gab es 12.000 Kip, ein Liter Benzin kostet etwa 9000 Kip. Die Unterkunftpreise lagen bei zwei bis fünf Euro, das Essen gibt es ab ein Euro. Mit umgerechnet zehn Euro pro Tag, lebt man wie ein Fürst. Die Eintrittspreise liegen für Sehenswürdigkeiten im Rahmen von ein bis zwei Euro. Meine

Essgewohnheiten habe ich im Iran gewechselt, “no Fleisch anymore.“ Hier kommen jetzt sehr proteinhaltige Sachen dazu: “Hahnkrallen, Katzen, dicke Maden, Affen, Dreifinger-Faultiere, Vogelspinnen, Käfer, Heimchen, Frösche, Schnecken und Eingeweide,“ alles gegrillt. Zwanzig Kilometer vor der Vietnamesischen Grenze, sah ich einen Lkw voller Hunde. Die kommen nicht in ein Tierheim, „sondern auf den Teller“ von Einheimischen und Touristen. Ich bin sicher, das ich unbewusst schon Hund gegessen habe!
Ich bleibe bei meinem vegetarisch, da kann ich sehen was ich esse. Zumindest ist es Gemüse und Bambus- Grünzeug oder so. Bei Fleisch ist das so eine Sache, man kann nicht sehen was dies zuvor war.
In Phaxe nahe dem Bolaven-Plateau ist ein riesiges Kaffeeanbaugebiet auf etwa 1300 Meter Höhe, hier ist es angenehm kühl. Die Temperatur fiel von 42 auf 22 Grad herunter, normalerweise ist es drückend schwül und unerträglich, alles klitschnass vom nichts tun.
Hier oben traf ich die deutschen Motorradnomaden, Eva und Ralf, die auf einer dreijährigen Motorrad-Weltreise waren,
www.motorradnomaden.de. Ralf danke für die MP- 3 Musik, die ich heute noch höre. Ein paar Tage später gesellten sich Tanja und Christian, die zehn Monate unterwegs sind, **www.enduroreisende.de** dazu. Wir verbrachten einige schöne Tage zusammen und redeten über unsere Erlebnisse und Erfahrungen, die sehr unterschiedlich waren.
Unsere Wege trennten sich, ich wollte zur Vietnamesischen Grenze weiter.
Der 30.5.2006 ist ein schwarzer Tag bei meiner Weltreise!
Ich wollte mir in Südlaos nahe der Stadt Phaxe alte Khmer Ruinen in Wat-Pou ansehen. Dort wäre meine BMW auch bald gelandet; bei den
Ruinen!
Ich musste dazu den breiten Mekongfluss überqueren. Zwei
gegeneinander geschobene Boote am Ufer lagen bereit. Jedes hatte eine Holzplattform von zwei mal zwei Meter, die etwa vierzig Zentimeter rundum über die Boote übersteht. Ich sollte über das vordere Boot ‚auf das hintere fahren, weil dieses tiefer im Wasser liegt. Beim Hochfahren über eine lange viel zu dünne Holzbohle, „die komischerweise nicht brach,“ bemerkte ich schon, dass die BMW zu schwer ist. Als ich mit meinem Hinterrad auf der Plattform des zweiten Bootes stand, senkte sich diese um zwanzig bis dreißig Zentimeter. Ich ging rückwärts sitzend mit gezogener Handbremse und laufendem Motor ins anderthalb Meter dreckig braune Mekongwasser baden. Die BMW war etwa fünf Minuten komplett unter Wasser,“ ich nur etliche Sekunden.“ Meine letzten Worte waren scheiße, ich wusste es,“blub, blub, blub.“

Dann haben wir mit drei Mann. Der Bootsführer wollte nicht mit ins Wasser, „erst als ich Theater machte“ sprang er hinein und half, die BMW mit aufzuheben und rückwärts herauszuschieben. Es war fester Untergrund und kein Schlamm. Ich stellte die BMW am Hang bergab, sodass alles Wasser erstmal aus dem Auspuff ablaufen konnte. Dann schraubte ich die Zündkerzen heraus und betätigte den Kickstarter mehrmals. Da merkte ich schon, dass der gesamte Motor voll Wasser ist.
Ich kickte weitere zehn bis fünfzehn mal.Dann schaltete ich die Zündung ein und drückte den Anlasserknopf, der Motor drehte kurz und es gab ein unvergessliches Geräusch, "kanack.“ Da wusste ich, dass jetzt auch noch das Planetengetriebe kaputt ist. Es kam ein Pick-Up Taxi mit weiteren Tempelbesuchern, diesen heuerte ich an, um mich samt BMW in die etwa vierzig Kilometer entfernte Stadt Phaxe zu bringen. Unterwegs sammelte er etwa acht weitere Passagiere ein. „Er hatte ja schließlich ein Sammeltaxi.“ Der Pick-Up war völlig überladen und voll mit Menschen.Wir stoppten bei mehreren kleinen Honda-Werkstätten, bei einem konnte ich schließlich die Werkstatt samt Werkzeuge nutzen um meine Kuh wieder fahrbereit zu machen.
Alles wurde demontiert, der Tank, der Motorstirn-und Gehäusedeckel, beide Vergaser, die Blinkerkappen und die Kardan-Gummimanschetten. Alle Öle wurden abgelassen vom Motor, Getriebe und Endantrieb. Anschließend wieder neu befüllt. Ebenso das Benzin wurde ausgetauscht, es war Literweise Mekong-Wasser darin.
Mit dem Kickstarter konnte ich die BMW nicht starten, es wurde ein Einheimischer mit seiner 125er Honda auf der Straße gestoppt. Mit 5 US-Dollar drohte ich diesem, „das er mich anschleppen soll.“ Was er bereitwillig tat. Ein Seil dazu bekam ich Leihweise aus dem Motorradladen. Nach etwa 500 Meter ziehen im dritten Gang, sprang die Kuh mit einer riesigen schwarzen Rauchwolke an und lief.
Ich löste das Seil, gab ihm die 5 US-Dollar und fuhr sofort zum Honda- Shop zurück. Dort wechselte ich wieder alle Öle, es war noch zu milchig vom aussehen, nachdem ich mir den Ölpeilstab ansah. Ein Anzeichen das noch Wasser darin enthalten ist. Danach konnte ich die BMW mit dem Kickstarter antreten. Nach einer längeren Probefahrt wechselte ich ein drittes Mal das Öl und sie lief wie zuvor.
Darauf habe ich den Anlasser demontiert und zerlegt, dass Planetengetriebe, welches in einer Kunststoffführung läuft hat diese zerfetzt. Das Kunststoffzahnrad war ohne Rillen, dieses Ersatzteil hatte ich aber mit, nach Zusammenbau lief der Elektrostarter wieder einwandfrei. Alles wurde zusammengebaut,

die Sicherung für Hupe und Blinker ausgetauscht und alles war "paletti."
Ich suchte mir eine Unterkunft, kurz vor dem Dunkel werden fand ich diese auch. Spannte meine Zeltschnüre durchs Zimmer um daran nun all meine nassen Sachen, Papiere, Geldscheine und Textilien, eben alles zum trocknen aufzuhängen. Am nächsten Morgen, legte ich alles den gesamten Tag über vor dem Zimmer auf meiner Zeltunterlage in die Sonne zum trocknen aus. Am Abend probierte ich die Elektrogeräte aus; „meine Digitalkamera, das Batterieladegerät, der Fotospeicher PD7 X, wo meine gesamten Fotos drauf sind, "alles funktionierte einwandfrei." Danach begann ich sofort," Sicherung CD's- und DVD's mit den Fotos zu brennen" und diese nach meiner Schwester in Australien und zu meinen Reisepaten Doris und Peter in Deutschland zu versenden.
Nach diesem Schreck machte ich mich auf den Weg zur Lao Bao Grenze.
Das Visum für Vietnam holte ich mir zuvor beim Generalkonsulat in Vientiane. Die Ausreise von Laos verlief mit dem Zolldokument (Carnet) einfach und schnell. Die Einreise in Vietnam ebenfalls, der Einreisebeamte prüfte mein Visum und stempelte den Reisepass.
Der Zoll stoppte mich, weil mein Motorrad 1000 Kubikzentimeter hat.
Es dürfen nur Motorräder mit maximal 150 Kubikzentimeter einreisen.
Ich beschloss so ärgerlich es auch war, 40 US-Dollar für das Vietnam- Visum und 500 Kilometer umsonst gefahren zu sein, geradewegs nach Khong Island (4000 Inseln) zu fahren. Hier traf ich Tanja und Christian (Enduroreisende) wieder.Tanja und Christian wollten eigentlich direkt nach Angkor Wat in Kambodscha reisen. Ich konnte sie dazu überreden für einige Tage mit nach Phnom Penh zu kommen. Der Grenzübergang lag mitten in einem Wald, von den Motorradnomaden, Eva und Ralf habe ich eine Wegbeschreibung bekommen. Ohne diese wäre es schwierig gewesen diesen kleinen Grenzübergang zu finden. Der Checkout auf Lao Seite verlief einfach, ich musste 10 US-Dollar Strafe für einen überzogenen Tag des Visum bezahlen. Mein Bestechungversuch, einen Zollbeamten meinen kleinen Radio-Weltempfänger dafür zu geben, schlug fehl. Die Einreise in Kambodscha verlief ebenfalls einfach. 1 US-Dollar für das Stempeln in den Pass musste jeder Einreisende bezahlen. Das Carnet de Passage wurde nicht gestempelt, weil es nicht von Nöten ist. An der Grenze, bekommt man für 20 US-Dollar und ein Passfoto, das Visum mit 30 Tagen Aufenthaltsrecht in den Pass geklebt.
Laos hat mir sehr gut gefallen, touristisch ist es noch nicht so erschlossen wie die anderen Länder. Mit einer Artenvielfalt an Pflanzen, Tieren, Essen und Landschaft wie ich es selten zuvor so erlebt habe.

HONDA

M-150

NƯỚC CỘNG HÒA XÃ HỘI CHỦ NGHĨA VIỆT NAM

Kambodscha 1

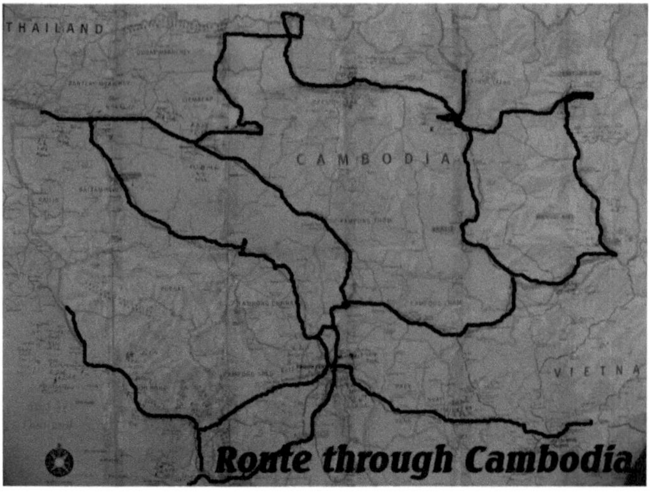

Maden, Vogelspinnen, Grashüpfer, Schlangen, angebrütete Eier mit Küken darin, kannten wir schon von Laos.
Es soll sehr schmackhaft und proteinhaltig sein, aber nichts für uns. So begegnete uns Kambodscha gleich am ersten Tag. Mit den Enduroreisenden, Tanja und Christian fuhr ich bis Phnom Penh, die Hauptstadt von Kambodscha mit 1 Million-Einwohner.
Unsere Route sah wie folgt aus; die Grenze von Laos, Veun Kham nach Bang Khuron passierten wir schnell.
Von der Grenze ging es nach Strung Treng, (1000 Inseln), hier sind noch die seltenen Süßwasserdelphine im Mekong-Fluss zu sehen, eine aussterbende Tierart.
Wir kamen erst zum Abend in der Dunkelheit in Phnom Penh an. Der starke Monsunregen hatte uns zum stoppen gebracht. Beide gingen wir fast auf die "Schnauze," als ein Stück Teer fehlte und die glitschig rote Erde unsere Bikes außer Kontrolle brachte. Die Motorräder legten einen Eiertanz hin, Gottlob kam keiner zum Sturz. Ich hatte die GPS-Koordinaten eines guten, billigen Gasthauses von den Motorradnomaden erhalten. Mit Christian sprach ich ab, dass er an mir dranbleiben soll. Ich fahre nach GPS, egal ob es Verkehrswidrig ist. In der Dunkelheit und dem Regen war eine Orientierung in dieser Millionenstadt nicht einfach.
Mein GPS zeigte mir die nächste Straße nach links. Wir befanden uns auf der

zweispurigen Hauptstraße die mitten durch die Stadt führte. Ich fuhr auf die linke Spur der beiden und ignorierte das „Links“ Abbiegeverbot. Dann schob ich mich langsam in den Gegenverkehr, ein schwarzer Geländewagen mit zugeklebten Scheiben (Folie) musste abbremsen. Der Fahrer öffnete die Tür und hielt mir eine Pistole hin. Ich schrie “**what is happend, you will schoot me for this.**“ Er schloss die Tür und fuhr weiter. Ich blieb links in der Seitenstraße stehen und wartete auf Christian und Tanja mit ihrer Afrika Twin. Die direkt hinter mir waren, aber die zweispurige Gegenfahrbahn nicht gleich überqueren konnten. Als Christian kurz darauf kam, fragte er gleich „was das für eine Aktion war,“ mit dem Geländewagen. Ich darauf, der hielt mir “eine Knarre hin.“ Christian wollte gleich darauf die Stadt verlassen im dunkeln und Regen. Auf mein Einreden hin, sind sie mit mir gekommen, weil die Unterkunft greifbar nahe war. Es war ein Schock für sie, so etwas hatten beide noch nicht erlebt, ich allerdings auch nicht. Zwei weitere Tage blieben wir zusammen und besichtigten alle Sehenswürdigkeiten und Plätze in Phnom Penh. Dann trennten sich unsere Wege, Tanja und Christian wollten nach Angkor Wat und ich zur Küste runter nach Sihanoukville, wo ich zwei Wochen Badeurlaub einlegen wollte.

Hier traf ich zum zweiten mal meine Namensschwester Annemarie Klein wieder, die ich im Januar 2006 in Nordindien, Sikkim schon getroffen hatte. Annemarie, die schon 4 Jahre mit dem Fahrrad von Deutschland nach Neuseeland unterwegs ist. Mehr über ihre Reise unter **www.bikeworldtour.com**. Annemarie war damit einverstanden, das wir Vietnam gemeinsam mit dem Fahrrad bereisen.

An der Küste, unweit von Sihanoukville im Reachsay Gasthaus (nicht weiter zu empfehlen) am Serendipity-Beach wurde ich nach langer Zeit mal wieder bestohlen!

Als einziger Gast im Hotel fehlte mir am anderen Tag, nachdem ich etwa vier Stunden mit dem Motorrad die Gegend erkundete und zurück kam, meine Halskette mit zwei Silbernen-Anhänger. Ich sah sofort, dass jemand in meiner Abwesenheit alles durchwühlt hatte. Trotz Polizei die ich benachrichtigte, gab es keine Aussicht darauf, meine Halskette samt Anhänger wieder zu bekommen.

Für 1 Euro bekam ich 5100 Riel, ein Liter Benzin kostete etwa 80 Eurocent. Es war Regenzeit, der Monsun zeigte sich von seiner guten milden Seite, an der Küste regnete es am Vor-und Nachmittag, im Landesinneren meist nur nachmittags. So konnte ich immer ca. 300 Kilometer trocken zurücklegen. Eines Tages öffnete ich mein Topcase, ein riesiges Ameisennest mit tausenden

von Eiern hatte sich dort eingenistet, der Deckel meiner Erdnußbutter hatte sich gelöst. Diese hatte ich immer dabei, damit ich mal ein Baguette, dass es überall zu kaufen gab als Wegzerrung unterwegs zu mir nehmen konnte. Die überall angebotene Nudelsuppe mit Yellow (gelbe) oder Chinesische Nudeln (klarsichtig) konnte ich nicht mehr sehen, hören und Essen. Bei 35 Grad, morgens eine ebenso warme Suppe zu essen, brachte mich zu Schweißausbrüchen, aber den Einheimischen machte es nichts aus. So unterschiedlich sind die Essgewohnheiten, morgens, mittags und abends immer Nudelsuppe, bei Temperaturen von 25 bis 45 Grad. Kein Wunder, dass die Einheimischen alle dünn wie Heringe sind und nichts auf den Rippen haben.
Die proteinhaltige Kost mit Insekten und tierischen Eingeweiden, alles gegrillt, mag wohl sehr schmackhaft sein, Annemarie probierte Vogelspinne und Schlange. Sie meinte "es wäre wegen der Marinade sehr schmackhaft," aber bei der Spinne hatte sie doch einen etwas komischen Gesichtsausdruck, aber sie ließ es sich schmecken. Ich lehnte dankend ab. Nach Sihanoukville fuhr ich mit den Motorrad nach Phnom Penh zurück. Annemarie wollte einige Tage später mit dem Fahrrad hier eintreffen. In dieser Zeit besorgte ich mir ein gebrauchtes Trekking-Fahrrad und jegliches Zubehör dafür, um die Reise für Vietnam vorzubereiten.
Ein Problem war es, mein Motorrad für die Dauer von sechs Monaten in Phnom Penh trocken und sicher unterzustellen. Schließlich fand ich den deutschen Harleyfahrer, Friedhelm, der berufsmäßig einige Jahre hier zu tun hatte.
(Friedhelm, recht herzlichen Dank dafür)
Vorher besorgte ich mir noch zwei neue Reifen bei dem Ortsansässigen Motorradhändler "Lucky Lucky One."
Der Königspalast und die Silberpagode, deren Boden mit zwanzig mal zwanzig Zentimeter großen und drei Millimeter dicken Silberplatten ausgelegt ist und die Stupa Wat Phnom waren ein Besuch wert.
Jeden Abend findet ein Nachtmarkt statt, mit Freßbuden und Insektenverkäufern, dass tagtägliche Verkehrschaos hält sich in Grenzen, Indien ist viel schlimmer.
Am nahegelegenen Fluss, treffen sich am späten Nachmittag die Einheimischen um mit ihrer Angebeteten oder Familie ein Picknick zu veranstalten, mit Blick auf den Königspalast.
Annemarie kam einige Tage später angeradelt, wir beschlossen gemeinsam mit der BMW, eine Runde von 1000 Kilometer zu drehen.
Über Battambang, Poipet, Seam Reap nach Angkor Wat und den Tonle Sap See. Größter Südostasiatischer See, dann wieder zurück nach Phnom Penh.

In Poipet, die Grenze zu Thailand habe ich für 20 US-Dollar mein abgelaufenes Kambodscha Visum wieder erneuert. Der Beamte wollte 60 US-Dollar, die Korruption blüht hier noch. Auf dem Aushang der dort angeschlagen war, stand aber 20 US-Dollar.
Ich wies ihn darauf hin und er antwortete darauf, "dann muss ich lange warten." Ich sagte, OK, gib mir meinen Paß zurück, dann warte ich eben. Ich habe mehr Zeit wie Geld!
Gegenüber war ein Getränkestand, dort kaufte und trank ich eine kalte Coca-Cola und setzte mich in den Schatten. Schaute immer wieder mal zu dem Büro-Container herüber. Unzählige Minibusse mit Touristen fuhren vor, ich denke, dass die alle den höheren Preis zahlten, weil sie Zeitdruck haben und schnell weiter wollten nach Angkor Wat.
Nach einer halben Stunde, winkte er mich herüber und ich bekam für 20 US-Dollar das Visum, mit weiteren 30 Tagen Gültigkeit in den Paß geklebt.
Die berühmt berüchtigte schlechte Straße von Poipet nach Seam Reap zu Angkor Wat, ist etwa 120 Kilometer lang. Von der Grenzstadt Poipet nach Sisophon sind es auf guten Asphalt etwa 50 Kilometer. Ab Sisophon sind dann 70 Kilometer übelste Straße, zumindest was davon übrig blieb zu bewältigen. Löcher von vielen Quadratmetern Größe sind vorhanden, Annemarie saß auf dem Sozius und hatte ihren Schlafsack als bequeme Sitzunterlage benutzt. Die Kambodscha Airlines soll angeblich Gelder dafür zahlen, dass der Bau der Straße verzögert wird. Damit die Touristen von Bangkok aus dort hinfliegen und nicht mit dem Bus oder Jeep fahren.
Seam Reap liegt nahe den Tempeln von Angkor Wat, es sind die größten Tempelanlagen Weltweit. Angkor Wat ist ein über hunderte von Quadratkilometer umfassendes Gelände. Der Eintritt für ein Tag kostet 20 US-Dollar, drei Tage 40 und eine Woche 60 US-Dollar. Wir machten am Nachmittag zuvor die schlechte Erfahrung, dass man uns kein Permit gab um die Tempelanlage mit dem Motorrad zu befahren. Ausländern ist es nicht erlaubt, aber die Einheimischen haben alle freien Eintritt und dürfen mit ihren kleinen Motorrädern hinein. Merkwürdige Bestimmungen, auch die anschließende Vorsprache bei der Touristenpolizei brachte nichts.
Man teilte uns mit, dass ab 17 Uhr tagtäglich der Eintritt bis zum Sonnenuntergang etwa 19 Uhr für Touristen offiziell frei ist, auch mit dem Motorrad. Wir sind dann um 17 Uhr hineingefahren, sodass ich schöne Fotos von den Tempelanlagen mit der BMW machen konnte. Von Angkor Tom, Bayon, Angkor Wat, die Elefantenterasse, überall hat Annemarie mit meiner Digitalkamera Fahrtaufnahmen-und Standfotos von der BMW und mir gemacht. Am

letzten unserer drei Tage Aufenthalt, sind wir mit einem Tagesticket für 20 US-Dollar von 4.30 bis 19 Uhr mit einer Motorrikscha und Fahrer, die uns 12 US-Dollar für den ganzen Tag kostete, in das Gebiet gewesen. Von einem Tempel zum anderen, Wat Phrom hat mich am meisten beeindruckt. Riesige Baumwurzeln suchen ihren Weg durch die Tempelmauern, der Sonnenaufgang blieb uns verwahrt, leider verschwand die Sonne in den Wolken. Ein Gewitter mit extrem Mystischer Stimmung kam auf, als Abschied von diesen heiligen, Buddhistischen und Hinduistischen Tempelanlagen.

Hier hatte ich als Fußgänger den ersten Unfall zu vermelden. Eine junge Frau mit Sozius und Motorrad, "sicherlich ohne Führerschein," verlor die Kontrolle über ihr Fahrzeug und fuhr mich von hinten um. Sie sind gestürzt und haben mich dabei am Bein erwischt. Es ging glimpflich für alle aus, ich hatte nur etwas Schmerzen am Bein, sonst ist nichts passiert. Aber so sind sie, „Touristen dürfen tagsüber mit ihren Motorrädern nicht in das Tempelgebiet hinein" und die Einheimischen fahren mit ihren Mopeds die Touristen um. Eindrücke die Annemarie und ich niemals in unserem Leben vergessen werden. Ebenfalls der Besuch der schwimmenden Dörfer auf dem Tonle Sap Lake, drei wundervolle nicht zu heiße Tage, die wir beide genossen, mit dem Entschluss, dass ein Tag in dieser Tempelanlage für uns völlig ausreichend gewesen ist.

In Phnom Penh zurück, besorgten wir uns das Visum für Vietnam, mehr wie ein Monat für 40 US-Dollar ist nicht möglich, hieß es. Obwohl im Aushang von 6 Monaten und 70 US-Dollar geschrieben wurde.

Darauf ging man nicht ein. Den Angestellten war auch völlig egal ob wir mit Fahrrad reisen oder nicht, wir sind dann raus um uns zu beraten. Draußen gab es die Möglichkeit bei der Sicherheitswache, wo schon reichlich Päße lagen, ein 6 Monat-Visum zu erhalten. Für 160 US- Dollar. Annemarie lachte, wir sagten 90 US-Dollar, dass sind 20 US-Dollar mehr wie ausgeschrieben. Nach kurzen Verhandlungen und einem Telefongespräch, war alles klar. Morgen Nachmittag, zur selben Zeit könnten wir die Päße abholen. Bezahlt wird hinterher habe ich gesagt, nachdem er das Geld im Vorfeld haben wollte.

Wir wussten sofort, dass die Sicherheitsleute und die Angestellten zusammen arbeiten um ihre paar "Kröten," die sie hier verdienen aufzubessern. Keine legale Art, „aber wenn es nur so geht," dann ist es recht für uns. Zumindest haben wir nun sechs Monate Zeit in Vietnam und brauchen uns nicht um eine Visumverlängerung-oder Erneuerung zu kümmern.

Am 17.7.2006 endlich, ging es mit den Fahrrädern los. Mit einem Abschlußfoto vor dem Königspalast in Phnom Penh verabschiedeten wir uns von dieser

Millionen Metropole. Bis zur Grenze sind es 180 Kilometer, über Noak Luong, Sray Rieng radelten wir nach Moc Bai. In drei Tagesetappen von je 60 Kilometer. Ich muss mich langsam daran gewöhnen, mein Gesäß und die Beine ebenfalls. Das könnte Probleme geben, der erste Radeltag über 65 Kilometer brachte es ans Tageslicht. Ich habe etwa sieben bis acht Liter Wasser getrunken, alle zehn Kilometer eine Pause eingelegt, sowie eine Kokosnuss getrunken und gegessen. Dazu einige Säfte und andere nahrhafte Nahrung nebenbei gegessen, soweit man diese am Wegesrand finden bzw. kaufen konnte. Ich esse und trinke ein vielfaches mehr, als wenn ich mit dem Motorrad unterwegs bin. Meine Beine-und Waden tun mir nicht weh, nichtmal am folgenden Tag, nur der Hintern, der macht sich schon bemerkbar. Die Grenze erreichten wir nach drei Tagen, die Aus-und ebenso Einreise verlief ohne Probleme. Auch durften wir reichlich Fotos machen, mit den Fahrrädern. Es scheint doch große Unterschiede zu geben zwischen einem Fahrrad-und Motorradreisenden.

Vietnam

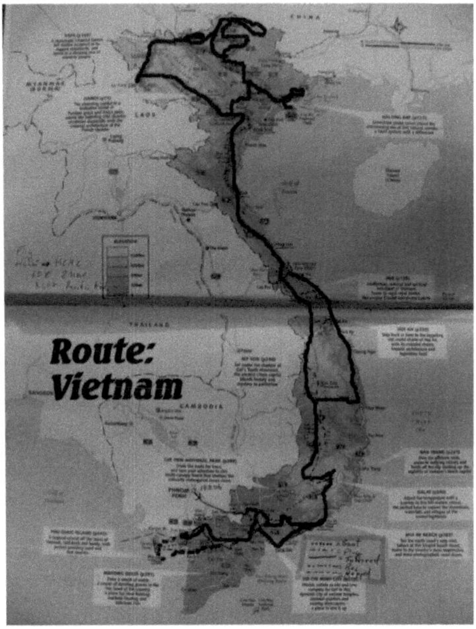

Nach 500 Kilometer im flachen Mekongdelta mit dem Fahrrad, habe ich festgestellt, dass die Feinde des Radfahrers folgende sind: starker lang anhaltender Monsunregen, die Lkw,-Busse und Pkw mit ständigen unnützem Gehupe und extreme Abgase aus veralteten Dieselfahrzeugen, mit ihren lebensgefährlichen Überhol-und Ausbremsmanövern. Nicht zu vergessen die Motorradfahrer, die mit einem Reden wollen, natürlich während der Fahrt. Mit folgenden Fragen, " from where you are coming?, and where are you going?"
Auch der aufgewirbelte Staub und Dreck den man ständig schluckt und die holprigen mit Regenwasser gefüllten Löcher, die von den anderen Verkehrsteilnehmern durchfahren werden und uns somit immer nass spritzen.
Zu guter letzt der starke Gegenwind, der um diese Jahreszeit völlig normal ist. In der Regenzeit die von Juli bis November in Vietnam herrscht und aus Richtung Süd-West kommt.
Aber es macht mir trotzdem Spaß hier zu radeln, mein schmerzendes Gesäß hat sich an der Sitzfläche von dreißig Quadratzentimeter inzwischen gewöhnt.
1975 wurde Saigon nach der Wiedervereinigung und dem damaligen Präsidenten in Ho Chi Minh City umbenannt. Es ist eine 6 Millionen- Einwohner-Stadt.
Die ersten 270 Kilometer bis Saigon fielen mir schwer, da Hitze und ständiger

Gegenwind zu beklagen waren. Nicht gerade schön, für jemanden der von Motor auf Körperkraft, dem Fahrrad umgestiegen ist.
Mein Hintern hat sich nach der ersten Woche daran gewöhnt. Auch die Beine oder sonstige Muskeln machten mir keinerlei Probleme.
Noch nicht lange in Ho Chi Minh City angelangt, sehen wir schon zwei Rucksackdiebstähle auf europäische Touristen.
Einheimische kommen meist mit zwei kleinen Motorrädern von hinten angefahren und reißen während der Fahrt bei mittlerer Geschwindigkeit die Rucksäcke von den Personen herunter und geben danach Vollgas. Eine Person kam dabei zum Sturz und ein anderes mal, wurde diese nur seitlich weggedreht, jedesmal mit Erfolg für die Diebe.
Mein Wasser-und Lebensmittelhaushalt stieg ins enorme. Etwa acht Liter Wasser, Eismilchkaffee, Kokosnusssaft, Früchte, mehrere Softdrinks und diverse Suppen tagtäglich zu verspeisen und immer noch das Gefühl zu haben, dass ich hungrig und durstig bin, waren neu für mich. Das Geld was ich an Benzin einsparte, gab ich nun an Lebensmittel-und Getränken aus.
Der erste Reisemonat auf dem Fahrrad kostete mir rechnerisch etwa 50,- Euro weniger, als wenn ich mit dem Motorrad reise. Der gesundheitliche Faktor und das Radeln zu zweit sind nicht zu verachten. Man reist langsamer und ist noch näher mit den Menschen, deren Umfeld und der Natur zusammen.
Der extreme Straßenverkehr auf dem Highway 1 südlich nach My Tho ins Mekongdelta ist für uns Radreisende sehr gefährlich, die LKW nehmen keine Rücksicht. Deshalb beschlossen wir, nur noch Nebenstraßen zu fahren um die Natur-und Eindrücke besser genießen zu können.
Ben Tre, Vinh Long, Long Xuyen, Chau Doc waren die nächsten Städte im Mekongdelta die wir bereisten. Alle Orte liegen am Mekong bzw. Nebenarm und Kanal. Das gesamte Abwasser, die Toilette und der Müll landet dort, welches dann irgendwann über den Mekong ins Südchinesische Meer fließt. Der Mekong und das Delta mit seinen unglaublichen Ausmaßen und Wassermengen muss das Meer enorm belasten. Auf Dauer kann es für das ökologische System nicht gut sein.
Das interessiert hier niemanden, der Mekong die Lebensader vieler Nationen, wie Burma, Laos, Kambodscha und Vietnam ist und bleibt ein Fluss von mystischer und heiliger Kraft. Der schon immer existierte und viele Generationen, auch die folgenden noch begleiten und Überleben wird. In Chau Doc haben Annemarie und ich den Entschluss gefasst, dass wir wegen des heftigen Monsunregen auf ein Boot umsteigen. Um nach Kien Luong über den Vinh Te Kanal 100 Kilometer Straße abzukürzen.

Eine Bootsfahrt soll ja lustig sein, wir saßen auf dem Dach des Bootes, nur mit einem Regencape geschützt. Es war interessant die Menschen, Boote und Häuser entlang des Kanals zu beobachten. Immer wieder gab es heftige Regengüsse, die wie ein Hagelschauer auf uns einprasselten, lustig war daran nichts mehr.
Wir wollten zur Insel Phu Choc, diese wurde von den Franzosen im 19. Jahrhundert in grauenvoller Weise den Kambodschanern abspenstig gemacht.
In Kien Luong wartet ein inoffizielles Fischerboot, für Touristen verboten! Dieses soll uns in dreieinhalb Stunden nach Ham Ninh, zur Insel Phu Choc bringen. Wegen schlechter See fuhr die offizielle Fähre von Rach Ghia schon seit vier Tagen nicht mehr.
Ein aufziehender Taifun verlängerte unsere Bootsfahrt auf fast sieben Stunden, wie eine Nussschale im Whirlpool kamen wir uns vor.
Ham Ninh ist eine kleine Fischerstadt auf der vom Wind abgewandten Seite im Osten der Insel mit weiten weißen Sandstränden. Hier bezogen wir Quartier für eine Nacht. Am nächsten Tag radelten wir weiter nach Duong Dong zur Westküste an den Longbeach, zum Thanh Kieu Bungalow Ressort wo wir ein Bungalow direkt am Strand mit Kühlschrank für umgerechnet 3,- Euro pro Tag mieteten.
Annemarie fragte wegen Arbeit bei dem deutschen Biergarten Besitzer Klaus an. Der etwa zwei Kilometer unterhalb der Stadt Duong Dong an dem Longbeach ein mit deutsch-bayerischer Küche geführtes Lokal besitzt. Dieser stellt aber nur einheimische Frauen, zum niedrig Stundenlohn ein. Sein Leberkäse mit Kartoffelsalat und Spiegelei, war ein Genuss-Schmaus für uns.
Unsere zwei Wochen Aufenthalt vergingen wie im Fluge auf der Insel Phu Choc. Wir wollten nicht durch das Mekong Delta zurück radeln und entschlossen uns mit dem Flugzeug nach Ho Chi Minh City zurück zu fliegen. Für 27,- Euro inklusive Fahrräder und ohne Zuschlag für das Mehrgewicht von etwa zehn Kilogramm, fällt einem diese Entscheidung auch leicht.
Als ich am Flughafen in Ho Chi Minh mein Fahrrad in Empfang nahm, musste ich meinen Schlauch wechseln, wegen eines Plattfußes, diesmal im Vorderrad, der inzwischen dritte beim Fahrrad und sicherlich nicht der
letzte. Alle Fluggäste belächelten uns und können nicht verstehen warum ein Europäer mit dem Fahrrad reist.
In der zweitgrößten Stadt von Vietnam, Ho Chi Minh gibt es Millionen von kleinen Motorrädern. Jeder kann sich vorstellen was hier für ein Getümmel herrscht. Vor den Ampeln stauen sich hunderte von Mopeds, Fahrräder und Rikschas, wie die Hummeln werden Kreuzungen durchfahren. Erstaunlich,

dass hier so wenig passiert.
Für Touristen gibt es einiges zu sehen, eine Stadt wie viele andere auch, es sind kaum Grünflächen zum Erholen für die Bewohner vorhanden. Der Wohnraum ist knapp und teuer. Einige Highlights waren die Notre Dam Kathedrale, eine restaurierte alte Hauptpost. Die Jade Emporer Pageode und Moschee, der Wiedervereinigung-Palast und der Chinesische Markt. Wo alles mögliche an Knochen, Hoden, Seepferdchen, Rhino-Hörner zu Pulver verarbeitet wird und die Potenz von Männern stärken soll. Auch für Frauen gibt es solche Präparate, die die Gebärfreudigkeit erhöhen soll. Alles "Hokus Pokus," die Einheimischen glauben daran. Als letztes Mittel, diese Wundermittel einzusetzen um doch noch den erhofften Kinderwunsch zu erfüllen.
Der Distrikt 1 ist auch die Backpacker Absteige Nummer eins, billige Unterkünfte, Lokale zum Essen und Zentrumsnah, was will ein Tourist mehr.
Seit meinem Reisebeginn habe ich nach Pakistan und Indien hier in Saigon wieder ernsthafte Probleme mit meinem Asthma bekommen. Ich musste oft inhalieren, dies ist ein eindeutiger Beweis, dass die Luftbelastung und der Staub, Dreck der darin enthalten ist, die Atemwege aller hier lebenden belastet. Nach einer Woche waren die Probleme wieder weg, nicht umsonst laufen und fahren viele mit einen Mundschutz herum. Beim radeln habe ich oft mein Halstuch über den Mund gezogen und es ist spürbar besser geworden.
Annemarie und ich beschlossen weiter zu radeln, zu den Sanddünen von Mui Ne, dann nördlich in die Berge nach Dalat und ständig Richtung Norden bis zur Königsstadt Hue. Insgesamt haben wir überwiegend neugierige, freundliche Kinder und Menschen getroffen und kennengelernt und einige Liter köstlich schmeckenden Eismilchkaffee getrunken. Es ist ein ständiger Rhythmus mit den auf-und ab des Gewichtes, dass ist das Radfahrerleben, „sich Kalorien anfuttern um diese wieder abzustrampeln."
Nach weiteren 1000 Kilometer, das " Aus" fürs Radfahren!
Annemarie und ich haben am 2.9.2006 von Ho Chi Minh City ein Trosifol-(Tragflügel) Schnellboot über einen Nebenarm des Mekong genommen. Innerhalb von zwei Stunden waren wir an der Küste in Vung Dau. Es war sehr heiß und weit über 40 Grad. Bei unserer Unterkunftsuche stellten wir fest, dass die Preise von etwa sechs Euro auf fast das Zehnfache gestiegen sind. Heute war Nationalfeiertag, Tag der Befreiung von den Franzosen und ganz Vietnam hatte frei und fuhr raus zu den Stränden. Es waren 100.000 von Menschen am Strand, unvorstellbar voll. So etwas hatten wir beide noch nicht erlebt und gesehen.
Unsere Unterkunft suchten wir etliche Kilometer entfernt vom Strand, wo das

Hotel 15,- Euro die Nacht gekostet hat. Annemarie radelte am selben späten Nachmittag noch zu einer riesigen Jesus Statue, ich war zu müde und kaputt der grossen Hitze wegen.
Am folgenden Morgen machte ich eine kleine Radtour ins Umfeld und besuchte auch die Übergrosse Jesus Statue, von der Annemarie abends zuvor hellauf begeistert erzählt hatte.
Die Jesus Statue war auf einen Berg, über 1000 Treppenstufen gelangte man zur Spitze. In der späten Mittagshitze und Sonne bestieg ich den Berg um anschließend innerhalb der Statue hinaufzusteigen und den grandiosen Blick über das Meer, der Küste zu genießen und in Fotos festzuhalten. Am Nachmittag war ich wieder im Hotel zurück, gegen Abend bekam ich Fieber, Magenerbrechen-und Kreislaufprobleme.
Der Hotelbesitzer gab mir Tabletten, die das Fieber senkten und ein befreundeter Arzt eine Spritze von der ich fast einen Kreislaufzusammenbruch erlitt.
Mit Annemaries Hilfe und einem Taxi habe ich mich in das Vung Dau Krankenhaus fahren lassen, ich bekam fürchterlichen Durchfall und Magenerbrechen. Man behielt mich über Nacht dort und machte einen kompletten Check, Stunden später hieß es, ich hätte Dengue-Fieber!
Am anderen Morgen, bei der Visite teilte man mir mit, dass ich nur Fieber habe, vermutlich wegen Überanstrengung in großer Hitze.
„Was denn nun?“
Ich trage immer eine Kopfbedeckung als Sonnenschutz, auch gewöhnte ich mir an, bei Hitze reichlich Wasser zu trinken (8-15Liter), keine Ahnung was mit mir geschah. Die Gesundheitlichen Beschwerden verschwanden nach einigen Tagen und es konnte mit dem radeln weitergehen.
Der großen Hitze wegen, starteten wir oft schon um sechs Uhr morgens um die ersten 30 Kilometer bei angenehmen Temperaturen hinter uns zu bringen. Bevor ab neun Uhr, die große Hitzewelle kam und es für mich unerträglich war zu radeln, der Schweiß lief in strömen.
Wenn ich eine Minute stillstand, konnte man meinen herunter gelaufenen Schweiß als Pfütze auf dem Boden sehen. Innerhalb weniger Tage verlor ich etwa 5 Kilogramm Körpergewicht. Zudem konnte ich Essen, soviel ich wollte und hatte immer noch kein Sättigunggefühl. Komisch, entgegen dem Motorradreisen war es mir der Temperatur wegen zu warm um zu essen. Beim radeln konnte ich nicht genug zu essen bekommen. Lag es an der Nudelsuppe, morgens, mittags und abends. Auf Fleisch verzichtete ich immer noch, „weil es mir zu fettig und unappetitlich aussah, vor allem woher stammte es.“ Vom Hund, Affen, Katze, Meerschweinchen, nein Danke, vorerst nicht.

Unsere Strecke ging von Vung Dau über Ho Tram nach La Gi, immer auf Nebenstrecken der Küste folgend entlang. Wir mochten es, nur wenig Verkehr, keine Huperei und sonstigen Lärm um die Ohren zu haben. Umso intensiver haben wir die Eindrücke um uns herum wahrnehmen und genießen können.
Oft legten wir Pausen ein um zu Trinken und Essen, der vietnamesische Kaffee ist einmalig. Ich bin zwar erst mit meinem 35.igsten Lebensjahr zum Kaffeetrinken gekommen, aber ich kann beurteilen, dass es mit Abständen einer der besten Kaffees weltweit ist. In den netten kleinen Kaffeehäusern kamen wir leicht mit der Einheimischen Bevölkerung zusammen, nur haperte es oft an der Sprachverständigung. Wir erlebten nette Begegnungen und wurden manchmal kostenlos auf ein Reisgericht eingeladen.
In Van Ke, wo es den höchsten (54 m) und ältesten Leuchtturm, von 1898 gab, blieben wir im Blue-World-Ressort für zwei Nächte. Die Verhandlungen bei dem Zimmerpreis erwiesen sich immer schwierig. Touristen, speziell hellhäutige werden als finanziell gut betucht angesehen, man zahlt immer und überall einen Aufpreis.
Phan Thiet, Mui Ne, direkt am Südchinesischen Meer gelegen, auch die Sahara von Vietnam genannt, besuchten wir für mehrere Tage. Die Weißen und Gelben Sanddünen mit einer Höhe von 80 Metern sind sehr beeindruckend und eine Abwechselung.
Von Mui Ne aus radelten wir über ruhige leere Küstenstraßen langsam ins bergige Hinterland nach Luong Son.
Ab Luong Son ging es langsam stets bergauf, bis auf knapp 1000 Meter-Passhöhe. Wobei wir fast 12 Kilometer eine 7% Prozentige Steigung, geschoben haben. Am Coughar Wasserfall, etwa 50 Kilometer vor Dalat blieben wir über Nacht, um uns von der Anstrengung zu erholen, bevor es über weitere Bergaufetappen nach Dalat geht. Annemarie hat mehr Radel-power als ich. Sie ist nicht so geschwächt wie ich bei den Bergetappen. Hier wurde mir wieder bewusst, das ich Asthmatiker bin und nur eine Lungenleistung von 70 Prozent zur Verfügung habe, mir blieb regelrecht die Luft zum Atmen weg.
Am nächsten Tag ging es nach Dalat, die ersten 40 Kilometer mehr bergab wie auf und angenehm zu radeln. Aber die letzten zehn Kilometer vor Dalat,“ nur bergauf in der großen Hitze waren zu viel für mich.“ Ich merkte, dass ich wieder Fieber und Magenerbrechen bekam. Es deutete sich wieder eine körperliche Überanstrengung an. Auch bemerkte ich, „dass meine Beine, Tage zuvor leicht geschwollen“ waren und ich reichlich entzündete, eitrige Moskitostiche an diesen hatte.
Die letzten acht Kilometer vor Dalat, stoppte ich einen LKW der mich samt

Fahrrad auf den Pass brachte, wo ich auf Bikeranne wartete. Ich war nicht mehr imstande selbst zu radeln. Außerdem hatte ich zuvor am Prenn Wasserfall Schüttelfrost, mir war sehr kalt trotz langer Kleidung und einem Regenponcho den ich mir überzog.
Annemarie radelte vor und suchte ein Zimmer für uns in Dalat. Sie wollte mich und mein Fahrrad mit einem Mopedtaxi später abholen. Mit der Hotelangestellte kam Annemarie zurück, allerdings auf einem Motorrad.
Annemarie radelte mit meinem Fahrrad zur Unterkunft zurück, während ich auf dem Sozius des Motorrades stieg.
Mir war kotzübel, mein Schädel schien platzen zu wollen, Fieber und Schüttelfrost kamen hinzu. Ich musste schnurstracks in die Waagerechte, ab ins Bett. Trotz Besuch des Krankenhauses in Dalat besserte sich auch nach zwei Tagen mein Gesundheitszustand nicht.

Am 26.9.2006 fiel mein Entschluss, das Radfahren in Vietnam einzustellen!

Ich teilte Annemarie meine Entscheidung mit. Nach drei Monaten gemeinsamen radeln in Vietnam, fiel der Abschied schwer. Ich musste schnell nach Saigon, um mich in einen ausländischen Krankenhaus richtig untersuchen zu lassen. Es muss eine Erklärung für das Fieber, Erbrechen und den Schüttelfrost geben.
Am nächsten Tag kaufte ich ein Busticket zurück nach Saigon, inklusive Fahrrad für 5,- Euro. Nun hieß es sieben Stunden Höllenfahrt, in den Ortschaften ging es mit 60 Kilometer die Stunde hupend durch. Außerhalb der Ortschaft schleichend mit 50 Kilometer. Bei freier Strecke, ich Verstand nichts mehr, „die denken hier anders!“
Ich saß direkt hinter dem Busfahrer. Auf meiner Frage, warum er außerhalb so langsam fahre und innerhalb der Ortschaften Lebensgefährliche viel zu schnelle Überholmanöver hinlegt. Antwortete er mir; innerhalb von Ortschaften werden keine Geschwindigkeits-Kontrollen gemacht. Die Angst ist groß um auf freier Strecke außerhalb der Orte geblitzt zu werden, deshalb schleicht jeder.
Am Abend in Saigon angelangt, begab ich mich samt Fahrrad sofort in das von ausländischen Ärzten geführte SOS-International Krankenhaus.
Dort war man entsetzt über meine dick geschwollenen und rot Entzündeten Beine. Ich konnte kaum laufen, mit meiner Auslandskrankenschutz- Versicherung bei dem ADAC, klärte ich telefonisch ab was los war. Man sagte mir umgehend Deckung zu, nachdem man mit einem der Ärzte gesprochen hatte.

Alles wurde gecheckt ,mein Blut ist OK, kein Malaria oder Dengue Fieber. Nur eine extrem tiefe Entzündung in den Beinen wie sie äußerst selten vorkommt.
Eine Woche lang konnte und durfte ich nicht laufen, bekam täglich am Nachmittag eine dicke Spritze, die Schwellung und Entzündung ging langsam zurück. Nach einer Woche ging es mir besser und ich konnte wieder laufen. Für weitere sieben Tage, musste ich täglich vier Antibiotika Tabletten schlucken. Kosten von über 1000 US-Dollar waren fällig. Da sieht man wie wichtig eine gute Auslandskrankenschutz-Versicherung für Langzeitreisende ist.
Hervorgerufen wurde alles wegen Überanstrengung beim radeln, die Moskitostiche haben sich durch Schmutzeinwirkung entzündet und mein geschwächtes Immunsystem war leicht angreifbar für Bakterien aller Art.
Mein Entschluss stand aber fest, „ich stoppe das Fahrradfahren“ in Vietnam. Nach zwei Tagen suche , fand ich “**das kleine blaue Wunder,“** die Bonus. Made in Taiwan, 125 ccm, Elektro-und Kickstarter und einen zwölf Liter Tank. Ich konnte mit meinen langen Beinen gut damit fahren, somal ein recht hoher Chopper-Lenker montiert war.
Ein Helm und Regenponcho besorgte ich mir auf den Markt. Nun konnte es mit einem Verbrauch von 2,5 Liter auf 100 Kilometer wieder auf die Reise gehen. „Meine Krankheit ist längst wieder vergessen.“ Es ging zurück nach Dalat in die Berge, wo ich mich zwei Wochen zuvor von Annemarie verabschiedet habe. Ein ganz anderes Gefühl wie mit dem Fahrrad und meiner BMW.
Mit Motorkraft, aber völlig untermotorisiert ging es manchmal nur im ersten Gang völlig schiebefrei den Berg hinauf. So manchesmal musste ich wieder umdrehen und mit Schwung hinauf, mein Körpergewicht von etwa 100 Kilogramm und all das Gepäck, waren doch zu viel für dieses “kleine blaue Wunder“ wie ich Sie jetzt nannte. Keine Erschöpfungzustände mehr und frei wie ein Vogel bewegte ich mich mit 40 bis 60 Kilometer die Stunde vorwärts. Langsam genug, um wie beim Radfahren mit den Menschen entlang meiner Route in Kontakt zu kommen. Der Highway 14, über den sogenannten Ho Chi Minh Trail bin ich in den Bergen, entlang des Grenzgebietes zu Laos gefahren. Mir viel dabei auf, dass es ein großes Problem mit dem Alkohol gibt. Bier wird in Unmengen getrunken, auch am helllichten Tag, viele Menschen haben keine Arbeit und sind vor Langeweile dem Alkohol verfallen, dieser ist billig.
80 Prozent der Bevölkerung sind unter 25 Jahre alt, ein wirklich großes Problem ist auch die Arbeitslosigkeit.
Die Geldautomaten (ATM) in Vietnam geben mir auf meiner Maestro- Karte

nur 2 Millionen Dong (100,- Euro) heraus.
Der legendäre Ho Chi Minh Trail, eine bergige neu asphaltierte Strecke zieht sich durch das Hinterland und ist Verkehrsmäßig schön zu befahren. Parallel dazu, fahren 95% Prozent der Fahrzeuge auf der Küstenstraße. Die Städte Dalat, Buon Ma Thuot, Kontum und Phuoc Son waren mein Ziel. Dalat auf 1500 Meter Höhe gelegen, ist mit seinen alten Bahnhofsgebäude, dem Crazy-Haus, nachempfunden aus Alice dem Wunderland und die herrliche Linh Phuoc Pageode, schönste in Vietnam, eine angenehme Stadt um einige Tage zu verruhen. Die Pinkfarbene Dalat Kathedrale und Bao Dais Sommerpalast, waren beeindruckende Sehenswürdigkeiten die mich trotz des häufigen starken Regens entschädigten.
Die anderen Städte entlang des Ho Chi Minh Trails entschädigten mit alten Holzkirchen und riesigen Denkmälern aus der Kriegszeit. Zur Erinnerung an die Glorreiche Zeit über die Amerikaner und die Befreiungzeit gegenüber den Franzosen. Deshalb auch noch die allmorgendliche Beschallung mit Lautsprechern.
Morgens ab sechs Uhr, wird die Bevölkerung samt Touristen mit irgendwelchen Reden geweckt. Alles wird wach, ich empfand es als Terror morgens schon damit geweckt zu werden, der Krieg ist aus und vorbei. Weshalb also diese „Beschallungsanlagen ?“
Das nahe gelegene Südchinesische Meer ist oft wellig, aufgewühlt, dreckig und mit Plastikbeuteln vermüllt. Auch Öl ist hier und da zu sehen, auf der Oberfläche und am Strand. Alles wirkt ungepflegt, nur die
großen Ressorts reinigen ihren Strandabschnitt vor den Hotelanlagen. Mein “kleines blaues Wunder,“ die Bonus, hielt wacker durch, zweimal ist der Kupplungszug gerissen. Ein Plattfuss hinten wurde vor Ort für 1 US- Dollar repariert. Die Federbeine tauschte ich aus, weil die Alten bei der kleinsten Unwegsamkeit durchschlugen, diese Schläge gingen bis ins Rückenmark. Der Motor läuft Top; „ein guter Kauf.“ Ich denke der Motor wäre mir bis jetzt nach etwa 1300 Kilometern auch schon um die Ohren geflogen, wenn es nicht so wäre.
Amerikaner sind hier, vor allem in den Bergregionen ungern gesehen. Der Krieg hinterließ doch haß-und unfrieden unter der Einheimischen
Bevölkerung. Man dachte immer ich sei Amerikaner, nachdem man erfuhr das ich „Europäer und Deutscher bin,“ öffneten sich die Türen!
Ich wurde kostenlos zum Essen eingeladen, ansonsten wollte man Allerei von mir und speziell die Frauen über mich erfahren. Warum ich nicht eine Vietnamesin heirate, da ich ja unverheiratet bin. Verständnislosigkeit herrschte weil

ich doch Solo bin. Weshalb wäre ich denn hergekommen nach Vietnam. Viele verbinden den Reisebesuch eines reichen Europäers, „alle Europäer sind reich,“ immer mit dem Gedanken, dass er nur herkommt um eine Vietnamesin zu heiraten.
In Hoi An traf ich Annemarie wieder. Wir verbrachten mehrere Tage zusammen. Hoi An ist 1993 von der UNESCO als Weltkulturerbe ausgeschrieben. Es ist eine zauberhafte Stadt, zwar von Touristen überlaufen, aber ein idealer Ort um einige Tage zu verweilen. Der Strand ist nicht weit entfernt, fünf Kilometer und man hat seine Ruhe vor aggressiven Straßenverkäufern die sich zu den Motorrad- und Fahrradrikscha-Taxis gesellten.
Wir schauten uns zusammen die Marble Mountains an, My Son, wo alte hinduistische Tempel aus dem sechsten Jahrhundert zu sehen waren und die Altstadt von Hoi An. Mit ihren verwinkelten Gassen und netten Kaffees die zum Ausruhen und Relaxen einladen.
Annemarie und ich beschlossen noch ein paar weitere Tage zusammen zu Reisen. Nicht weit entfernt ist Dannag und der Hai Van Pass, Long Co Beach und die alte Königsstadt Hue.
Von Ninh Binh verabschiedete ich mich von Annemarie. Sie zog es nach Halong Bay und ich wollte in die Berge um das gute Wetter zu nutzen. Unsere Wege sollten sich aber nochmals in Sapa und Hanoi kreuzen.
Der Tran Som Pass bei Sapa, ist der höchst zu befahrene Pass von Vietnam mit 2011 Metern Höhe. Eine beeindruckende schnörkelige Straße, die bei gutem Wetter so wie ich es erfahren durfte, mit einem grandiosen Blick in dieses noch sehr naturbelassene Gebiet entschädigt.
Von Ninh Binh ging es über Hoa Binh, Mai Chau, Mai Son, Sonla, Tuan und Giang nach Dien Bien Phu. Hier gibt es den nördlichsten Grenzübergang nach Laos, der aber für Touristen leider noch nicht geöffnet ist. (Stand 11-2006).
Muong Lay, Paso, Sapa, Lao Cai, Bac Ha, Coc Pai, Viet Quang, Ha Giang, Tam Son, Dong Van, Meo Vac, Bao Lac, Tuyen Quang, Thai Nguyen, nach Hanoi. Alles kleine und größere Städte mit Flair und vielen Minority People die in den Bergregionen mit ihren alten Trachten und bunten Kleidern ein Lichtblick für mich waren.
Die Bergregion im Nordwesten und Osten von Vietnam, war im November und Dezember winterlich kalt. Ich musste mich mit dicken Klamotten, Jacke, Fleece Pullover und festem Schuhwerk eindecken. Tagsüber herrschten Temperaturen von 15 bis 20 Grad, sobald die alltäglich scheinende Sonne unterging, fiel die Temperatur auf kalte minus 5 Grad herab. In Sapa, gab es an manchen Tagen nur Nebel mit Sichtweite von 5 Metern.

Wenn die Schule zu Ende ist, strömen die Schüler mit ihren Fahrrädern auf die Straßen, gegen 11.30 und um 17 Uhr, herrscht Chaos pur. Da diese ständig zu viert-oder fünft nebeneinander fahren und die Fahrbahn blockieren. Es entstehen gefährliche Situationen, ich versuche diese Zeiten im Cafe‘ zu verbringen.
Ende November ist die Rüben, Zuckerrohr, Mais und Tabakblatt- Ernte, die Felder sind voll mit Bauern und ihren altertümlichen Maschinen aus dem vorigen Jahrhundert.
In Vietnam leben etwa 54 Minderheiten, Minority People, H'mong, Dzao Montagnards(Bergbewohner) etc., zurückgezogen in Ihren Dörfern. Viele haben noch nie einen hellhäutigen bzw. Touristen gesehen. Kinder laufen weg, wenn ich zum stehen komme!
Die Kaffee Ernte bringt den Einheimischen etwa 1400 US- Dollar für eine Tonne Kaffeebohnen.
So wenig wildlebende Tiere wie in Vietnam habe ich noch nie gesehen, die Minderheiten haben die Erlaubnis alles für Ihr Überleben jagen zu dürfen. Selbst Raubvögel wurden erlegt und alles was nicht schnell genug entweichen kann. Schlangen werden grundsätzlich sofort getötet und liegen gelassen.
Dien Bien Phu nahe der Grenze zu Laos im äußersten Nordwesten von Vietnam, ist ein Geschichteträchtiger Kriegsschauplatz gewesen. Die Franzosen kapitulierten hier, der A1 Hill, Bunker, Artilleriestellungen und Panzer sind zu einem offenen Museum umfunktioniert worden. Alles befindet sich im Centrum der Stadt, sogar der Friedhof.
Von Hanoi im Norden von Vietnam flog ich für 50,- Euro nach Ho Chi Minh City zurück. Von dort bin ich dann samt meinem untergestellten Fahrrad mit dem Bus nach Phnom Penh in Kambodscha gefahren.
Ich bin hier nun am östlichsten Ende der Welt, von Deutschland aus gesehen, was das Festland betrifft!

KHI CHUA MUON
MA TUY

TRU
HAO LUOI
HA THE

Café

Kambodscha 2

Mein Gott, wie soll ich bloß mit diesem Monster, so nannten die Menschen in Laos meine BMW, hier in Phnom Penh zurecht kommen. Nach drei Monaten auf einer 125ccm Maschine in Vietnam, kam mir die BMW nach einem halben Jahr Abstinenz wirklich wie eine Monsterkuh vor.
Nachdem ich mich nach ein paar Minuten an die Kraft, breite und das Gewicht der BMW gewöhnt hatte, ließ ich mich durch den inzwischen chaotischen Feierabendverkehr in dieser Millionen Metropole treiben.
Es lag für mich seit geraumer Zeit in Phnom Penh ein Paket abholbereit. Das Reini, ein deutscher der 6 Monate pro Jahr in Kambodscha lebt und für die deutsche Firma Overcross, **www.overcross.de** hier als Tourguide tätig ist, aus Deutschland mitbrachte.
Reini erzählte mir von einer zweiwöchigen Tour durch Kambodscha, die er mit zwei Freunden, Katharina und Jens aus Dresden in den kommenden Tagen starten wollte. Das interessierte mich sehr. Er und seine Freunde Katharina und Jens hatten auch nichts dagegen, mich ihnen anzuschließen.
Allerdings nicht mit der BMW, hierfür lieh ich mir eine kleine Honda XR 250 aus. Um meine BMW zu schonen, da es auf schmalen Pisten durch Wälder über Stock-und Stein gehen sollte.
Von insgesamt etwa 2500 Kilometer, sind wir nur 800 Kilometer auf Asphalt gefahren. Der Rest war Piste, die überwiegend gut zu befahren war. Es gab schwierige sandige Abschnitte, zwischen Lumphat nach Sean Monorom und von Ratanakiri nach Mondulkiri. Ebenso von Tbäeg Meanchey nach Chheb Kandal.
Unsere Strecke sah wie folgt aus: von Phnom Penh ging es über den Highway nach Seam Reap zu Angkor Wat. Dann zu dem Tempel Banteay Srei und weiter nach Sre Noy. In Anlong Veang zu dem großen und wenig besuchten Tempel Prasat Preah Vihear, im Norden, nahe der Grenze zu Thailand.
Von Tbäng Meanchey nach Chheb Kandal und nach Stung Treng am Mekong. (siehe Karte, Seite 139)
In Ratanakiri besuchten wir Ban Lung, mit dem saubersten glasklaren und einzigen Vulkansee in Kambodscha. In meinen Augen auch die staubigste Gegend von ganz Kambodscha.
Kaoh Nheäk, Sean Monorom in Mondulkiri die bergige und kälteste Gegend in Kambodscha. Weil von dem nahegelegenen Dalat in Vietnam kalte Meeres- und Gebirgesluft herüberweht.

368 m

Jens stürzte mit der Kawasaki KLX 250 so unglücklich, dass eine Weiterfahrt aus gesundheitlichen Gründen, seiner Schmerzen wegen, nicht möglich war. Wir verluden die Motorräder auf einen Pick-Up und fuhren gemütlich über den Highway von Snoul nach Phnom Penh zurück. Weiß Gott was hätte passieren können, wenn Jens ohne Brustpanzer gefahren wäre. Einige Stellen des Protektors waren sehr eingedrückt, dieser hat ihn vor schlimmen Knochenbrüchen bewahrt.
Mit meiner BMW und dem Fahrrad hinten quer drauf, fuhr ich nach Kampot zur Küste runter. Über Kep in die Bokor-Mountains hoch, etwa 1000 Meter über den Meerespiegel, es herrschte eine angenehme Atmosphäre in den verlassenen Ruinen der einstigen Stadt aus den zwanziger Jahren. Wo damals etwa 1000 Menschen lebten.
Während den drei Monaten Aufenthalt in Kambodscha, bin ich 6000 Kilometer gefahren und habe alles gesehen, was sehenswert ist.
Da ich zeitlos Reise, gönnte ich mir einen angenehmen Aufenthalt an der Küste von Kambodscha, in Sihanoukville. Bevor es weiter ging, über die Küstenpiste nach Kho Khong um dann nach Thailand zu kommen.

Thailand 2

Der Fahrradtransport auf der BMW ging gut, nur beim überholen und in den Städten ist es manches mal sehr eng gewesen, speziell in Bangkok. Froh war ich, nach 1000 Kilometern ohne Zwischenfälle angelangt zu sein. Über eine gut ausgebaute Piste, wo man zahlreiche Flüsse mit Autofähren überquert, bin ich am späten Nachmittag an dem kleinen Grenzübergang nach Thailand angelangt. Dieser erwies sich als völlig einfache Abfertigung, selbst mein Carnet de Passage interessierte hier niemanden. Da ich ein Jahr zuvor von Laos nach Kambodscha ohne einreiste, hatte ich meine bedenken bei der Ausreise.
Es hat sich einiges in Thailand für Ausländer geändert. Das Fahrzeug durfte nur 30 Tage im Land verbleiben, ansonsten wäre eine hohe Geldstrafe fällig verstand ich. Der Zollbeamte füllte mein Carnet de Passage anstandslos aus. Das machte mich stutzig, weil das Dokument noch bis Ende des Jahres 2007 gültig geschrieben war. Warum also durfte das Motorrad dann nur 30 Tage im Land verbleiben?
Die nahegelegene Insel Ko Chang in Thailand. Hier ruhte ich eine ganze Woche aus. Mein Fahrrad transportierte ich quer über das Topcase gelegt, auf der BMW. Es hat links und rechts etwa 40 Zentimeter übergestanden. Ich erweckte viel Aufsehen bei den Einheimischen und Touristen damit. Niemand verstand diese Art zu Reisen!
Mit Motorrad und dem Fahrrad, die Leute kommen auf Ideen, las ich in deren Augen!
Von Ko Chang ging es über den Highway 3 nach Chantaburi und Rayoung zu dem thailändischen “Palma de Mallorca.“ Pattani und
Jomtien Beach. Hier bekam ich einen Schock, es ist extrem überlaufen und alles teuer. Ständiges angequatsche auf Drogen, Sex, Ganzkörpermassage und, und. Ich war mitten drin, in der Sextourismus-Szene, der Hochburg, schlimmer wie Bangkok, Phuket, Penang, Phnom Penh und alles was ich zuvor gesehen hatte. Nach einer Nacht hatte ich die Schnauze voll und verschwand Richtung Bangkok.
Bangkok lag eine halbe Tagesetappe entfernt, die BMW stellte ich bei “bkk motorcycle“ unter, wo ich ein Jahr zuvor, die defekte Kardanwelle habe auswechseln lassen. Es mussten jetzt auch wieder Simmerringe wegen eines undichten Getriebes ausgetauscht werden. Das gesamte Team erkannte mich vom letzten Jahr wieder und freute sich riesig.
Mit Minimalgepäck und dem Fahrrad radelte ich anschließend quer durch Bangkok. Um in der Sukhumvit-Village nahe der Khao San Road, am Fluss

gelegen eine annehmbare Unterkunft für die kommenden Tage der Vorbereitung für Burma zu finden.
Das Visum für Burma habe ich über eine Reiseagentur besorgt, weil bei der Botschaft ähnlich wie in Indien Chaos herrschte und nur 20 Visum pro Tag ausgestellt werden. Es dauerte zwei Tage und hat 30 US-Dollar gekostet, anstatt der normalen 18 US-Dollar. Den Flug buchte ich online über **www.Airasia.com**, inklusive zurück Flug für 115,- Euro.
15 Kilogramm Gepäck waren erlaubt, in den Bestimmungen stand auch etwas von Sportgerät (Fahrrad) bis 32 Kilogramm, was sich aber als falsch herausstellte. Letztendlich musste ich für meine 7 Kilo Mehrgepäck 20,-Euro draufzahlen.
Mit dem Sammeltaxi bin ich morgens um 5 Uhr zum Flughafen gefahren und ohne Zwischenfälle anderthalb Stunden später in Burma gelandet.

Burma

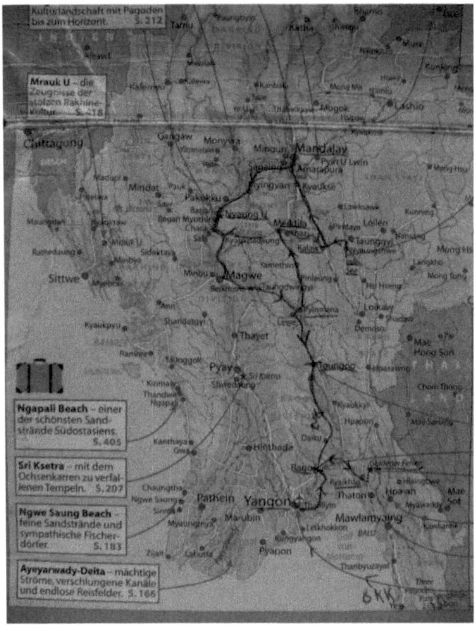

Im Land der goldenen Pageoden.
Mein Entschluss stand in Vietnam schon fest, auch dieses Land unter die Pedale zu nehmen. Trotzdem, dass es von einer Militärdiktatur regiert wird.
Das zweite "kleine blaue Wunder" erwartete mich ?
Burma ist etwa doppelt so groß wie Deutschland und hat 52 Millionen Einwohner. Die Lebenserwartung liegt bei 57 Jahren und die Säuglingssterberate pro 1000 Geborenen, bei etwa 77. Fünfzehn Prozent der Bevölkerung sind Analphabeten. Yangon, die Hauptstadt hat 5 Million und Mandalay die zweitgrößte Stadt 1 Million Bewohner. Die Namen der Flüsse sind der Thanlwin (2816 km), Ayeyarwady (700 km) und Chindwin (960 km). Der höchste Berg ist der Hkakabo Razi mit knapp 6000 Meter Höhe (5881m).
Longyi, nennt man den allgegenwärtigen Wickelrock, sowohl von Frau wie Mann landesweit getragen. Viele Gesichter werden mit einer Creme eingerieben, die Tanaka-Paste, sie kühlt die Haut und schützt vor Sonnenbrand. Die Betelnuss wird auch gekaut und so sehen die vielfach zerstörten Zähne der Bewohner auch aus.
Im Straßenbild sind viele altertümliche Busse, Jeeps, Fahrradrikschas und Ochsenfuhrwerke zu sehen. Auf jeden Meter ist der Buddhismus der den

Alltag der Menschen prägt zu spüren. Die Straßen sind oft nicht den Namen wert und manch ein Hotel oder Gasthaus verdient es nicht, so genannt zu werden. Es ist das Sagenumworbene aller südostasiatischen Länder, welches vom Tourismus noch nicht so erschlossen ist und für viele ein Weg in das Unentdeckte bleibt. Bisher stand für mich Indien an erster Stelle der Stromausfälle, aber Burma übertrifft es bei weitem. Unzählige Generatoren laufen am Abend. Die zu der ständigen Brandrodung des Dschungels dazu beitragen, dass alles im Nebel und Rauch versinkt.

Ich habe zuvor kein anderes Land bereist, wo ich so wenig Wald, so viel Rauch und unklare diesige Sichtweite hatte. Ein nachteiliger Einfluss von Devisenbeschaffung, das Teakholz wird nach China und Thailand verkauft. Wenn das so weiter geht, hat Burma in 10 Jahren keine Wälder mehr. Die vielen Edelsteinminen werden oft schon von ausländischen Firmen unterhalten. Die Goldschürfer an den Flüssen und in den Minen arbeiten fasst ausschließlich für die vielen neuen und alten zu vergoldenen Pageoden im ganzen Land. Wofür der Großteil aller Goldfunde aufgebraucht wird.

Sie sind sehr geschäftstüchtig, aus einem 20 Gramm Goldstück, das circa 1200 US-Dollar im Einkauf kostet. Machen die Goldschläger in Mandalay Blattgold für umgerechnet 4000 US- Dollar. Eine schwere körperliche Arbeit, wo das zu Paketen von etwa 7200 zusammengelegten Blattgoldpapieren sechs Stunden lang mit einem fünf Kilogramm schweren Hammer beschlagen wird. Sodass dann das einzelne Goldpapierblättchen nicht mehr wie ein tausendstel Millimeter dick ist. Eine zudem sehr geräuschvolle Arbeit, die monoton, aber in deren Augen ein sehr anerkannter und geachteter Beruf ist.

Ein Problem in Burma ist, dass es nicht allen Gasthäusern bzw. Hotels erlaubt ist, Touristen zu beherbergen. Selbst am späten Nachmittag ankommend, wurde ich abgewiesen und musste in eine 100 Kilometer entfernte Stadt fahren, wo ich wieder Übernachten durfte.

Wegen der wenigen Übernachtungsmöglichkeiten für Touristen hielt ich folgenden Streckenverlauf ein. Die Strecke von Yangon nach Bago, dann zum Golden Rock nach Kyaikto, dort zurück nach Bago. Dann nördlich nach Toungoo und weiter nach Meiktila. Von dort östlich nach Kalaw und zum Inle See nach Nyaungshwe.

Von Nyaungshwe über Nebenstrecken nach Mandalay, dann den südwestlichen Verlauf des Ayeyarwady Fluss folgend nach Nyaung und

Bagan. Weiter südlich nach Magwe, Taungdwingyi und Pyinmana, dann zurück über Toungoo, Bago nach Yangon. Insgesamt etwa 2000 Kilometer. Drei Tage in Yangoon reichten mir um die Shwedagon (10Usd) und Sulepageode (

frei), samt aller anderen Tempel, sei es der chinesische Kheng Hock Keung (frei) am Fluss, die St. Marys Church, oder die Botaung Pageode (2Usd), ebenfalls am Yangon- River gelegen zu besichtigen. Die vergoldete Shwedagon Pageode ist ein sehr beeindruckendes Gebiet von Pageoden. Wenn man bedenkt, dass das Durchschnittsjahreseinkommen bei etwa 780 US-Dollar pro Jahr liegt. Die Weltberühmte Shwedagon-Pageode, Pilgerstätte weltweiter Buddhisten, ist mit 60 Tonnen Gold belegt und mit tausenden von Edelsteinen besetzt. Ein Ort der Meditation, Besinnung und Ruhe. Sie ist etwa 100 Meter hoch und mit 13.000 Goldplatten belegt. Ihre Geschichte geht bis vor etwa 2500 Jahren zurück. Erdbeben und Feuer zerstörten sie vielfach, mitte der 90 er Jahre wurde sie aufwendig restauriert.

Mit der Dampf Eisenbahn (circle Line) fuhr ich eine kleine Runde um Yangon, die etwa drei Stunden dauert, dazu musste ich meinen Reisepass und einen gutaussehenden 1 US-Dollar Geldschein mitbringen. Große Scheine können nicht gewechselt werden. Man bekommt einen schönen Einblick von der riesigen Stadt und den Menschen die dort mitfahren, der Zug ist immer voll.

Guten Mutes machte ich mich samt Fahrrad Richtung Bago auf, über eine Nebenstrecke parallel zur Hauptstraße. Morgens hatte ich „Null Probleme,“ 40 Kilometer in drei Stunden zu radeln. Aber im Laufe des Tages bei 40 Grad plus, merkte ich bei Steigungen, das ich einen Erbrechungsreiz bekam und mich übergeben musste. „So fing das in Vietnam auch an ?“

Am Abend in Bago bekam ich abends erhöhte Temperatur und Fieber. Von Vietnam hatte ich noch Paracetamol, fiebersenkende Tabletten die ich einnahm. Von da an war klar, das Radfahren sofort zu stoppen. Ich besichtigte am anderen Tag die Pageoden und Tempel von Bago. Die vier Buddhas von Kyaik Pun, die Shwethalyaung,- Mahazedi,- Shwegugä und die schönste aller, die Shwemawdaw Pageode, mit der 114 Meter Landeshöchsten Stupa in Burma. So langsam bewahrheitet sich, kennst Du eine Pageode kennst Du alle!

Das Land Burma hat doch mehr wie Pageoden und Tempel zu bieten. Abgesehen von den freundlichen Menschen, hoffe ich. Aber es wird mich während meines gesamten Burma Aufenthaltes immer wieder verfolgen, Stupas, Pageoden, Tempel,................!

Touristen zahlen 10 US-Dollar für ein fünf Tage gültiges Ticket als Eintrittsgeld. In meinem Gasthaus fragte ich wegen einen Bustransfer zu dem Golden Rock. Von nun an wollte ich Etappen mit dem Bus fahren. Da von März bis Ende Mai Schulferien sind, waren alle Öffentlichen Verkehrsmittel voll. Das Problem war mein Fahrrad, alle

Ladeklappen für das Gepäck unten, oben und auf dem Dach waren hoffnungslos vollgestopft mit Waren. Ich bot dem Gasthaus-Besitzer mein
Fahrrad zum Verkauf an. Der es sofort kaufte, ich wollte am nächsten Tag mit Bus oder Bahn weiterreisen. Am Abend lernte ich einen Stadtführer kennen, der mir eine Rundfahrt andrehen wollte. Ich lehnte dankend ab und frage ihn, ob ich hier ein kleines Motorrad leihen könnte. Was er bejahte, ich wurde hellhörig und ging mit ihm zu der benannten Motorradverkauf und Reparaturwerkstatt hin. Es sah gut aus, die wollten 10 US-Dollar pro Tag. Ich handelte gleich für zwei Wochen pro Tag auf 9 US-Dollar runter und entschied mich für eine der zwei vorgestellten Motorräder. Das "zweite kleine blaue Wunder. "107 ccm Chiang Jeng, " Made in China," die sollte es sein. Ob 107ccm oder 125 ccm, dass spielt bei meinen 100 Kilogramm Körpergewicht auch keine Rolle mehr.
Am Abend habe ich alles klargemacht, denn am nächsten Morgen sollte es früh losgehen. Der Gasthausbesitzer vom San-Francisco-Motel, kennt auch den Motorradvermieter. Man kann sich auch an ihn wenden, wenn man in Bago ein Fahrzeug leihen will. Der langersehnte Morgen kam und ich stellte gleich um sechs Uhr in der früh einen hinteren Platten fest.
Das Motorrad wurde am Abend zuvor ins Motel gebracht, nachdem ich eine Probefahrt machte, wurde noch das Öl gewechselt. Ein Platten, „fängt ja alles gut an." Ich bin froh, das ich im Laufe meiner Reise schon ruhiger geworden bin und alles nicht mehr so eng sehe und nehme. Auch die Antwort das der Reifenreparatur-Typ an der Straßenecke erst um neun Uhr anfängt, ließ mich locker. Dann kann ich mir eben drei Stunden Zeit lassen beim Frühstücken und dem Straßentreiben in Bago zusehen.
Es existieren zwei Brücken, wobei eine in Handarbeit überholt wird was Jahre dauern muss und der gesamte Verkehr in abwechselnder Weise von Polizisten über die eine Brücke gelotst wird. Ich konnte stundenlang dem chaotischen Treiben zusehen.
Inzwischen war neun Uhr, eine halbe Stunde später war der Reifen geflickt und es kostet 400 Kyat. 1200 Kyat sind 1 US- Dollar. Die bauen allerdings wie in Vietnam nicht das Rad aus, sondern ziehen den Reifen halb runter und den Schlauch heraus und begeben sich auf Lochsuche, dann Flicken drauf und Luft rein fertig.
Mein Weg zu dem Golden Rock, zur Stadt Kyaikto war etwa 120 Kilometer entfernt.
Mit etwa 40 Kilometer die Stunde fuhr ich durch die trockene leicht hügelige Gegend. Mittags bin ich angekommen und bezog in einer Holzhütte für 4 US-

Dollar mein Nachtquartier. Dann erkundete ich das nahe Umfeld und plante für den anderen Tag den Pilgerpfad zu laufen. Von Kinpun Camp sollte es über 15 Kilometer, von 20 Höhenmeter auf 1100 Meter hoch gehen.
Im Reiseführer schrieb man von vier bis sechs Stunden Zeitaufwand. Ich brauchte etwa achteinhalb Stunden. Oben angekommen hatte ich kurz vor dem dunkel werden nicht mehr genug Zeit den Golden Rock aus der Nähe zu sehen. Vom Golden Rock sollte es nach Toungoo gehen, die nächste Übernachtungsmöglichkeit war etwa 220 Kilometer entfernt. Auf dem Rückweg kurz vor Bago, bemerkte ich einen Leistungverlust bei meinem
" kleinen blauen Wunder," der vierte Gang fuhr sich nicht aus. Verärgert kam ich in Bago bei dem Motorradvermieter an. Er begab sich sofort an die Reparatur, irgend ein Ring bei der Halbautomatik war kaputt hieß es. Am anderen Morgen ging es nach Toungoo weiter, über Nacht wurde ein anderer Motor eingebaut der besser und Leistungsstärker war. (99ccm)
Toungoo erreichte ich am Nachmittag, eine Ärztefamilie betreibt die Myanmar Beauty Gasthäuser. Mit dem besten Frühstück in ganz Burma. Ich sah mir die alte Stadtmauer an und die Shwesandaw Pageode, der dreieinhalb Meter große Buddha dort wurde von einem Mann gespendet der sein Gewicht in Bronze aufwiegen ließ. In der Myasignon Pageode wurden 1901 von einem deutschen, Namens Jürgen zwei Bronzefiguren gestiftet, der eine Burmesin heiratete. Am folgenden Tag ging es weiter nach Meiktila, eine Stadt mit einem künstlich angelegten See, der zur Bewässerung der Reisfelder dient. Die Pageode auf dem See, Antakya Yele, lädt zum verweilen ein. Der ständige Wind, der über den See hinwegfegt läßt die Pageoden-Glocken läuten, was sehr beruhigend wirkt.
Von Meiktila ging es nach Kalaw in die Berge auf 1300 Meter. Die Strecke ging erst über Asphalt, dann nur noch über Piste und staubige Bergetappen mit zehn Zentimeter tiefen Bulldust weiter.
Kalaw, ist ein ehemaliger englischer Luftkurort mit Flair, nicht nur der angenehmen Temperaturen wegen. Viele alte Kolonialgebäude sind erhalten geblieben, auch die verschiedenartigen Menschen die hier Leben und zum alle fünf Tage stattfindenden Markt zusammen kommen, sind bewundernswert. Viele Minderheiten, wie Pa-O, Palaung und Danu, verkaufen hier ihre Feldfrüchte als einzige Geldertragsquelle um sich damit wiederum ich der Stadt Dinge des alltäglichen Lebens zu kaufen. Die Christ the King Church, die hochliegende mit schönen Blick über Kalaw gelegene Thane Taung Pageode und in der näheren Umgebung die Hnee Pageode mit einem Buddha aus Bambuskern laden zum besichtigen ein. Die Höhlenartige Shwe U Min Pageode

mit tausenden von Buddhafiguren in ihrem Höhlenartigen Inneren hat mich fasziniert. Eine Oase um Ruhe zu finden und Relaxen ist Kalaw, wo ich mich mehrere Tage aufhielt.
Von Kalaw ging es über gute Straßen nach Nyaungshwe zum Inle Lake der auf 900 Höhenmeter liegt. Die Ressorts am See sind sehr teuer, ab 80 US-Dollar aufwärts per Nacht. Nyaungshwe nur fünf Kilometer von dem See entfernt, bietet eine Vielzahl guter Unterkünfte. Ich stieg im Remember Inn ab, eine Bungalowanlage für 5 US-Dollar die Nacht, mit Strom von 18 -7 Uhr. Hier traf ich Reto wieder, ein Schweizer Radfahrer, den ich zuvor schon am Golden Rock getroffen habe. Wir machten gemeinsam eine Bootstour über den Inle See. Samt dazu gehöriger Verkaufsfahrt, bei den Webereien, den Silber-und Goldschmied. Es gab auch Longneck Women hier, einen Papier-Sonnenschirm Hersteller und zu guter letzt die Zigarrenhersteller. Ein voller Tag füllte das Programm samt Fahrt nach Indein zu dem Pageodenfeld aus dem 17. Jahrhundert. Etwa 100.000 Intha leben hier. So werden sie genannt, die Menschen die um den See leben. Jeder Reisende passiert das alte Teakholz-Kloster, namens Shwe Yaunghwe in der dazugehörigen Pageode befinden sich tausende von kleinen Nischen mit Buddhafiguren. Die Yadana Man Aung Pageode im Stadtzentrum, hat filigrane Mosaike des Shan Stils und allerlei Mitbringsel von Pilgern aus Burma. Der See ist 22 Kilometer lang und 11 Kilometer breit. Die Fischer rudern ihre Boote stehend, mit einem Bein umschlingen sie das Ruder und mit der anderen freien Hand fischen sie. Die Gärten sind als schwimmende Beete angelegt, eine mehrmalige Ernte ist jährlich möglich.
Das Chaung Kyaung Kloster auf dem See ist aus Teakholz gebaut und wird auch Kloster der springenden Katze genannt. Weil dort viele Katzen Leben, die verrückte Kunststücke machen und mit den Mönchen spielen.
Von Inle Lake fuhr ich über Nebenstrecken nach Mandalay.
Mandalay, die zweitgrößte Stadt mit einer Million Bewohner, schockte mich. Lärm, Huperei, Verkehrschaos, Staub und extremer Abgasgestank brachten mein Asthma in Gefahr. Meine Bronchien waren gereizt, ganz entgegen dem, was mir andere Traveller unterwegs auf meiner Reise von Mandalay positiv berichteten. Ich war völlig enttäuscht von dieser Stadt, trotzdem blieb ich drei Nächte um mir die Sehenswürdigkeiten wie die am Anfang beschriebenen Goldschläger anzusehen. Ebenso das größte Buch der Welt in der Kuthodaw Pageode, wo 729 Marmortafeln aufgereiht sind. Würde jemand hier täglich 8 Stunden zum Lesen herkommen, brauchte er 450 Tage um alles gelesen zu haben. Der Königspalast mit alter erhaltener Stadtmauer und Wassergraben

besichtigte ich nur von außerhalb. Von dem alten Glaspalast sind eh nur ein paar nachgebaute Holzgebäude vorhanden, heute ist es ein Militärstützpunkt, es gibt einen hohen Turm im Innern, aber die Sicht über Mandalay ist so diesig, dass es sich nicht lohnt. Zuvor war ich auf den Mandalay Berg (237m), die Sichtweite war beängstigend. Die Pageode auf dem Berg bot sich zum fotografieren an, da der Sonnenuntergang bevorstand. Aber sonst lohnt sich der mühsame Aufstieg nur bei klarem Wetter, was sehr selten ist in Mandalay.
Das Teakholz Kloster, Shwenandaw von 1782 ist das einzige erhaltene Überbleibsel des Königspalastes, auch in Mandalay sind 10 US-Dollar für Touristen fällig um die Sehenswürdigkeiten anzuschauen. Beim Kauf erhält man ein Sammel-Ticket, dass auf Verlangen gezeigt werden muss. Zum Abschluss gönnte ich mir eine Bootstour über den Ayeyarwady nach den Heiligtümern von Mingun. Eine Entspannte Fahrt um Ruhe vor der lärmenden stinkenden Stadt voller Abgase und den allabendlich eingesetzten Stromerzeugern zu gewinnen. Mingun ist ein Ort mit der größten Glocke der Welt, die fast vier Meter Höhe und fünf Meter Durchmesser hat und rund 90 Tonnen wiegt. Die Glocke von dem Moskauer Kreml ist etwas größer, aber nicht mehr funktionsfähig weil sie einen Riss hat. Die Hsinbyume-und Molmi Pageode und die Mantara Gyi Pageode auch Mingun Pageode genannt, sollte die Weltgrößte Stupa mit 152 Meter Höhe werden. Der heute noch erhaltene und größte Backsteinbau der Welt, das Grundfundament auf der die Stupa steht hat die gigantischen Maße von 72x72 m und eine Höhe von 50 Meter, ein phantastischer Ausblick bietet sich von dort oben. Natürlich nur ohne Schuhe zu betreten, der Tod des damaligen König Bodawpaya 29 Jahre nach Baubeginn (1790) ließ den Bau stoppen. Ein Erdbeben in 1839 zerstörte einen Teil des Fundaments.
Von Mandalay ging es auf sandige Pisten durch wüstenartiges-und steppenhaftes Palmenland mit zahlreichen trockenen Flussdurchfahrten.
Die schönste Strecke in Burma, ich vermisste innig meine heißgeliebte BMW. Teilweise kam es mir vor wie in Algerien. Die Wüste und trockenen Oasen mit Palmenhainen und wenige, aber liebenswerte nette und hilfsbereite ängstliche Menschen. Neugierige Kinder, die weglaufen wenn sie einen Ausländer erspähen, geschweige, wenn der diese noch Fotografieren will.
Die Pageoden Landschaft in Bagan ist mein Abschluss der Reise, denn von hier aus habe ich nur wenige Tage Zeit, bis nach Bago zurück zukommen und das Motorrad abzugeben.Bagan ist ein circa 40 Quadratkilometer großes Tempelgelände, neben Angkor Wat in Kambodscha und Borobudur in Indonesien mit einer architektonischen Gebäudefülle von mehr als 2230 Tempeln. Meist

aus Ziegelstein , 911 Tempel, 415 Kloster, 524 Stupas, 31 Schreine, Bibliotheken und Ordination- Hallen etc. ein unvorstellbares Gebiet. Ganz besonders beim Sonnenuntergang, ein fast lebendiges Arenal, wenn da nicht die völlige Stille wäre und kaum Touristen und Einheimische. Jeder Herrscher, Fürst, König von Burma hat hier in 250 Jahren ein religiöses Heiligtum seiner Macht bauen lassen. Die vielen kulturellen Einflüsse sind auch in den verschiedenartigen Gebäuden zu erkennen. Ebenso sind auch Malereien vorhanden und einige Mosaikarbeiten, allerdings sollte man ein Fortbewegungsmittel haben, da es sehr heiß in diesem Gebiet ist und alles weit verstreut auseinander liegt. Unbedingt sollte auch eine Taschenlampe mitgebracht werden, die Ananda ist der prächtigste Kultbau, der höchste Tempelbau ist Thatbyinnyu mit 61 Meter. Die schönste Aussicht hat man von der Shwesandaw Pageode. Nanpaya hat die feinsten noch erhaltenen Sandsteinreliefs, während Gubyaukgyi die besten Malereien hat. Die filigransten Wandbilder hat Payathonzu und Manuha hat die ungewöhnlichsten Buddha.
Dieses sind die Highlights von Bagan, ein Muss für jeden der den beschwerlichen Weg hierher unternimmt.
Von hier ging es südöstlich nach Kyaukpadaung, zum Mount Popa, ein Vulkankegel mit etwa 1580 Meter Höhe. Ein heiliger Tempel, der ganzjährig von Pilgern besucht wird befindet sich auf der Spitze. Wegen der sehr schlechten Sicht beließ ich es bei einem Blick aus der Ferne. Weiter südlich kreuzte ich die unbedeutende Stadt Magwe, außer ein paar Villen an der Strandroad aus der Kolonialzeit gibt es hier absolut nichts zu sehen. Einige Speichen brachen wegen der schlechten Straßen und wieder bekam ich einen Plattfuß (Nr. 9), in Taungdwingyi ließ sich der Schaden beheben. Zuvor durchfuhr ich Beikthano wo Ruinen der ältesten Pyu Stadt zu finden sind. Anschließend ging es über Pyinmana nach Tougoo, die Strecke fuhr ich schon hoch. Wieder legte ich eine Übernachtung mit dem besten Frühstück in Burma ein. Beim Myanmar Beauty Gasthaus 2, dort entschloss ich mich, samt "blauen Wunder" per Eisenbahn am anderen Tag nach Bago zu fahren. 210 Kilometer für etwa 7 US-Dollar, es ging mit fast vier Stunden Verspätung los. Ein übervoller Zug, der trotz extremer Federungsdurchschläge und Schaukelei nicht aus den Schienen sprang. Nach fünf Stunden war ich in Bago, dort fuhr ich zum San-Francisco-Motel, blieb noch eine Nacht. Zahlte das restliche Mietgeld für das zweite "kleine blaue Wunder" und fuhr am anderen Tag mit dem Bus nach Yangon. Wo ich noch anderthalb Tage verweilen konnte um mich etwas zu entspannen.
Mein Fazit, 28 Tage für Burma sind definitiv zu kurz.

NIVEA

Thailand 3

Volker Krämer, ein viel gereister deutscher aus Düsseldorf. Den ich 2006 in Nordvietnam mit Annemarie Klein kennenlernte, traf ich in Phuket wieder. So war es abgesprochen. Volker brachte mir einige Teile aus Deutschland für die BMW mit. Sowie zerschmolzene Oster-Überraschungen von meinen lieben daheimgebliebenen Reisepaten und Freunden, Doris und Peter Tennigkeit, VA- Peter und Wolfgang Schiedeck. Vielen lieben Dank dafür, es war echt eine Überraschung.
In Phuket fand das Songkran (Wasserfestival), das Neujahresfest der Thailänder statt. Die Bike-Week in Patong-Beach, erwies sich als nicht so interessant wie in 2006. Es mangelte an Motorrädern, leider lag ich mehrere Tage wegen Fieber im Bett. Verursacht durch eine Autobahnfahrt mit 120 Kilometer die Stunde von Bangkok nach Phuket. Etwa 1000 Kilometer in anderthalb Tagen. Der Reißverschluss meiner Motorradjacke war defekt. Ich fuhr mit offener Jacke und ohne Nierengurt, was ich als angenehm empfand bei 40fGrad plus. Am folgenden Tag bekam ich Nierenschmerzen. Tags darauf dann noch Fieber und konnte dank Volker, der Krankenpfleger ist, mit Antibiotika, alles innerhalb von zwei Tagen in den Griff bekommen. Eigentlich sollte er mit mir an der Phuket-Bike-Rundfahrt teilnehmen, aber ich fühlte mich noch zu schwach um zu fahren.
Nach Phuket, wo ich mich eine Woche aufhielt fuhr ich zur Ostküste. Nach Nakhon Si Thammarat, Songkhla und Pattani. Es herrschte nur wenig Tourismus auf dieser Seite von Thailand. Ich fand ruhige Ecken mit eigenen Strand, aber irgendwie zog es mich weiter nach Malaysia. Narathiwat und die Grenzstadt Sungai Kolok waren die letzten Stationen in Thailand.
Die Ausreise über Sungai Kolok, bereitete beim Zoll Schwierigkeiten. Mein Carnet de Passage, das International anerkannte Grenzdokument für Fahrzeuggrenzverkehr hat man nicht abgestempelt. Die BMW ist seit 18 Tagen unberechtigt in Thailand, 30 Tage sind nur erlaubt hieß es.
180.000 Baht Strafgebühr sollte ich zahlen, dass sind etwa 2800,- Euro. Die Gesetze wurden geändert, mein Zolldokument war zwar bis Ende des Jahres gültig, es wurde bei der Einreise auch abgestempelt; nun hatte man es nicht mehr für die Ausreise abstempeln wollen. Auch meine Erklärung, das ich zwischendurch in Burma war, interessierte niemanden.
Die Reparaturrechnung vom Motorradhändler in Bangkok, half auch nichts. Es ging hier um Geld, korrupte Beamte. Mein Vorsprechen bei dem Chef brachte ebenso wenig. Es kam schnell zu Wort, dass man 1000 Baht haben will!

Dann gebe es keine Probleme mit der Abstempelung des Zolldokument. Ich kämpfte mit mir selbst, einfach ohne auszureisen. Dann besann ich mich und zahlte mehr unfreiwillig, wie freiwillig diesen Betrag von etwa 20,- Euro. Man gab mir auf Anfrage sogar eine Quittung dafür.
Für alle Unwissenden;“ mit der Ausstellung eines Carnet de Passage,“ zahlt man in Deutschland beim ADAC eine Kaution von 3000,- Euro
(Fahrzeugwert abhängig). Dies ist als Sicherheitsleistung dafür gedacht, dass wenn mein eingeführtes Fahrzeug das Land nicht verlässt der Zoll diese Summe vom ADAC anfordert.
Thailand ist für mich nur ein Transitland nach Malaysia gewesen. Letztes Jahr hielt ich mich hier länger auf und sah mir alle Sehenswürdigkeiten an.
Nun stellte ich fest, dass es hier an der Ostküste nur wenig interessantes anzusehen gibt.
Meine Tagesetappen lagen bei 300 Kilometer, die Straßen sind ausgezeichnet gut und es macht Spaß hier zu fahren.
Mein Hinterreifen ist zu 60% Prozent abgefahren. In Malaysia will ich Ersatz auftreiben, was sicherlich einfacher ist wie in Indonesien.

Malaysia 2

Die gefahrene Strecke in Malaysia setzte ich von Thailand kommend über der Ostküste südlich fort. Der Grenzübergang Rantau Panjang, erwies sich auf Malaysia Seite als sehr schnelle Abfertigung. Der Weg nach Khota Bharu war gut ausgeschildert. Das Islamische Museum, der Strand of Moonlight, ein Basar namens Buluh Kubu und der Merdeka Square waren Zeitvertreib für mich. Hier fand am 31. August 1957 die Deklaration der Wiedervereinigung statt, in der Istana Balai Besar Palasthalle.
Der Küste folgend, wo es nur wenig Übernachtungsmöglichkeiten und keinerlei Touristen gab, ließ ich mich einige Nächte am Strand in meinen Zelt nieder. Jeden Abend zogen lange, starke Gewitter auf und die neugierigen Einheimischen am Tage verschwanden auch wieder. Ich stellte fest, mit wie wenig Trink-und Gebrauchswasser man doch auskommen kann, wenn man muss!
Der schönen Küste Malaysias folgte ich über Kuala Terengganu nach Rantau Abang. Hier gibt es die seltenen Lederrücken Schildkröten, die zum Eier ablegen herkommen. Dies geschieht nur an fünf weiteren Orten weltweit. Der Strand ist dort total verdreckt und vermüllt. Das dazugehörige Touristencenter und Schildkröten Museum war geschlossen und befindet sich unter Restaurierung (April-2007). Einheimische teilten mir mit, dass in 2006 nur zwei von den Lederrücken-Schildkröten zum Eierablegen dorthin zurückkehrten. Wahrscheinlich haben von tausenden Eiern, nur jeweils zwei Stück nach dem Schlüpfen überlebt.
Schade, aber im Laufe der weltweiten Umweltverschmutzung und Belastung der Ozeane durch die Industrie. Zerstörte Ölplattformen wie BP im Golf von Mexiko in 2010, Ölverklappung auf offener See und den Menschen, die die Eier ausgraben und als Delikatesse verkaufen und essen. Wird es in Zukunft noch seltener sein diese Schildkröten in freier Natur zu sehen.
Der touristische kleine Ort Cherating Beach, mit günstigen Bungalows am Strand, hielt mich ebenfalls einige Tage zum ausruhen fest. Dann ging es in großen Schritten südlich nach Johor Bahru. Die Ostküste ist noch sehr untouristisch, keine großen Ressorts, nur im Süden bei Desaru Beach ist es voll von Hotels. Das nahegelegene Singapur mit seinen wohlhabenden Bewohnern macht es den Einheimischen einfach hierher zukommen. Fähren verbinden die kurzen Wasserwege mit dem Land. Johor Bahru, das Tor nach Singapur, ich sah mir die Skyline aus der Ferne an. Singapur selbst ist sehr teuer, die Übernachtungskosten astronomisch hoch, deshalb zog ich es vor an die Westküste von Malaysia nach Melakka zu fahren. Dort soll die Möglichkeit in 2006 be-

standen haben, das Motorrad mit einer Personenfähre auf günstigem Weg nach Indonesien zu bringen.
Melakka ist die reizvollste aller Malayischen Städte für mich. Das alte Niederländische Viertel mit dem Stadthaus von 1641, St. John's Festung aus dem 18. Jahrhundert. Bukit China mit dem größten Chinesischen Friedhof außerhalb China. Der nachgebaute Sultanspalast, die St. Francis Xavier's Church von 1849 und aus der Portugiesen Zeit das Porta de Santiago auch A-Famosa genannt. Das einzige Tor als Überbleibsel der alten Festungsanlage aus dem Jahr 1511, sowie der Portugiesische Platz, Mini Lissabon genannt, liegen direkt am Meer. Das Marinemuseum mit der nachgebauten berühmten "Flor De La Mar," einem Frachtschiff aus dem 14. Jahrhundert in voller Lebensgröße sah ich mir auch noch an. Etwa eine Woche hielt ich mich in dieser Stadt mit Flair auf. Die Information, von hier mit der Personenfähre samt Motorrad nach Dumai in Indonesien zu kommen war nicht mehr gegeben. Der Zoll und die Polizei würden die Fähre in Indonesien blockieren, falls nochmals ein Krad auf diesem Weg herüberkommt, hieß es.
Mein nächstes Ziel war Kuala Lumphur, ein Jahr zuvor war ich schon hier und fand mich gut zurecht.
Kuala Lumphur, dank Hilfe von BMW-Motorcycle Bavaria, fand ich bei Sunny, der große Motorräder hat und auch repariert, einen Michelin-Sirac Hinterreifen für etwa 70,- Euro. Die Stadt Kuala Lumpur ist mit ihren riesigen Hochhäusern und dem Skytrain eine Stadt die Zukunftweisend ist. Man findet sich mit eigenem Fahrzeug sehr gut zurecht. Ich blieb nur drei Tage da ich alles schon vom letzten Jahr kannte. Somal mein Motorrad wieder aufgebrochen wurde und Sachen im Wert von etwa 50 US- Dollar gestohlen worden sind.
Der zweite Diebstahl nach fast zwei Jahren reisen fand statt. Wieder wurde das Topcase aufgebrochen und eine Hängematte, Thermo- Edelstahltrinkbecher, ein Ratschenspanngurt und anderes Kleinzeug entwendet. Meine Trekkingschuhe, waren den Dieben mit Schuhgröße 47 anscheinend zu groß.
Diese fand ich auf dem Boden wieder, noch größer als der Geldwertverlust, ist die Beschädigung meines Topcases aus Aluminium. Ein sicheres Verschließen ist nicht mehr möglich und für Diebe ein leichtes, es wieder aufzubrechen. Die Polizei hatte ich informiert weil die BMW zehn Meter im Flur des Gasthauses vor dem Fahrstuhl gestanden hat und der Rezeptionsmensch vom Backpacker 24 Stunden einen Blick darauf werfen konnte, über einer Videoüberwachungskamera. Außer einem Protokoll passierte nichts. Wie auch, in einer 5 Millionenstadt gibt es ganz andere Diebstähle. Wem interessiert, der kleine Diebstahl eines Motorradreisenden.

Ich wollte schnell weg, mit den Reifen im Gepäck ging es im starken Regen Richtung Cameron Highlands.
Eine Abkühlung, bei Temperaturen von über 40 Grad, hier in den Bergen auf 1500 Meter Höhe herrschten nur 25 Grad und erst gegen Abend wurde es kühler. Ich unternahm zahlreiche Trekkingkurztouren mit den deutschen Uschi und Peter, die einige Jahre in Kambodscha beruflich zu tun haben und der dortigen Hitze entflohen sind.
In den Bergen der Cameron Highlands wird überall Tee, Obst und Gemüse angebaut. Ganz Malaysia und das umliegende Ausland wird von hieraus mit Frischware beliefert. Malaysia hat sehr gut asphaltierte Straßen. Die besten in ganz Asien, es macht echt Spaß die Kuh wieder aufdrehen zu können und die Reifen rund zu fahren. Inzwischen war ich schon vier Wochen in Malaysia, jetzt ging es nach Penjang, die größte malaysische Insel. Hier traf ich Overländer mit einem Landrover aus England, **www.nessiesadventures.com** und die Deutschen **www.aroundtravell.de** mit Iveco Umbau. Wir verbrachten eine Nacht am Strand zusammen, etwa 20 Kilometer von Georgetown bei Teluk Bahang. Nahe der größten tropischen Fruchtfarm Malaysias auf der über 200 tropische Fruchtarten wachsen. Danke für die Verköstigung mit europäischem Essen. Wir hatten schöne Unterhaltungen von Globetrotter-Erlebnissen mit unseren verschiedenartigen Reisegefährten.
Penang ist mit dem Festland über der dritt längsten Brücke Asiens verbunden. Dreieinhalb Kilometer lang, diese wurde 1988 eröffnet. Ich musste für das Motorrad 1 Euro Maut zahlen.
Der Schlangentempel von 1850, der Kek Lok Si Tempel 1890, größter und schönster in Süd-Ostasien, ein Mix aus China-Thailand-und Burma Bauweise. Mit seiner 30 Meter hohen Pageode und 10.000 von Buddhafiguren.
Der Berg in Penjang, ist 830 Meter hoch und kann mit einer Zahnradbahn aus dem Jahre 1922 erklommen werden. Ein schöner Rundumblick bietet sich von oben über Georgetown.
Die Verschiffung von Malaysia nach Indonesien fand in Butterworth vom Festland aus statt. Das Motorrad wird per Kran auf einen Zwiebelfrachter gehoben und dann über Nacht nach Belawan in Indonesien, etwa 25 Kilometer vor Medan im Frachthafen entladen. Ich traf bei der Frachtagentur Cakra- Shipping noch einen weiteren Motorradfahrer aus England, mit seiner Yamaha TDM 900, **www.on-twowheels.blogspot./** , der auch nach Indonesien wollte. Ein Mitarbeiter von Cakra- Shipping begleitete uns mit seinem kleinen Motorrad zu den Behördengängen. Alles verlief problemlos.

Malaysia wurde von vielen Herrschern besetzt und regiert. Das einstige Sultanreich wurde von den Portugiesen um 1511, den Niederländern in 1641, den Engländern etwa 1824, den Chinesen 1845 und die Japaner 1924 verwaltet. Erst 1957 erhielt es seine Unabhängigkeit und Eigenständigkeit zurück. Die vielen unterschiedlichen Völker hinterließen Spuren, historische Gebäude und Einflüsse die im vielfaltigen Essen und den Menschen zu sehen sind. Ein buntes Volk, dass sehr nett, hilfreich und zuvorkommend ist und nicht nur auf das Geld des Touristen aus ist. Für viel Hilfe und Dienstleistungen brauchte ich nichts zu zahlen.
Fast alle Städte haben Chinesische-Viertel, mit engen Gassen und Läden, eine eigene Stadt in der Stadt. Die Chinesen leben unter ihres gleichen, ähnlich in Deutschland, wo sich die verschiedenen Völkergruppen unter sich, in eigenen vierteln niedergelassen haben.
Die Religion ist islamisch, hinduistisch und animistisch. Malaysia hat den Welt ältesten tropischen Regenwald und viele spektakuläre Höhlensysteme. Eine Mixtur aus schönen leeren Stränden, exotischen Tempeln, Gebäuden, Kirchen und Städten. Es läßt sich günstig Reisen, 1 Liter Benzin kostet etwa 50 Eurocent, die Übernachtungspreise liegen bei etwa 4,- bis 8,- Euro. Eine reichhaltige Mahlzeit gibt es schon für 1,- bis 3,- Euro. Die Straßen sind gut geteert, selbst entlegene Gebiete in den Bergen sind durchwegs auf Asphalt zu bereisen. Pisten zu finden war schwer für mich, selbst Nebenstrecken kann man mit ruhigen Gewissen bereisen. Die Sicherheitsituation ist gut, viele Kontrollen auf der Straße erwecken bei den Verkehrsraudies Angst, so dass es selbst auf der Straße gesittet zugeht. Eine gute Wegweisung und Ausschilderung macht das Reisen einfach. Europäer erhalten bei Ankunft ein kostenloses 90 Tage gültiges Visum, dass ausreichend ist, somal ich mich nur auf dem Festland bewegt habe. Borneo mit Sarawak und Sabah sind auch noch unter malaysischer Hand, für mich unerreichbar, das Motorrad hätte verschifft werden müssen!

CHRIST CHURCH MELAKA

Indonesien

Sumatra

Eine Personenfähre brachte mich in sechs Stunden von Malaysia nach Indonesien. Die Zollformalitäten im Hafen von Belawan haben eine Stunde gedauert. Papier und Lagerhausgebühren von 30 US-Dollar fielen an. Ein Liter Benzin auf Sumatra kostet etwa 4500 Indonesische Rupie, etwa vierzig Eurocent. Preise von denen man in Deutschland träumt!
Sumatra ist die größte Insel der Welt. Indonesien ein riesiges Reich an ethnischen, kulturellen, tropischen Lifestyle, mit über 500 Sprachen und Dialekten, die dort gesprochen werden. Zudem gibt es etwa 17.000 Inseln und eine Bevölkerung die weit mehr wie 200.000.000 Menschen eine Heimat bietet. Die Religion ist überwiegend moslemisch, es ist die größte islamische Nation, weltweit. Die Jahresdurchschnittstemperatur liegt bei 21 bis 33 Grad.
1999 hat sich Timor in West- und Ost geteilt. West ist indonesisch geblieben und Ost nun Osttimor, ein neuer eigenständiger Staat.
Für Indonesien habe ich mir in Kuala Lumpur ein zweimonatiges Visum besorgt, weil ich wusste, dass dieses im Land verlängerbar ist. Dies ist mit dem einfachen und nur 30 Tage gültigen Visum was an der Grenze ausgestellt wird nicht möglich.
Ich werde eine Verlängerung brauchen, in 60 Tagen durch diese wundervolle

Inselwelt zu fahren ist nicht mein Ding. Ab Bali wird relaxt gereist und viele Pausen am Strand eingelegt.
Die Sehenswürdigkeiten in Sumatra liegen konzentriert nah beisammen, ansonsten bietet es nicht allzuviel für Touristen.
Die Highlights sind Bukit Lawang in den Bergen, etwa 100 Kilometer Süd-Östlich von Medan. In 2003 kamen hier durch einen angestauten Fluss, wo Erdrutsche wegen starken Regenfällen ausgelöst wurden, mehr als 400 Menschen ums Leben. Eine riesige Flutwelle spülte alles mit sich. Ich unternahm eine zweitägige Trekkingtour, inklusive nächtigen im Urwald. Die Orang Utan, Longtailaffen und Black Gibbons konnte ich hautnah erleben. Das anschließende Schlauch-Raffting zurück, brachte als Abschluss ein Spaß, an den ich lange denken werde. Es sind nur wenig Touristen unterwegs, die Betreiber von Hotels-und Gasthäuser bedauern dies. Seit den Tsunami- Flutwellen wurde das kostenlose Visum abgeschafft und von 90 auf 30 Tage verkürzt.
Die Fahrbahnbeschaffenheit ist sehr schlecht, es gibt kaum guten Straßenbelag. Ein Highlight meiner Reise war, dass besuchen der freilebenden Orang Utans im Dschungel von Indonesien und eine Vulkan Klettertour auf dem aktiven Mount Sibayak mit 2400 Meter Höhe.
Nach Brastagi, der Vulkanwelt in Sumatra, ging es zum Lake Toba, ein Höhensee in ruhiger Atmosphäre. Einige Tage zum Wandern und Entspannen blieb ich hier. Dort traf ich Atulah und Sonja mit ihrer Yamaha TDM 900 aus England wieder, wir verschifften unsere Motorräder zusammen von Malaysia nach Indonesien. Wir beschlossen gemeinsam weiterzureisen. Über Bukkittingi, eine hektisch laute Stadt mit dem nahegelegenen Ngarai Sianok Canyon. Der Muezzin weckt die Bevölkerung und Touristen bereits um 4.15 Uhr, ab jetzt wird bei der Unterkunftsuche immer auf Moscheetürme im Umfeld geachtet. Der Panoramapark, das Fort de Kock, ein Betonkastennachbau des damaligen Fort der Holländischen Besatzungszeit von 1816, mit einen Uhrturm im Zentrum. Zwei Tage reichten mir, der Lärm machte uns verrückt, überall Gehupe, Abgasgestank und Verkäufer. Sobald ein Tourist erspäht wird, ist es aus mit der Ruhe, man versucht krampfhaft irgend etwas zu verkaufen. Das geht mir so langsam auf den Keks. Es kommen Erinnerungen von Indien hoch, dort verstanden die Menschen auch nur die Körpersprache. Ein Tritt in den Hintern, etc. soweit kommt es hier nicht. Nach energischen Absagen, wird man in Ruhe gelassen. Nach Bukkittingi war nur noch Fahren angesagt, bis zur Fähre nach Java. Es gab nichts Sehenswertes mehr laut Reiseführer, außer Wälder mit Regenwald, "noch und nöcher."
Langweilig, weil die Sicht auf das Umfeld durch Bäume versperrt wurde, Ber-

ge kamen nicht mehr zum Vorschein. Der Blick konzentrierte sich nun mit einem Auge fest auf der Straße gerichtet, um alle Löcher zu umfahren und das zweite Auge beobachtete die Spiegel um zu sehen was sich hinter einem abspielt. Höchste Konzentration war angesagt, dass stete stoppen, ausweichen vor Löchern und unnötige Überholen der Minibusse. Die ständig und überall stoppen gilt es besonders im Auge zu halten. Unberechenbare Manöver kamen zum Vorschein. Man fragt sich; " was bei denen im Kopf vorgeht."
Atulah und Sonja teilten die selbe Meinung wie ich. Abends unterhielten wir uns des öfteren über die Aktionen des Tages im Verkehr. Wir lachten viel, man kann es als Europäer nicht verstehen, wie diese „Fahrweise" entsteht, „es ist halt so."
Es gab viele Unfälle mit Motorrädern, man sah sie schon im voraus kommen. Ich denke, " warum bremst der nicht, " haben die Tomaten auf den Augen, sieht er das Hindernis nicht, dass es gleich knallt und prompt
knallt es. Vielleicht sind auch viele jugendliche vollgekifft, Marihuana steht bei den Rauchern an oberster Stelle, billiger wie Alkohol und überall
erhältlich, wer weiß!
Manchmal hatten wir im Süden von Sumatra, Tagesetappen von fast 500 Kilometer, weil weniger Verkehr und Regen herrschte. Wir starteten immer sehr früh am Morgen. Nach mehreren Tagen war die Südspitze Sumatras erreicht. Kaliada, die letzte Übernachtungsmöglichkeit, etwa 30 Kilometer nördlich von Bakauheni, dem Fährhafen nach Java. Außer Regenwald hatten wir die letzten Tage nichts anderes gesehen, nichtmals die hohen Berge, der Wolken wegen. Eine Wohltat war es, das Meer zu sehen, hören und zu riechen. Nach etwa drei Wochen in Sumatra freute ich mich am nächsten Morgen auf die Passage nach Java.

ANDA MELINTASI EQUATOR
YOU CROSS THE EQUATOR
BANK RAKYAT INDONESIA

Java

Die Engländer Athula und Sonja mit Ihrer Yamaha TDM 900 verlor ich auf dem Weg von der Fähre nach Jakarta aus den Augen. Ich traf sie leider nicht wieder, es war eine schöne Abwechselung für mich zu zweit Unterwegs zu sein. Teilt sich doch die ganze Aufmerksamkeit der Bestauner und Grabscher unserer nie zuvor gesehenen Motorräder.
Java ist erreicht, die Rund um die Uhr verkehrende Fähre von Sumatra nach Java kostet 70.000 Indonesische Rupie, etwa 6,- Euro.
Java hat eine verwegene Historie, viele Machthalter und Könige, die den Hinduismus und Buddhismus herbrachten. Dann die Portugiesen, Holländer, Engländer, Japaner und Franzosen. Der Befreiungskampf um die Eigenständigkeit folgte aber erst mit der Revolution nach dem zweiten Weltkrieg. Die Briten, Holländer und Japaner stritten sich um die Vorherrschaft. Im Dezember 1949, während Deutschland, die Deutsche Mark einführte, wurde die Indonesische Republik hervorgerufen. Mit den Kommunisten Suharto, der in den 90er fiel, wurde Indonesien in den Endneuziger demokratisch. Die populärsten Touristenplätze sind das Dieng Plateau, der Vulkan Mount Bromo und Borobudur mit den heiligsten und größten Hindutempel in Indonesien. Das Ijen Plateau ist eine Hochebene im äußersten Süd-Osten. Jakarta mit 13 Millionen Einwohner eine Stadt, mit dem Ausmaß von etwa 650 Quadratkilometern. Die am schnellsten wachsende Stadt weltweit. Drei Tage hielt ich mich in diesem Smog-Loch auf. Die Sehenswürdigkeiten, lohnen keinen längerfristigen Aufenthalt. Mein Versuch hier einen Vorderreifen zu bekommen schlug fehl.
Extremes Verkehrschaos herrschte hier, aber irgendwie rollte es immer ein bisschen, entgegen Indien! Die große Moschee Masjid Istiqual fasst eine viertel Million Menschen. Das alte holländische Viertel Kota und das Zentrum Medan Merdeka, mit einem etwa 140 Meter hohen Turm, der einem den Blick über dieser gewaltigen versmogten Stadt möglich machte, waren die einzigen Orte die ich aufsuchte. Hier bekam ich am zweiten Tag Asthmaprobleme, es ist Zeit zu verschwinden dachte ich mir, nach der dritten Nacht. Es reicht, die Sichtweite betrug nur wenige hundert Meter. So extrem fand ich die Luftbelastung bisher in keiner weiteren Stadt auf meiner Reise. Jakarta steht, was dies betrifft an erster Stelle!
Die nächste Etappe legte ich bis zum Dieng Plateau zurück und Borobudur. Der heiligste Hindu-Tempel in Süd-Ostasien, war ein weiterer Höhepunkt. Nicht, dass ich noch nicht genug Tempel auf meiner Reise gesehen habe. Es ist seit langer Zeit mal wieder etwas Abwechselung nach den vielen Regenwald.

Um die 11 US-Dollar Eintritt kam ich herum, weil ich mich als Motorrad-Weltreisender ausgab und die Indonesier selbst begeisterte Biker sind. Ich fuhr mit der BMW vor und sofort brachte man mich zum Sicherheitsbeamten, der mich in die Tempelanlage mit seinem Trail-Bike eskortierte. Die Indonesier haben ein Verständnis und Herz für Biker, daran sollten sich andere Nationen ein Beispiel nehmen. Nachdem ich einige Tage in dieser sehr gläubigen Stadt verbrachte, wurde es Zeit wieder aufzubrechen. Ich sah bei herrlichem Wetter den Berg Merapi, der knapp 3000 Meter hoch ist und zudem einer der sechs aktivsten Vulkane weltweit.
Es ging Richtung Mount Bromo einen ebenfalls aktiven Vulkan mit einem riesigen Krater. Der eine sandige Kaldera hat und von mehreren anderen Vulkanen umringt wird. Der Mount Kursi, Mount Bromo, Mount Batok und Mount Penanjakan stehen innerhalb dieses riesigen Kraters. Eine atemberaubende „Sicht und das Feeling“ mit der BMW durch die sandige Kaldera zu fahren, unbeschreiblich. Umringt von den riesigen naheliegenden Vulkanen mit einem Blick vom Kraterrand nach Cemora Lawang, in dieser weltweit einmaligen Landschaft bleiben unvergessen. So langsam mehren sich die unvergesslichen Highlights bei meiner Reise. Letztendlich bleiben mir nur die Digitalbilder, denn das Fassungsvermögen meines Hirns quillt über. Es geht wie man so sagt, nichts mehr rein. Es wird Zeit für eine längere Auszeit um alles zu verarbeiten und verkraften.
Zum Abschluss von Java ging es wieder auf ein Hochplateau, das Ijen Plateau im Süd-Osten, Gemüseanbaugebiet und Kaffeeplantagen gibt es hier in Unmengen. Hier gibt es den Kawah-See, “ In diesem Kratersee arbeiten viele Menschen, die ihre Gesundheit aufs Spiel setzen,“ indem sie in mühseliger Handarbeit das Sulfat abgraben und in Säcken zu 50 Kilogramm den steilen Pfad heraufschleppen. Gegend Abend fing es zu regnen an, der sich die ganze Nacht fortsetzte und am darauffolgenden Morgen ebenfalls, dazu kam noch extremer Nebel. Die Abfahrt aus 2000 Meter Höhe erwies sich als sehr schwierig und gefährlich, weil es enge Kehren und schmale, einspurige Straßen waren. Es gab vom Regen weggespülte Abschnitte, zudem war es auch sehr steil.
Der Regen begleitete mich bis zum Fährhafen in Banyuwangi, indem nichts los war, man wartete auf Passagiere und Fahrzeuge.
Mit meinem Fahrtstil, kam ich ohne Probleme und Unfällen zurecht. Ich Verstoß gegen alle Regeln die es gibt, in Deutschland wäre mein Führerschein auf Lebzeiten weg und ich hätte eine Unmenge an Strafe zahlen müssen. Auf Java ist das normal, um vorwärts zu kommen!

Bali

Während der Überfahrt von Java nach Bali hörte der Regen auf und die Sonne kam durch. Hier erwartet mich die heilige vom Hinduismus geprägte Insel. Es soll 20.000 Tempel geben und sehr gläubige Balinesen. So werden die Einwohner genannt. Jeder Einwohner hat auf seinem Grund und Boden einen kleinen oder großen Tempel, je nach Stand, Rang in der Gesellschaft und Geldvermögen.

Alle zweihundertzehn Tage, findet das wiederkehrende "Galungan" auf ganz Bali statt. Es wird der Freiheit über den Guten gegen den Bösen genannt und gefeiert. Die Straßen und Tempel sind geschmückt mit Palmen und Pflanzen. Die Kunstvoll zu fantasievollen Gebinden mit kleinen Körben in denen Spenden aus Frucht, Reis, Gemüse und anderem Allerlei beiliegen behangen sind. Wie ich beobachtete, wird mit der linken Hand über der Stirn gewischt, diese auf den zu beschützenden Brunnen, Werkstatt, Hauseingang, Zimmer von Gästen, Autos und Motorrädern oder sonst etwas gelegt. Dem sind keine Grenzen gesetzt. Dann wird ein kleines geflochtenes Körbchen aus Palm-oder Bananenblättern, in dem Göttergaben liegen, davor gelegt und natürlich ein Weihrauchstäbchen, dass einen angenehmen Duft verbreitet angezündet.

Damit sind dann für 210 Tage die bösen Geister vertrieben. Trotzdem habe ich danach einige Unfälle mit Autos-und Motorräder gesehen. Ich denke, diese hat man vergessen mit Göttergaben zu versehen!

Oder es steht über der Macht der Götter, die Fahrweise eines einzelnen Fahrers zu beschützen. Hier fallen mir europäische Frauen mit jungen Einheimischen Männern auf und weniger Europäer mit jungen Bali- Girls. Das Blatt hat sich zum ersten mal auf meiner Reise geändert, man spricht mich nicht ständig auf irgend etwas an. Außer auf Massage und T-Shirts. Indonesien, speziell Bali hat eines der weltbesten Tauchreviere und ebenfalls für Surfer zahlreiche Strände, die von aus aller Welt angereisten Surfern besucht werden.

Die Hauptattraktion ist Kuta mit einer acht Kilometer langen Strandpromenade im Süd-Westen. Der Hauptstadt Denpasar blieb ich fern, ich brauchte Ruhe nach dem chaotischen Java. Die ruhigen Strände Lovina, Candi Dasa und Padang Bai waren für den kurzen Aufenthalt von acht Tagen, in denen ich nur 350 Kilometer gefahren bin, zum Ausruhen, Sonnen und Baden gedacht.

Den höchsten Vulkan, Gunung Agung mit 3000 Meter bestieg ich nicht, ich sah ihn aus der Ferne von Penelokan (1450m), einer Vulkankrater- Landschaft mit herrlichem Blick auf einen See im Innern der Kaldera. Die Fahrt nach

Toya in die Kaldera über schmale asphaltierte Straßen nach Longan. Anschließend von dort über eine nicht existierende Piste aus Erde und Schotter, „ich folgte einem Trampelpfad für die Einheimischen Bergbewohner, der sehr schmal, steil und bei Regen nicht zu passieren ist“ nach Gretek zur Küste. Bei Padang Bai, eine Taucher Enklave mit zahlreichen Anbietern des beliebten Sports und zugleich Fährhafen nach Lombok, blieb ich über Nacht. Die Fähren verkehren 24 Stunden, im Rhythmus von anderthalb Stunden. Die Überfahrt soll vier Stunden dauern und für ein Motorrad mit mehr als 500 ccm erhebliche 213.000 Rupees Kosten, etwa 18,- Euro.

Lombok

Natürlich hat meine 1000 ccm BMW nur 450 ccm!
Ich hatte Glück, dass man mir das abnahm und sehe das als Geburtstagsgeschenk an. Allerdings verpasste ich die 7.30 Uhr Fähre, wegen Palaber mit dem Angestellten.
Lombok ist nur 80 mal 70 Kilometer klein, (Bali 130x110Km).
Ich genoss Tagelanges unbeschwertes Strandleben mit Baden und Sonnen. Es gibt hier wieder Einheimische, die jeden Touristen aufspüren und belästigen, mit " hello Mister, what your are doing here?" So langsam verärgert man mich mit diesen Fragen.
Die Menschen sind teils scheu. Wenn ich einen Laden betrete, laufen die Angestellten weg, weil sie nicht mit englisch konfrontiert werden wollen.
Es gibt auch lästige Sachen, im Straßenverkehr. Das ständige anhalten, der Minibusse, Pkw und Lkw, dass einscheren der Mopeds oder abbiegen ohne Anzeichen eines Blinker oder Handzeichens. Man darf nicht schlafen oder unaufmerksam sein. In den Orten, wo sich der Verkehr staut ist grundsätzlich immer der Markt. Hier stoppt alles, will ein-und aussteigen, Chaos hoch drei.
Viele Fahren ohne Helm herum, obwohl das tragen eines Helmes Pflicht ist.
Lombok ist eine kleine, weniger touristische Insel, die mir sehr gefällt.
Ich mag es eher ruhig, dies fand ich auf Lombok, kleine Anlagen mit Hütten am Strand und günstig.
Der Berg Gunung Rinjani ist ein Vulkan und beliebtes Trekkingziel, auf einer drei Tages Tour kann man den umlaufen. Tetebatu ist eine Bergstadt mit angenehmen Klima auf 1400 Meter Höhe. Lombok wird überwiegend von Sasak-Menschen bewohnt. Das sogenannte Inselvolk ist erst am Anfang der touristischen Entwicklung. Die Strände weisen noch nicht die Annehmlichkeiten derer in Bali auf. Alles ist schmutzig, kaputt und nichts funktioniert wirklich richtig. Es werden auch keine Anstalten gemacht, dass etwas repariert wird. Vor einem Zimmer bzw. Bungalowbezug, gilt es erst immer zu prüfen, ob das Wasser fließt und die Toilette spült. Die meisten Angestellten sind faul und nicht daran interessiert überhaupt etwas zu vermieten. Sie sind ja nur Angestellte! Wenn mir ein Zimmer nicht gefällt, „weil das Wasser nicht fließt, oder es dreckig und der Müll vom Vorgänger sich noch im Mülleimer befindet, bzw. die Bettwäsche vor Schweiß und Dreck stinkt," weil nicht gewechselt. Lasse ich mir ein anderes Zimmer zeigen. Grundsätzlich benutze ich auch meinen Sarong und Schlafsack-Inlet als Unterlage auf dem Bett. Die Angst vor Wanzen, Flöhen und Läusen ist hier begründet.

Von der Hafenstadt Lembar, begab ich mich südlich nach Taun, wo ich einige Tage an einem ruhigen Strand blieb.
Das Immigrationsbüro, in der Hauptstadt Mataram, bestätigte mir wie zuvor in Bali, das ich mein Visum erst in den letzten sieben Tagen vor Ablauf verlängern kann. Das wird auf der Insel Sumbawa der Fall sein.
Die Hauptstädte haben immer ein undefiniertes Chaos, weil jeder fährt wie er meint. „Regeln gibt es nicht. “ Ich hatte die Ausmaße meiner BMW vergessen und ein kleines Motorrad, dass mitten auf der Straße stand umfahren wollen und prompt blieb ich mit dem linken Zylinderschutzbügel hängen. Das Motorrad machte einen Satz nach vorne und fiel von dem Seitenständer um. Ich hielt Achselzuckend die Arme in den Himmel, warum parkt er auch so blöd und fuhr dann weiter. Diebstahl ist auf Lombok ein Problem ! Der überwiegende Teil der Bevölkerung ist sehr arm und hat kaum etwas zum Essen. Alles was an Fisch gefangen wird und an Reis geerntet, bleibt für den Eigenbedarf.
Einmal wurde ich nachts wach. Ich hörte das jemand an der BMW zugange ist, dass knistern und rascheln der Abdeckplane weckte mich in der windstillen Nacht auf. Als ich rausschaute, sah ich zwei Personen weglaufen, jemand war an den Aluboxen dran, konnte diese aber nicht aufbrechen, weil die Diebe von mir aufgescheucht wurden. Am anderen Morgen stellte ich fest, dass mein T-Shirt Größe 4 XL fehlte und das Hotel eigene Handtuch. Beides war zum trocknen über Nacht von mir draußen aufgehangen worden. Ab jetzt wird das “Mopped“ immer mit einer Haube abgedeckt, wenn ich länger an einem Ort verweile, kommen zudem die Alukoffer ins Zimmer rein.
Ich umfuhr die Insel, die außer Tauchen und Schnorcheln nur wenig zu bieten hat. In Tanjung Luar einem Fischerhafen an der Ost-Südlichen Küste, ist ein Anlaufpunkt, den man sich in den Morgenstunden von sieben bis neun Uhr ansehen sollte. Die Fischer kommen mit ihrem Fang zurück, nicht selten sieht man Mantarochen, Thunfisch, Haie und Merlin von beachtlicher Größe. Ein schöner Ort um danach den Fährhafen in Labuhan Lombok anzufahren und die Fähre nach Sumbawa, die 24 Stunden im 45 Minuten Rhythmus verkehrt zu erreichen. Die Küste nördlich hoch ist schön, aber es gibt keine Unterkünfte, in Aik Manis und Labuhan Padang sind die Bungalow-Ressorts durch winterliche Stürme und hohe Wellen zerstört worden. An diesem Küstenabschnitt gibt es einen kleinen erhaltenen Ur-Regenwald, mit riesigen Jahrhunderte alten Bäumen. Die Straße schlängelt sich zwischen diesen hindurch und bietet einen schönen Eindruck wie es damals hier ausgesehen haben muss. Lombok ist für mich die schönste aller Indonesischen Inseln.

Sumbawa

Meinen 46.zigsten Geburtstag feierte ich auf der 6 Stunden langen Überfahrt von Lombok nach Sumbawa. Mit Michael, einem Schweizer Weltreisenden und seiner BMW R 80 GS. Wir trafen uns am 15.7.2007 im Hafen und mussten, glatte drei Tage auf die nur alle paar Tage verkehrende Fähre warten. Momentan verkehrt nur eine von zwei Fähren, weil die andere überholt wird.

Wir hatten denselben Weg und beschlossen für die kommenden Wochen zusammen zu reisen. Zudem verbrachten wir viel Zeit mit Reden und Geschichten erzählen über unsere Reiseerfahrungen.

Sumbawa ist eine extrem Moslemische Insel in Indonesien. Wo wir auf vieles verzichten mussten. Es gab nur sehr wenig Plätze, wo wir ein Bier am Strand zum Sonnenuntergang trinken konnten. In Hu'u, eines der weltbesten Surf-Reviere, war dies möglich und in Maluk.

Mein Indonesisches Visum habe ich in Sumbawa-Besar-City, ohne Probleme auf weitere 30 Tage verlängert. Eine Wartezeit von drei bis vier Stunden und 300.000 Indon. Rupees, etwa 25,- Euro habe ich an Gebühr bezahlt. Jetzt kann ich mir bei der Weiterreise etwas mehr Zeit in Flores-und West Timor lassen.

Ein Erlebnis der besonderen Art hatten wir in Bima. Nach langer Zeit freute sich jeder von uns auf "KFC." Nachdem Michael bei der Einfahrt im Ort Bima eine Werbetafel sah. Mal etwas anderes wie ständig Reis oder Nudelkrams zu essen. Etwas Western Food sollte es diesmal sein, Chicken Wings mit Pommes, ein Pudding und Coke, dass wollte ich mir gönnen. Nach einem vier Kilometer langen Fußmarsch, studierten wir die spärlichen Angebote der großen Menükarte an der Wand. Mein Entschluss, was ich esse stand fest. ‚Menü Nr. 3 Chicken Wings, French Fries und Coke.

"Sorry, we don't have Chicken Wings." OK, dann will ich French Fries, ein Burger und Coke. „Sorry, we don't have Burger." OK dann nur Pudding, Coke und French Fries. „Sorry we don't have Coke and Pudding," noch lachte ich. OK, tell me what you have," only rice, chicken and Miranda or Pepsi." OK, only one big Pepsi, ausgeschrieben mit 7729 Rupees. Ich wundere mich über diese krumme Summe. Nah gut, man hält mir eine Quittung über 8500 Rupees hin, ich zeigte auf die Tafel und sagte no. Sie zeigte dann auf ein für mich nicht lesbaren Aufkleber der sehr verblichen war, auf den am Ende eine 10% stand. Also eine Steuer auf die Pepsi, deshalb 8500 Rupees, „jetzt lachte ich nicht mehr."

Michael kam aus dem Lachen nicht mehr heraus und ich kam mir verarscht

vor und hatte auch keinen Hunger mehr auf Reis und Geflügel, oder Pepsi. Das ist Indonesien!
Wir sind lachend die vier Kilometer zum Hotel zurückgegangen. Unterwegs sahen wir einen Straßenverkäufer, der ein Suppengericht mit wenig Nudeln und kleinen Fleischklößen verkauft. Wir bestellten zwei Portionen. Tags zuvor, haben wir das im Hafen schon gegessen. Für je 5000 Rupees. Als wir bezahlen wollten, verlangt dieser pro Portion, 15.000 Rupees.“Verdammt nochmal, einmal vorher nicht nach den Preis gefragt, wollen sie gleich das dreifache von Touristen haben.“ Jetzt lachte ich wieder und gab dem Verkäufer 10.000 Rupees für uns beide und wir gingen. Er lief uns hinterher, aber es interessierte mich nicht. Verarscht wurde ich oft genug und bin es einfach Leid so abgezockt zu werden. Hätte er noch mehr rumgestänkert, hätte ich Ihm die 10.000 Indo. Rupees wieder weg genommen. Vorher frage ich jetzt immer nach dem Preis. Um es nicht mehr soweit kommen zu lassen, man kann keinen trauen. Weißhäutige zahlen immer mehr, in asiatischen Ländern. Ich bin es Leid, meine vielen guten Erfahrungen-und Erlebnisse werden immer wieder getrübt durch die schlechten Erfahrungen, die sich langsam häufen. Indische Erinnerungen kommen hoch. Beide Länder ähneln sich, jeder ist sich selbst „der Nächste und Geld regiert die Welt.“ In etwa wie, dass der stärkere und größere im Straßenverkehr immer Vorfahrt hat!

Eine Feststellung:

Das Recht der Tierwelt auf Indonesischen Straßen, sieht folgendermaßen aus. Im Ablauf der Hierarchie, von oben nach unten gelistet sind die absoluten Könige die Wasserbüffel! Die sich extrem lahmarschig und überhaupt nicht daran denken, sich ein kleines bisschen schneller zu bewegen wie zuvor, wenn sie die Straße queren. Egal ob da ein PKW, Bus oder LKW kommt, geschweige denn Radfahrer oder Motorradfahrer. Alles bremst und wartet bis der König die Straße, der meist in kleinen Gruppen auftritt, diese gekreuzt hat. Man würdigt den ausgebremsten Fahrzeugführer nicht mal eines Blickes. Das ist die Gattung der Wasserbüffel, der König der die Straße kreuzt und alles zum stehen bringt, die Nummer eins.

Nummer zwei sind die Kühe, die meist zu mehreren die Straßenränder nach essbarem abgrasen. Sei es Plastikmüll und Papier, alles verschwindet in deren Mägen, auch die modernen Straßenreiniger genannt, wenn die, die Straße überqueren, schauen sie in der Richtung, wo gehupt wird, man würdigt mir einen Blick. Wenn ich nah genug dran bin, wird auch mal gewartet, aber wenn die Straße schon zu einem viertel überquert ist, wird langsam weiter gegangen, allerdings ohne irgend etwas essbares mehr aufzuneh-

men. Ganz entgegen dem Wasserbüffel, der dann noch unbekümmert ein Festschmaus hält.
Die Nummer drei sind die Ziegen, diese treten vereinzelt, aber auch in kleinen Familiengruppen auf. Sie ziehen entlang der Straße um essbares zu finden und bleiben stets auf ihrer Seite. Auch wenn Fahrzeuge kommen, irritiert deren Gehupe keine einzige bei der Futteraufnahme. Dabei kann schon mal vorkommen, dass sie mitten auf der Straße stehen, weil ein Autofahrer Müll entsorgt hat. Dieses wird auf verwertbares untersucht, man kann langsam heran fahren und sie ohne Probleme umfahren. So wie ich es Millionenmal schon getan habe. Sie bleiben stets auf ihrem Platz, brave, zuverlässige Müllschlucker.
Nummer vier sind die Hunde, diese laufen stets am Rand der Straße entlang, wollen sie diese queren, stehen sie am Rand quer zur Fahrbahn. Jeder kann erkennen was als Absicht dahinter steckt. Achtung, dieser Hund will die Straße kreuzen! Erblicke ich diese Situation, Hupe ich, der Hund blickt in meine Richtung und wartet bis ich vorbei bin und quert dann die Straße. Diese sind schlauer wie manch ein Einheimischer, der blindlängs drüber gehen will.
Nummer fünf, die Katzen kommen nicht so häufig als Straßenkreuzer vor. Trotzdem möchte ich deren Glücks-Spielerisches kreuzen erwähnen. Man fährt durch die Gegend, plötzlich meint man irgend etwas hat die Straße, Millimeter vor meinem Vorderrad überquert. Ich schau ob irgend etwas am Motorblock, speziell der Ölwanne hängt, aber nichts. Das war eine Katze die meist von links nach rechts im Blindflug aber mit ungeheurem Tempo, gleich der einer Rakete, diese im Glücksflug gekreuzt hat. Es geht immer gut, in zwei Jahren Reisen, habe ich noch keine tote Katze auf der Straße oder am Fahrbahnrand liegen sehen. Außer in Deutschland, da haben sie mit dieser Technik kein Erfolg.
Die Nummer sechs und Suizid verrückten Selbstmörder aller Tiere, sind die letzten in der Kategorie und vom Aussterben bedroht. Die Hühner, man kommt in den Ort herein, denn dort halten sie sich vermehrt im Schatten auf und sind somit auch schlecht zu sehen. Alles wird gefressen, besonders beliebt sind die Maden in den Wasserbüffelfladen. Ein fünf Kilogramm Haufen und mit reichhaltiger Nahrung für die Straßenkreuzer versehen. Selbst LKW kommen ins Schleudern, wenn sie diesen nicht umfahren können, speziell wenn er noch frisch ist. Die Ziegen bereichern sich daran, die schlauen Hunde schnüffeln sich einen Rausch an um anschließend, dass Bein zu heben und für die Nachkömmlinge alles frisch zu halten.

Die Suizid Chicken, stehen auf der sicheren Straßenseite, etwa zwanzig bis dreißig Zentimeter vom Fahrbahnrand entfernt. Kommt man näher heran gefahren, rennen oder fliegen sie zur anderen Seite herüber. Viele lassen ihr Leben dabei. Weshalb diese Art so langsam von Aussterben bedroht ist. Unbegreiflich warum sie das tun?
Wenn ich näher komme und sehr langsam fahre, kommt es mir machmal vor, dass sie ein Spiel daraus machen. Indem sie mehrmals, links und rechts vor meinem Vorderrad umherlaufen, um dann doch schließlich, von diesem überrollt zu werden. Manchmal lassen sie ihre gesamte Haut und Federn bei dieser Aktion. Damit Sie bei ihren Kumpels damit protzen können. Seht mal, gerade noch so geschafft, die unbegreiflichen aller Straßenkreuzer, die Suizid Chicken. Weltweit die verrücktesten Straßenüberquerer, von 100 querungen, schaffen es vielleicht zwei ohne Haut und Federn zu lassen.

Dieses nur zur Unterhaltung zwischendurch, es ist aber eine Tatsache und eine Feststellung, die ich bei meinen bisher inzwischen fast 70.000 gefahrenen Kilometern gemacht habe. Bei den Menschlichen Straßenkreuzern, möchte ich keine Länderaufstellung machen. Der Diskriminierung wegen, aber eins könnt ihr mir glauben, die Inder sind die Suizid-Kandidaten Nummer eins. Bei den inzwischen 20 Ländern, die ich bereist habe.

Wieder zu Sumbawa, viel gab es nicht zu tun und zu sehen. Strände gibt es reichlich, wo ich meine Seele baumeln ließ. Meist beachtete man mich nicht und ich hatte meine Ruhe. Die Insel mit den bisher wenigsten Fazilitäten für Touristen, Fisch wollte ich mehrmals essen, war aber nicht erhältlich, entweder war die Tageszeit nicht passend, zu hohe Wellen oder alles verkauft. Rundum Wasser und das Meer und haufenweise Fischerboote, aber Fisch zu essen war ein Problem!
Wir mussten drei Tage auf die Fähre nach Flores warten, die dann mit sechs Stunden Verspätung losfuhr. Weil diese aus Sumba kam und randvoll mit Bananen geladen war. Alle Bananen mussten erst per Hand auf LKW geladen werden. Nach gewaltiger Schaukelei sind Michael und Ich gegen Abend in Flores gelandet. Sämtliche Hotels, Gasthäuser und Losmens (Einheimische) waren ausgebucht. Es war schwer im dunklen etwas zu finden, was dann doch noch klappte. Gegen 22 Uhr etwa, nach dem Duschen aus einem Plastikeimer mit Wasser heraus, konnte ich mir ein Bier gönnen und mit Michael dem Schweizer und Dan ein Engländer mit 125ccm Leihmotorrad zu meinem 46. zigsten Geburtstag anstoßen.

(mehr über Michael und seiner Weltreise unter **www.travelpod.com/members/pajas**,

An Essen war nicht zu denken, weil alles um neun Uhr abends schon geschlossen war.

Michael musste am nächsten Tag weiter, sein Visum läuft bald aus, ich blieb noch zwei weitere Nächte und Tage im Golo Hilltop Bungalow Ressort und feierte für mich alleine meinen Geburtstag nach. Mit Bier und guten Seafood essen, dass musste mal sein, nach langer Zeit Reis und Nudeln. Dann begab ich mich in das Abenteuer-Flores.

Kosten der Überfahrt für das Motorrad (100.000) und die Person (39.000) zusammen etwa 12,- Euro und sechs bis acht Stunden Seefahrt, je nach Wetterlage.

Flores, West und Osttimor

Auf Flores bin ich nur 870 Kilometer gefahren. Hier gab es überwiegend katholisch gläubige Bewohner, Bier zu bekommen war nicht das Problem, ebenfalls hat es bisher keine Versorgungsengpässe mit Benzin gegeben. Wenn mein Tank voll war, konnte ich mindestens 650 Kilometer fahren. Um dann wieder an eine der wenigen Petra-Mina Tankstellen zu tanken. Außerdem gab es am Straßenrand Einheimische, die Benzin in Flaschen verkauften. Hier hatte ich nun mehr Zeit und verbrachte die am Strand mit Schwimmen. Am Morgen war der Wasserstand am höchsten, die überwiegend schwarzen Lava Sandstrände waren OK, oftmals schwamm viel Müll, speziell Plastiktüten darin umher. 95% Prozent der Einheimischen sind Katholiken, überall gibt es kleine Kirchen und jeden Sonntag geht es samt Familie in bunten Trachten zum gemeinsamen Singen und Beten in die Kirche. Die traditionelle Webekunst, eine spezielle Ikat-Weberei von hochwertiger Qualität und Motivauswahl an Tüchern etc. wurde überall angeboten.

Flores ist die Kurvenreichste aller Inseln in Indonesien. Es gibt kaum ein Straßenstück das länger als 400 Meter geradeaus geht. Eine Kurve jagt die andere, schön für Biker, aber bei den schmalen Straßen, kommen einem ständig Fahrzeuge in den Kurven auf meiner linken Seite entgegen.

Unfälle mit Motorräder, Autos, Lastkraftwagen und Bussen stehen an der Tagesordnung. Hin und wieder fällt auch ein Einheimischer von dem Dach eines Busses. So wie ich es mit "Mopped" und andere Touristen im entgegen kommenden Bus gesehen haben. Leider hatte dieser Einheimische Pech. Weil der Bus sehr stark und zu spät gebremst hat um einen entgegen kommenden Fahrzeug vor einer Brücke die Vorfahrt zu gewähren. Der Passagier auf den Dach hat sich nicht richtig festhalten können und fiel in eine zehn bis zwölf Meter tiefe Schlucht eines ausgetrockneten Flusses mit dicken Felsbrocken. Er brach sich alle Knochen im Körper. Der Busbeifahrer stieg in die Schlucht hinab, während immer mehr neugierige Menschen zu dem Brückengeländer liefen. Der Busfahrer wollte den toten Körper aufheben. Aber der war wie eine Knochenlose Masse. Der schuldige Busfahrer wollte abhauen, aber die Menschenmasse versperrte ihm den Weg. Ich suchte meinen Weg durch dieses Gewimmel von Fahrzeugen und Menschen und sagte mir dabei, „Fred sieh zu, “ das Du aus diesem Land rauskommst. Es erinnert mich immer mehr an Indien. Der Kelimatu, ein Vulkanberg mit drei aktiven Kratern und farbigen Seen, etwa 50 Kilometer östlich von der Stadt Ende, lud zum pausieren ein. Die drei Seen hatten den Farbton, schwarz, Türkis und normal Bergseegrün.

Ich lief um die zwei größten Krater und genoss die morgendliche klare Aussicht. Kein Mensch war mehr da und eine Ruhe wie ich es seit langem nicht mehr erlebt hatte.
Maumere, die Hauptstadt hat ein chaotisches Hafenviertel, hier hielt ich mich nur kurzfristig auf. Etwa 25 Kilometer östlich, an der Küste gibt es schöne Bambushütten am Strand für eine letzte Ruhephase um mehrere Tage abzuhängen. Bevor es über die Menschenleere und Verkehrsarme Straße nach Larantuka zum Fährhafen geht.
Larantuka ist eine kleine Hafenstadt mit staubigen Straßen wie überall in Indonesien. Hier traf ich Michael, den Schweizer R 80 GS Fahrer wieder. Er wartete fünf Tage auf die Fähre und putzte in dieser Zeit schon sein Motorrad für die Australische-Quarantäne. Meine Information war, dass am kommenden Freitag eine Fähre nach über zwei Wochen schlechten Wetters wegen zu hohen Wellen nach Kupang in Westtimor fahren soll. Für wahr, am Morgen gegen neun Uhr kam diese und war völlig überladen. Es hat bis zum frühen Nachmittag gedauert bis alles entladen und mit neuen Fahrzeugen beladen wurde. Um 14 Uhr fuhr sie ab, völlig Überladen und voll mit Menschen, Fahrzeugen und Fracht.
Jeder freie Quadratzentimeter wurde ausgefüllt mit Waren. Dazwischen machten sich die Einwohner auf mitgebrachten Matten und Planen an ihr Mittagessen und anschließend ein Nickerchen. Das Ticket hat pro Motorrad und Person in der Economy Klasse B, mit Sitzplatz, 131.000 Indo. Rupees, elf Euro gekostet. Nachdem die Fähre zwei Stunden auf See war, wurde die Vip-Lounge geöffnet. Die Wege zum unteren Deck wurden verriegelt, als alle Passagiere auf ein gültiges Ticket kontrolliert wurden. Wir zogen es gegen Aufpreis von drei Euro (40.000Rup.) vor, in die Vip-Lounge zu wechseln. Diese war nicht voll und wir hatten mehr Platz zum Schlafen. Die Luft war besser dank einer Klimaanlage. Fünfzehn Stunden dauerte die Überfahrt bei überraschend völlig ruhiger See. Es war bei weitem die Optisch gammeligste und voll beladene Fähre, aber sie brachte uns sicher über die Savu-See, etwa 180 Kilometer offenes Meer. Hier haben viele schon ihr Leben gelassen. Weil in Indonesien mehr Fähren untergehen, wie anderswo in der Welt!
Weil wir am Samstag Morgen um 5.30 Uhr in Westtimor ankamen, war noch alles geschlossen. Die Banken hatten sowieso zu, das Internet öffnete erst gegen 9 Uhr und die Post ebenfalls. Nach kurzem hin-und her, entschlossen wir uns, nach dem Frühstück bis nach Atambua, eine Bergstadt etwa 30 Kilometer südlich von Osttimor durchzufahren. Die Straßen durch die Berge waren gut und besser wie auf Flores. Es herrschte nur wenig Verkehr, dadurch das es

hier weniger Kurven gab, kamen uns auch weniger Fahrzeuge auf unserer Seite der Straße entgegen. In Atambua tauschten wir Sonntag morgens noch unsere restlichen Indo. Rupees in US-Dollar zurück. In Osttimor soll alles in US-Dollar bezahlt werden können.
Dann ging es zum Grenzübergang, wo eine problemlose Abfertigung auf beiden Seiten von statten ging. Bei den Zollpapieren (Carnet) von unseren Motorrädern, mussten wir beiden Zollbeamten zeigen, was sie wie ausfüllen mussten. Das Militär wollte uns auch noch sehen. Michael sollte eine Gepäckrolle öffnen und schon waren wir in den jüngsten neuen Staat der Welt, in Timor-Leste.
Das Visum (30USD) für Osttimor wurde in den Reisepass geklebt und war für 15 Tage Aufenthalt gültig.
Welcome to Timor-Leste begrüßte man uns, die kurze Strecke von 150 Kilometer bis zur Stadt Dili, zog sich wunderbar der Küste entlang. Meer und unberührte Landschaft, vom Tourismus keine Spur. Die Menschen lebten in Hütten und waren ärmer wie die anderen Indonesier. Ich hatte oft den Eindruck ich bin in Afrika, man rief uns auch Money, Money zu. Ob es an Michaels Schweizer Flagge lag, die er vorne über seiner Lampe befestigt hatte!
Sah man uns jetzt als Hilfsorganisation an, zwei Biker mit großen glänzenden Alukoffern, die kommen vom Roten Kreuz.
Landschaftlich, weil Naturbelassen und unerschlossen vom Tourismus, gefiel uns Osttimor sehr gut. Die Menschen sind nett, scheu und zurückhaltend, Leben unter der Armutgrenze. Viele Hilfsorganisationen, UN, WHO, UNICEF, World Bank, usw., sowie 2000 Australische Soldaten-und Neuseeländer sind hier stationiert, um den jüngsten Staat der Welt auf die Beine zu helfen.
Anfang August 2007 wurde ein neues Parlament gegründet und die befürchteten Unruhen blieben nicht aus. Der Präsident Jose Ramos –Herta ist nach einem gescheiterten Attentat in 2008 in Darwin, Australien ärztlich behandelt worden und bis 2012 symbolisch als Präsident tätig.
In Osttimor wird fast alles aus Australien eingeführt , ist dementsprechend teuer und für Einheimische unerschwinglich. Nach langem Suchen fanden wir eine einigermaßen ruhige und saubere Unterkunft, um unsere Motorräder für die Verschiffung und ich meine Reinigung für die Quarantäne vorzubereiten. Zu unserem Pech viel der Frachter, vom 6.8.2007 aus, wegen Problemen in Singapur. Also mussten wir insgesamt fast zwei Wochen auf dem Verschiffen warten. Genug Zeit zum Reinigen des Motorrades, was anderthalb Tage gedauert hat. Einen vollen Tag lang habe ich die komplette Ausrüstung gesäubert. Anschließend fuhren wir die Motorräder zum SDV- Frachtbü-

ro,**www.perkins.com.au**. SDV arbeitet mit dem Container- Versender Perkins aus Australien zusammen und ist in 2007 die einzige Verschiffungsmöglichkeit in Osttimor gewesen. Der Container stand auf dem Firmengelände von SDV. Hier haben wir die Motorräder ohne Transportgestelle selber verzurrt und verpackt.

Die Zoll bzw. Carnet de Passage Papierarbeit haben wir selbst im Hafen erledigt und somit 25 US-Dollar gespart. Jeder musste 236 US-Dollar an Fracht- und Gebühren zahlen.

Den Flug nach Darwin sollte man früh genug buchen, da nur kleine Flugzeuge (20 Sitze) verkehren und diese schnell ausgebucht sind. Somal auch nur eine Gesellschaft fliegt, **www.airnorth.com.au**. One-Way kostet etwa 216 US-Dollar.

In Dili findet man sich einfach zurecht, da Einbahnstraßen oft zweispurig sind und den Weg weisen. Eine Übergroße Jesusstatue etwas außerhalb am Strand gelegen, ist von weitem sichtbar und ein Highlight. Von dort oben hat man einen schönen Blick auf den zu Füßen liegenden Strand, der am Wochenende extrem überlaufen ist.

Dili ist voll von UN-Fahrzeugen, die Menschen lassen Touristen in Ruhe, wobei ich glaube, das Michael und ich die einzigen Touristen dort waren. Alle anderen Arbeiten für irgendwelche Hilfsinstitutionen. Wer sich selbstständig machen will, sollte Hochdruckreiniger einführen und verkaufen oder vermieten, bzw. eine Autowaschanlage bauen, so etwas gibt es noch nicht und könnte ein Renner werden. Ansonsten ist Osttimor ein normales Land für mich. Zu keiner Zeit fühlte ich mich bedroht, belästigt oder sonst was, egal ob tagsüber oder spät abends auf der Straße. Internet ist teuer und hat eine schlechte Verbindung, wie zuvor in Indonesien auch. Es gab keinerlei Einschränkung bei der Versorgung, die Australier bringen alles rein, selbst super gut schmeckende Pizza bekommt man und natürlich Australisches Viktoria Bitter (VB) Bier.

Michael flog einen Tag eher raus wie ich. Meine Ausreise von Osttimor, am 7.8.2007 Dienstag morgens hatte einen sauren Beigeschmack. Weil ich um 6.50 Uhr morgens kein Taxi bekommen konnte, lief ich die zwei Kilometer zu Fuß. An der Einfahrt zum Flughafen, einem Kreisverkehr mit einen Monument spielte sich eine Straßenschlacht von Einheimischen und UN- Fahrzeugen ab. Alle Fahrzeuge wurden mit Steinen beworfen, dass auffahrende Militär, blieb auf Distanz. Es wurde nicht geschossen und die Einheimischen zogen sich mit Schimpfwörtern zurück. Diesen Moment nutzte ich, um an der äußersten rechten Seite an diesem aufgemischten Unruhestifter-Volk vorbei zugehen. Man beachtete mich gar nicht, es wurde Tags zuvor ein neues Parlament gegründet.

Damit waren einige Bewohner anscheinend nicht mit einverstanden. Am Flughafen-Terminal herrschte eine unruhige Atmosphäre, viel Militär-und Polizei hielt ihre Präsenz aufrecht. Es blieb ruhig und der Flug ging pünktlich los. Auf dem Flugfeld standen viele Hubschrauber und UN-Flugzeuge herum. Das schmutzige Terminal war in einem verlassen aussehenden und außenstehenden Gebäudetrakt untergebracht. Eine Mystische Stimmung lag über diesen Ort. Der Flug von zwei Stunden brachte mich zurück in die wirkliche Zivilisation, keine Belästigungen, Verkaufsversuche und Menschen die mein Englisch verstehen.

HONDA

KARPINTERIA
CARIDADE

Australien

In Darwin traf ich Michael wieder, er war im selben Backpacker abgestiegen wo ich eincheckte. Gemeinsam fanden wir heraus wo unsere Motorräder sind und wie wir diese wieder bekommen. Nach Aussage von Perkins- Shipping in Darwin sind die Motorräder am 13.8.2007, Sonntag im Container entladen worden. Nach deren Aussage sollen wir am darauffolgenden Mittwoch wiederkommen, weil dann alles vorbereitet ist und die Quarantäne abgeschlossen wurde.

Ich eröffnete ein Konto bei der ANZ- Bank, um Gebühren für das ständige Geldziehen mit meiner EC-Maestro Karte von den Geldautomaten zu sparen. Nach einer Woche in Darwin, stellte ich fest, dass ich etwa soviel Geld wie in drei Wochen Asien ausgegeben hatte.

Die Temperaturen sind einigermaßen erträglich. Bis Ende Oktober ist noch Trockenzeit und alle Pisten sind befahrbar. Bis dahin habe ich einige tausend Kilometer unberührte Natur mit wenigen Menschen vor mir. Nach Asien ein lang gehegter Wunsch von mir. Die Australier lassen einen in Ruhe und sind Hilfsbereit. Der Aussie-Slang ist für mich ungewohnt, ich muss genau hin hören was sie sagen, sonst verstehe ich nur die Hälfte.

Am Donnerstag den 16.8.2007 haben wir unsere Motorräder aus den Zoll wieder bekommen. Folgekosten von 100 Australische Dollar, musste ein jeder von uns zahlen. Nun wurden einige Sachen erledigt; den Vorderreifen wechselte ich selber. Die alten undichten Öldruckschläuche vom Ölkühler ließ ich aus-

tauschen und durch neue ersetzten. Der Vergaser wurde zerlegt und gesäubert, ebenfalls stellte ich das Ventilspiel ein. Einige neue Ausrüstungsgegenstände wurden gekauft und die Küche aufgefüllt. Nichts wurde ausgelassen denn das Outback kennt keine Gnade.
Michael wollte zur Ostküste, mich zieht es jetzt nach West-Australien in die Kimberley und Bungle-Bungle Region, sowie zu den weltweit zweit größten Meteoritenkrater. In Kununurra fand die Australische kleine Paris Dakar statt, am 24.8.2007 ging es für die Teilnehmer in acht Tagen quer durch das Outback nach Perth. Haufenweise KTM- Bikes und Teams aus Europa und Amerika waren vertreten. Viele bestaunten meine Kuh und meinten, kann man mit solch einen beladenen Bike überhaupt noch fahren!
Man kann; „ auch Pisten Null Probleme."
Auf der Piste, die "Gibb River Road," war ein Fluss zu breit. Etwa 200 Meter, nicht tief, nur vierzig bis fünfzig Zentimeter, aber dicke Steine und tiefere Mulden waren zu sehen. Ich war alleine und traute mich nicht, zudem sollte es dort Krokodile geben. Der Schrecken mit dem versenken der BMW im Mekong in Laos lag mir noch vor Augen. Ich zog den sicheren Weg vor und kehrte um, blieb dann noch einige Tage im El Quero Nationalpark.
Das Geld geht weg wie nix, mit 50,- Austr. Dollar pro Tag komme ich nicht hin. Das Benzin ist die größte Ausgabequelle, die Campingplätze liegen bei sieben bis fünfzehn Austr. Dollar. Das Reisen ist teuer, weil die Distanzen so weitläufig sind. An einem Tag fuhr ich lächerliche 540 Kilometer. In den letzten anderthalb Jahren bin ich nicht soviel Kilometer am Stück gefahren. Die BMW verbraucht auf den Highway, bei einhundert km/h sieben Liter Benzin. Der rechte Vergaser lief ständig über, weil das Schwimmernadel-Ventil blockierte. Ich tauschte dieses mit einer alten Schwimmernadel aus, die zuvor schon ohne Probleme 130.000 Kilometer lief und siehe da. Das Überlaufen des Vergasers hörte auf. Vielleicht will die Kuh auch eine längere Ruhepause einlegen, denn soviel Staub hat sie schon lange nicht mehr geschluckt.
Bungle-Bungle, West-Australien; „die Kimberleys sind eine Region mit Bienenwabenartigen" Felsformationen. Hervorgerufen durch Jahrtausende lange Erosionen von Wasser, Wind und Sandstürmen. Diese wurden erst Anfang der achtziger Jahre entdeckt und als Touristenattraktion zugänglich gemacht.
Mehrere Wasserdurchfahrten liegen vor mir, in dem durch eine Piste zugänglichem Gebiet. Das etwa 70 Kilometer von dem asphaltierten Great Northern Highway entfernt liegt. Die BMW tat sich gut bei diesen etwa fünfzig Zentimeter tiefen Wasser- Durchfahrten. Trotzdem musste ich mein Kardanöl vom Endantrieb wechseln, weil dieser mit Wasser geflutet war. Dies ist

ein Nachteil bei den BMW-Boxermodellen, die kritische Wasserdurchfahrthöhe liegt bei etwa vierzig Zentimeter (Endantrieb). Der Luftfilter-Ansaugtrakt bei einen halben Meter, bis sechzig Zentimeter.
Mehrere Tage blieb ich in dieser traumhaften Gegend und schlug mein Zelt auf einen der Campingplätze auf. Ich lief einige zehn bis fünfzehn Kilometer lange Trekking-Walks im Cathedral George, Pinacinada und Echidna Chasm. Die Temperaturen lagen bei 40 Grad plus, die vielen Fliegen in den Ohren, Augen, der Nase und dem Mund nervten schon. Ein Stück Moskitonetz über meinen Hut gelegt brachte Abhilfe und es war erträglich, nun hatte ich Ruhe vor diesen Plagegeistern.
In Halls Creek, dem Einstieg des Tanami-Track, traf ich den Schweizer Motorrad-Weltreisenden Claudio, **www.claudioangeline.ch**, der von Alice Springs kam und mir einige Tips über die Strecke geben konnte. Einen Tag verbrachten wir zusammen mit Reden und besichtigen der China-Wall in Halls Creek. Eine Marmorsteinwand die inmitten eines Felsgebietes stand.
Der Tanami-Track ist 1200 Kilometer lang und die kürzeste Verbindung um von West-Australien aus der Kimberley Region nach Alice Springs in das Rote-Zentrum zu gelangen.
Es gibt Benzin Versorgungsmöglichkeiten in Billiluna, eine Aborigines Gemeinde, dem Rabbit-Flat-Roadhouse, wo eine Französin und ihr Australischer Mann die Betreiber sind und letztendlich in Yündumu. Alle haben Trinkwasser und man kann Verpflegung kaufen.
Allerdings liegen die Benzin Preise auch über zwei Austrl. Dollar pro Liter. Viel gibt es nicht zu sehen, der Wolfs-Creek-Meteoritenkrater, zweitgrößter weltweit mit einer sandigen Zufahrt, haut keinem vom Hocker. Die Piste war einfach zu fahren, überwiegend flaches sandiges und sehr staubiges Umfeld. Einige tiefe Bulldust Löcher gab es auch. Die wellige Oberfläche (Wellblech) war nur mit einer Geschwindigkeit von etwa 70 bis 100 km/h erträglich. Wenn man Probleme hat, ist Hilfe weit weg! Autos sollten dieses Stück nicht befahren, weil auf Dauer das Wellblech die Stoßdämpfer oder Blattfedern zerlegen würde.
In Alice Springs, eine Stadt im Roten-Zentrum von Australien, dort besorgte ich mir einen neuen Hinterreifen, der alte wäre zwar noch für 2000 Kilometer gut. Da ich Pisten fahre und erst wieder in Adelaide an Reifen komme, war ich gezwungen diesen schon hier auszutauschen. Ebenfalls ließ ich nun einige Sachen schweißen, die mir schon in Indonesien aufgefallen sind, kleine Haarrisse am Seitenträger und meinen Heckstreben, nur zur Vorbeugung. Falls auf einer Piste doch mal etwas brechen sollte. Hier traf ich auf einen Campingplatz

die deutschen LKW-Weltreisenden Erika und Klaus Därr, die seit fast 5 Jahren auf Tour waren,
www.weltreise-forum.info.
Von Alice Springs, ging es weiter zum Kings Canyon, allerdings über die West Mc Donell Ranges und den Mereenie Loop. Ein Aboriginal Gebiet, dass einer Genehmigung bedarf um die Gegend zu befahren. Es ist bei der Touristeninformation erhältlich, oder bei der Aboriginal Gemeinde und kostet zweieinhalb Dollar. Mehrere Tage befand ich mich in diesem einsamen Gebiet. Nun wenige Australier waren zu sehen auf den Campgrounds im Busch, in Glen Helen und Redbank George. Hier lief ich eine 30 Kilometer lange Wandertour zum Gipfel des Mount-Sondor auf 1200 Meter Höhe hinauf. Eine Entschädigung für den mühsamen Aufstieg und lästigen Fliegen, war eine sagenhafte Sicht in das Umfeld.
Kings Canyon, ein Dank an meine in Vietnam gekauften Trekkingschuhe. Da macht das laufen Spaß drin. All diese Sehenswürdigkeiten sind mehr oder weniger mit Laufen verbunden. Man fährt zu einem Ausgangspunkt, samt Parkplatz, Toiletten und meist Trinkwasser. Stellt sein Fahrzeug ab und wandert dann auf gut gekennzeichneten Pfaden den vorgegebenen Weg entlang, der mal kürzer oder länger ist. Niemand sollte verloren gehen wenn er sich daran hält und trotzdem verschwinden jedes Jahr einige Touristen, weil sie die Warnungen nicht befolgen und dann verdurstend, oder in einer Spalte stürzend ums Leben gekommen sind.
Uluru und Kata Tjuta, Ayers Rock und die Olgas sind der Höhepunkt jeder Australien Reise. Der zweitgrößte Monolit in Australien ist 370 Meter hoch und liegt etwa 870 Meter über dem Meeresspiegel. Am zweiten Tag meiner Anreise, kam ich von einer 10 Kilometer Wandertour zurück. Nachdem ich mein Motorrad startete dachte ich mir, sehe mal nach ob der Aufstieg zum Ayers Rock offen ist. Am Morgen um 7 Uhr war er noch wegen starken Wind gesperrt. Zu meinem Erstaunen war er auf. Obwohl ich schon ziemlich K.O. vom laufen war, ging ich um etwa 14 Uhr den mühsamen und steilen Anstieg an. Es dauerte einige Zeit, dann war der Gipfel erreicht. Eine Kette am Anfang erleichtert den steilen Anstieg. Man kann sich daran hochziehen, aber oben ging es wie Berg- und Tal auch noch steil hoch und teils auf allen vieren wieder runter. Gutes Schuhwerk und Schwindelfreiheit sind Voraussetzung, ebenso gute körperliche Verfassung.
Meine Kniegelenke schmerzten nach dem vielen Wandern, so dass ich einige Tage verruhte bis es besser ging. Extrem lange Etappen schränkte ich auf zehn Kilometer ein, dass sollte bei dem Klima hier auch völlig ausreichen. Ständi-

ges Wasser trinken aus dem Camelbag, beugt Dehydradtion vor. Ich führte immer zehn Liter Trinkwasser am Motorrad mit. Der auf der hinteren Fußraste vor dem Alukoffer befestigt ist. Mein Camelbag, (danke Katharina und Jens aus Dresden) fasst zwei Liter.
Ab Ayers Rock guckte ich mir folgenden weiteren Reiseverlauf aus. Ein Stück über den Stuart Highway bis Marla, dort auf den Oodnadatta Track in die Flinders Ranges, von hier über Adelaide nach der Eyre Peninsula und zur Insel Kangaroo Island. Dann der Küste folgend über die Grampians und Great Ocean Road nach Melbourne und über Inland nach Brisbane.
Der Oodnadatta Track erwies sich wie der Tanami Track als einfach zu befahren. Die Pisten werden oft einmal pro Jahr bearbeitet so das, dass Wellblech weg ist. Nach starkem Regen ist vieles zerfurcht, aber nach dem trocknen Betonhart und bis auf den Bulldust mit seinen tiefen Löchern, wo man etwa zwanzig bis dreißig Zentimeter tief wegsackt und in Staubwolken gehüllt wieder rauskommt, OK.
Der Ort Oodnadatta, berühmt durch das Pinkfarbene gleichnamige Roadhouse ist für zwei Nächte OK, außer dem alten renovierten Bahnhof an der ehemaligen alten Ghan Eisenbahn Strecke gibt es nichts besonderes zu sehen. Zwar gibt es viele verlassene alte Überreste der alten Ghan Strecke, die zum stoppen einladen. Wie die heiße Quelle bei Coward Springs mit Campingmöglichkeit, aber die Fliegen und abends Moskitos machten das Leben schwer, ja fast unerträglich.
Die Flinders Ranges,500 Kilometer nördlich von Adelaide, eine Region mit verschiedenartigen Bergen und Sehenswürdigkeiten. Der Balconia Lookout ist eine davon, ein schöner Ort um auf den verschiedenen Campingplätzen zu wechseln und das Umfeld zu besichtigen, einige Aborigines Malereien sind hier zu sehen.
Diese Gegend bietet sich an um den Oodnadatta, Birdsville oder Strzelecki Track nach Queensland und Neu Süd Wales zu fahren. In Quorn habe ich meinem Motorrad eine Inspektion und Ölwechsel verpasst, die Eigner der dortigen Shell-Tankstelle fahren selber Motorrad und haben mir Ihre Werkstatt kostenlos zur Verfügung gestellt.
Jetzt sollte es für einen kurzen stop nach Adelaide gehen. Der nahe gelegene Campingplatz an der Küste in Henley, verlangt 29,- Dollar. Dort können bis zu vier Personen auf dem Platz bleiben. Ich alleine sollte genauso viel zahlen, ich dusche aber nur einmal pro Tag, während vier Personen viermal täglich duschen und dementsprechend mehr Trinkwasser verbrauchen, dieses Argument half aber auch nichts.

Also zog ich weiter. Bei einer ausgiebigen Stadt-Rundfahrt habe ich mir die alten Gebäude von Adelaide angesehen. Sehr beeindruckende Bauwerke des 18. Jahrhunderts inmitten der modernen Architektur des 19.bis 20. zigsten Jahrhunderts.
Die südlich gelegene Halbinsel, Fleurieu Peninsula hat Traumhafte Strände, einsame Campingplätze und für Motorradfahrer, viele gut asphaltierte Straßen die kurvig, bergauf und hinab gehen. Meine Reifen haben ihre eckige Form verloren und sehen wieder rund aus, besonders der hintere.
Pinguin- Island ist mit der Fähre für 135,- Austrl.Dollar incl. zurück, von der südlichen Spitze Cape Jervis, innerhalb anderthalb Stunden zu erreichen. Von dem Campingplatz in Kingscote machte ich meine täglichen Touren, in das Umfeld der Tierreichen Insel. Seelöwen, Seehunde und Echidnas, ein Igelartiges Tier mit einer langen Plattnase, sowie Pinguine in ihren Nestern kann man sehen.
Meine Tage sind gezählt, dem regnerischen kalten Wetter wegen, brach ich meinen Aufenthalt ab. Es sollte wieder zum Festland gehen. Die gesamte Südküste entlang, über Victor Harbour, Port Elliot und Kingston, sowie Mount Gambier, Portland, dann einen Abstecher in die Grampians Bergregion und schließlich an die Great Ocean Road bis Geelong.
Ich genoss die wenig befahrenen kurvigen Straßen mit Blick auf die Küste. Nette alte Goldgräberstädte des 18. Jahrhunderts durchfuhr ich, die Berge der Grampians waren von weitem sichtbar. Der Wilpena Pound ist ein Höhepunkt dieser Bergregion. In Südaustralien-und Viktoria sind zwei Wochen Ferienzeit, die Campingplätze waren extrem überfüllt und oft ausgebucht. Ich suchte mir dann abgelegene Naturcampingplätze aus, wo nur 4WD hinkamen, hier war noch reichlich Platz vorhanden und ich konnte meine Touren mit dem Krad in der noch fast unberührten Natur fortsetzen und lange Wanderungen vornehmen. Auf der gesamten Strecke habe ich bislang noch keine freilebenden Koalas gesehen!
Ein Höhepunkt für alle Australien Reisende, speziell Motorradfahrer, ist die Kurvige direkt an der Küste verlaufende Great Ocean Road mit ihren Attraktionen wie die Zwölf Apostel. Wo nur noch sechs von stehen und die London Bridge, ein Teil dieser ist vor Jahren ins Meer gestürzt.
Alle paar Kilometer gibt es Lookouts wo man sich etwas ansehen kann, ich blieb mehrere Tage in Port Cambell auf dem Campingplatz und sah mir alles mit reichlich Zeit an.
Nun wollte ich in das Outback über Viktoria, NSW nach Queensland hoch, wo es warm und trocken ist und meine Geschwister besuchen.

Über Bendigo, eine Stadt mit Goldgräber Flair und alten historischen Gebäuden. In Hay, der Kupfer, Kohle und Goldstadt in Australien, hier kann man kann keinen Schritt gehen, ohne den Ursprung zu sehen. Überall sind alte Reliquien der vergangenen Zeit aufgebaut und noch heute wird hier in Minen nach dem kostbarsten Gut in der Erde gegraben, dem Gold.
Bourke, Goodooga und Hebel eine Grenzstadt zwischen NSW und Queensland im Outback. Mit riesigen Anbauflächen von Wassermelonen, hierher zieht es Jahr für Jahr tausende von Work-und Holiday Visuminhabern, um zu arbeiten.
Mein vorläufiges Ziel näherte sich, über St. George, Moonie, Dalby ging es zu den Glashaus-Mountains. Eine touristisch noch ruhige Gegend, etwa 80 Kilometer nördlich von Brisbane in Queensland an der Ostküste gelegen.
Ich bemerkte schon Tage zuvor, dass ich Vibrationen in den Fußrasten und Lenker spürte, die zuvor nicht auftraten. Nach dem Prüfen des Hinterrades, merkte ich, dass es sich stockend dreht. Ich habe den Verdacht, dass wieder das vordere Kreuzgelenk der Kardanwelle defekt ist.
Bis nach Caboolture bei Brisbane schaffte ich es noch, dann aber waren die Vibrationen so stark, dass ein Fahren nicht mehr möglich war.
Es half nichts, ich musste den Kardanantrieb zerlegen und nachsehen. Tatsächlich war das vordere Kreuzgelenk wieder beschädigt. Eine Reparatur in Australien nicht möglich. Das Ersatzteil war bei allen großen BMW-Händlern nicht vorrätig und erhältlich. Also musste ich wieder den ADAC um Hilfe beten. Innerhalb weniger Tage war eine neue Gelenkwelle in Brisbane am Flughafen abholbereit und der Einbau schnell erledigt.

Die Australische Bevölkerung liebt es unter freiem Himmel zu grillen, deshalb hat der Staat auch überall, Grillhütten aufgestellt, wo kostenlos oder gegen 1,- Dollar diese Gas-oder Elektrogrills genutzt werden können. Am Wochenende ist das Einheimische Volk unterwegs, vieles ist überfüllt, so dass ich mir meistens die normalen Werktage aussuchte um etwas im ruhigen Umfeld zu unternehmen und besichtigen. In den Schulferien bricht regelmäßig Chaos aus, die Straßen sind voll , Sehenswürdigkeiten, samt Campingplätze überlaufen, ich vermeide diese Zeit des reisens. Ein Liter Benzin kostet 1.35 Austr. Dollar, etwa 80 Eurocent, Diesel ein Euro (2009).
Für alle Selbstfahrer in Australien, unser deutscher Führerschein wird bis zu einem Jahr Aufenthalt anerkannt. Man kann sich gegen Gebühr von 50,- Austr. Dollar einen Australischen Führerschein mit 5 Jahren Gültigkeit ausstellen lassen. Der Deutsche muss dabei vorgelegt werden, dass betrifft Queensland, wie das in den anderen Bundesstaaten aussieht weiss ich nicht. Alle sind ge-

warnt, der Linksverkehr ist OK, aber rote Ampeln werden oft überfahren, also immer auf Nachzügler achten. In den Kreisverkehren erlebe ich täglich immer wieder neue Überraschungen!

Der absolute Höhepunkt ist; „Das ich nach längeren Arbeitseinsatz in Australien, durch Fliesenlegen und Malerarbeiten ausführen." Genug Geld zusammen bekommen habe um mir ein neues Motorrad kaufen zu können. Eine Kawasaki KLR 650, Modell 2008. Es ist eine ökologische Entscheidung gewesen, die BMW verbrauchte etwa sieben bis acht Liter auf einhundert Kilometer und war inzwischen 20 Jahre alt. Die Kawasaki braucht nur fünf Liter, ist neu und weniger anfällig für Reparaturen. Zudem handlicher und völlig ausreichend.
In den letzten zweieinhalb Jahren habe ich festgestellt, das ich keinen 43 Liter Tank brauche, die Handlichkeit und der geringere Verbrauch spielt eine größere Rolle für mich. Die BMW habe ich nach Deutschland zurück verschifft.
Anfang Mai 2008, machte ich mich auf dem Weg nach Tasmanien, mit der neuen Kawasaki.
Der Winter steht bevor, was heißt, dass die Tagestemperaturen auf Tassi wie von den Taswegians (Einheimischen) genannt schon für Motorradfahrer unangesagt sind. Acht bis fünfzehn Grad tagsüber und nachts unter Null bis acht Grad minus. Aber" Du kommst ja aus Germany," dann bist du sicherlich das Wetter gewöhnt und es macht Dir nichts aus, hieß es.
Die Kawasaki KLR 650 ist gepackt, mein neues Motorrad hat etwa 5000,- Euro, 8200,- Austr. Dollar mit Versicherung und Zulassung gekostet. Wie immer ist der äußerliche Eindruck, dass ein Europäer unterwegs ist, auf Reisen. Aber was soll ich dazu sagen, die Gepäckrolle ist mit etwa zehn Kilogramm an Campingzeug voll. Das werde ich auf Tassi wohl nicht mehr brauchen, wenn es zu kalt ist steige ich auf Backpacker um. Billige überdachte Unterkünfte, wobei billig bei etwa 18,- bis 32,- Dollar die Nacht gemeint ist, „was ganz schön ins Geld geht."
Diesmal sind dicke warme Motorradsachen dabei, wie die zum täglichen Einsatz kommende Windstopper Unterbekleidung und die Wasserdichten dicken Handschuhe von Reusch. Die mir von **www. polo-motorrad.de** aus Düsseldorf gesponsert wurden sowie neue Motorradstiefel.
Ebenso der automatische Kettenöler der Firma Scottoiler und das Helmkamerasystem der Firma Pacelog. Alles wird seinen Einsatz erst richtig auf den Pisten zeigen und sich bewähren müssen. Das Wilbers-Federbein und die Gabelfedern sind auf mein Gewicht und Gepäck ausgelegt.

Von Brisbane aus, legte ich folgende Inlandstrecke zurück. Von Byron Bay, der Hippiehochburg in Queensland bin ich über den Gebirgszug der Great Dividing Range, die sich von Queensland bis nach Victoria zieht auf Höhenlagen von 300 bis 1700 Metern gefahren.
Die ersten zwei Wochen bis Melbourne, waren wettermäßig zelten noch möglich. Die Bergwelt verließ ich nur, um in Sydney und Canberra einige Tage Zwischenstation einzulegen. Herrliche Natur, Berg und Landschaften durchkreuzten meinen Weg. Auch merkte ich, dass es stets kälter wurde, je tiefer südlich ich kam. Abends fiel die Temperatur weit unter 10 Grad, tagsüber ließ es sich mit fast 20 Grad gut aushalten.
In den Snowy-Mountains, südwestlich von Canberra hatte ich, dass erste mal Minusgrade um die 8 Grad. Oft kam eiskalter starker Wind auf , dann zog ich mir meine Regenbekleidung über, die den Wind blockte und ich mich Pudelwarm fühlte. Der halboffene Helm, gab mir das Gefühl, dass es ganz schön kalt ist.
In Melbourne angelangt, der Stadt in der ich im Juli 1961, das Licht der Welt entdeckte. Fühlte ich mich nicht heimisch, keinerlei Erinnerungen sind geblieben, mit meinem siebten Lebensjahr gingen meine Eltern, samt uns vier Kindern wieder zurück nach Deutschland.
Ich begab mich nach Kensington und Footscray, unser damaliger Wohnort, kaum vorzustellen, dass ich in der Stadtmitte von Melbourne als Kind gelebt habe.
"Back to the Roots", aber ich bin wirklich an dem Ort angelangt wo ich vor 40ig Jahren, dass erste mal zur Schule gegangen bin und diese in der zweiten Klasse verlassen habe." Wauh, dass ich das jemals noch erleben konnte," mit eigenen"Mopped" den fast dreijährigen Weg hierher.
Eine Riesenstadt, mit knapp 4 Millionen Einwohner. Der Straßenverkehr bereitet mir keine Probleme, auch das durch Schilder angezeigte links einordnen und halten vor Ampeln, wenn man nach rechts abbiegen will. Weltweit eine einmalige Sache. Viele Einbahnstraßen bringen etwas Ordnung in dieses Chaos, besonders wenn der Berufsverkehr startet und endet.
Ich begab mich nach Williamstown, nicht weit von Harburg, im südlichen Hafenbereich. Viele Orte haben hier deutsche Namen, ein Dank an die frühen Immigranten aus Deutschland.
Hier besuchte ich alte Freunde meiner Eltern aus den 50iger Jahren. Bei Edeltraud und Peter Braun genoss ich geruhsame Tage. Beide sind 1958 von Bayern nach Australien ausgewandert, jedes zweite Jahr besuchen sie Deutschland. Euch beiden ein Dank für die Übernachtungsmöglichkeit

samt Speiss und Trank.

Nun aber sollte der Tag meiner Überfahrt nach Tasmanien kommen, am 15.5.2008, abends um acht Uhr sollte es losgehen. Vorher reinigte ich per Hochdruckreiniger das Krad, damit die Quarantäne keine Probleme bereitet, auch Tasmanien hat Angst vor der Einfuhr von irgendwelchen Sporen, Samen oder sonstigen Erregern, die das Ökologiesystem durcheinander bringen kann.
Die Überfahrt erwies sich als sehr ruhige Seereise, die Bassstrait die überquert wird, kann sehr unruhig und wellig werden sagte man mir.
Der einfache Weg hin samt Motorrad im Schlafsessel (Ocean Viewliner), kostet 130,- Austr. Dollar. Die Spirit of Tasmania 2, **www.spiritoftasmania.com.au**, ist etwa 250 Meter lang, eine Riesenfähre, da musste die See schon sehr unruhig werden um diesen Koloss in Unruhe zu bringen, dachte ich mir.
Zehn Stunden später in Devonport angelangt, bei starkem Regen der jedoch aufhörte als die Fahrzeuge das Schiff verließen. Hieß mich die Quarantäne willkommen und stellte mir die Frage nach Frucht, Pflanzen und sonstiger Mitnahme. Das Krad schaute man sich genauer an, nach kurzer Inspektion durfte ich weiterfahren.
Tasmaniens Vergangenheit der elenden Strafkolonien ist längst vergessen und kaum noch zu erkennen. Die spärlichen Überreste sind hier und da zu sehen, Port Arthur ist eine davon.
Da ich den ganzen Tag vor mir hatte und lediglich nur bis Stanley an der Nord-Westküste wollte, guckte ich mir einen Weg entlang der Küste aus und fuhr einige Pisten ab. Angezogen wie im Winter in Germany, denn es war kalt, 10 Grad und frischer südarktischer Wind kam auf.
In Stanley, the Nut von Einheimischen genannt. Ein schon von weitem sichtbarer Felsen mit platter Oberfläche, der einen Tafelberg ähnlich kommt. Hier blieb ich im einzigen Backpacker, der dem Campingplatz angehörte gleich drei Nächte. Der Eigner hat mir das Zimmer allein für 12,- Dollar die Nacht überlassen. Er hatte etwas Mitleid mit mir, einen Weltreisenden Biker der zur unmöglichsten Jahreszeit im Winter nach Tassi geht. In der Bergregion im Landesinneren, das Cradle Valley, Lake St. Clair, gab es Schneefall im Mai und Frost bis Minus acht Grad. Die Tagestemperaturen lagen hier unter zehn Grad und am späteren Nachmittag schon fast um die Null Grad. Während es in den Küstenbereichen tagsüber bei acht bis fünfzehn Grad und Nachts um die fünf Grad lag.
Wurde es zu kalt, was meist der Fall war, zog ich meine Regenbekleidung über, sodass kein Wind und Regen mehr durch kam. So war es angenehm für

mich zu Fahren und Temperaturen um die drei bis acht Grad nichts ausmachten.
Nun liegt Hobart vor mir, die Hauptstadt dieser Insel, wo alles nicht weit voneinander entfernt liegt. Der Mount Wellington, knapp 1300 Meter hoch, liegt wie ein Beschützer vor dieser Stadt und der Derwent-River auf der anderen Seite.
Ein Blick von der Spitze, die mit den Fahrzeug erreichbar ist, schafft einen unbeschreiblich schönen Eindruck von der Umgebung, Bergwelt und Fjorde die sich ins Land ziehen. Vorausgesetzt man hat keine Wolken.
In Hobart leben 130.000 Einwohner, es ist die zweitälteste und südlichste Bundeshauptstadt weltweit. Hier blieb ich einige Tage um mir die Kaskade Brauerei und alten Gebäude des achtzehnten Jahrhunderts, sowie das Hafenviertel samt Salamanca Markt anzuschauen.
Viele Einbahnstraßen halten etwas Ordnung in dieser verkehrsreichen Stadt, dann zog es mich weiter nach Süden zu Southport.
Entlang des Huon Flusses, der Name stammt von den hier gefundenen riesigen, uralten Weichholz Huon-Pines. Ich folgte der Küstenstraße und fuhr nur schmale Nebenstrecken. Für 180 Kilometer brauchte ich fast sechs Stunden. Viele Farmen, die Fisch, Rinder und Schafzucht betreiben sah ich. Atemberaubende Landschaftliche Eindrücke und eine Stille die man nur selten erfährt. In der Wilderness Lodge blieb ich mehrere Tage und machte viele Walks und Motorrad-Touren ins Umfeld. Bis eine Zwölfköpfige Reisegruppe die Stille zum Lärmhaufen machte. Dann war es Zeit für mich, weiterzuziehen. Nächste Station war die Tasman Peninsula, Eaglehawk Neck und Port Arthur, eine ehemalige Gefangenen-Stadt. Am Eaglehawk Neck war die berüchtigte Dogline, eine schmale Enge wo scharfe Hunde angeleint wurden und bellten, wenn Gefangene fliehen wollten.
Die Wärter wurden aufmerksam und konnten die Flüchtenden erschießen oder stoppen. Selbst auf dem Wasser wurden Pontons errichtet wo Hunde platziert wurden. In den Backpackern hatte ich so manche Auseinandersetzung mit Einheimischen, die nachts um zwei Uhr SMS erhalten, telefonierten oder vollgekifft, vor sich hinredeten und lachten. Ich lasse mir das nicht gefallen, mache das Licht an und sagte denen meine Meinung, dass Sie einen Tritt in den allerwertesten bekommen und in der Küche, oder TV-Raum schlafen können.
Ein bisschen Rücksicht auf Gegenseitigkeit ist doch nicht zu viel verlangt oder liegt es an meinem Alter. Wenn ich schon um die 30,- Aussiedollar für die Nacht zahle, will ich auch etwas Ruhe haben.
Ich hatte nun genug von dem Wetter, viel Regen und starker orkanartiger

eiskalter Wind reichten mir.
Nun fuhr ich nördlich, folgend der Küste hoch nach Dunalley, Nugent, Oatlands, Roß und Champhell Town. Dies waren einige der historischen Städte die ich durchfuhr und eine Pause einlegte. Sie gaben wieder, wie es etwa um 1880 gewesen und ausgesehen haben muss. Cooles Bay mit seiner Bilderbuchbucht, die ich im schlechten Wetter durchwanderte,
bewies, dass es selbst im trockenen Osten auch viel regnet um diese Jahreszeit, es ist halt Winter.
St. Helens, der Regenbogen Beach, Eddystone Point Leuchtturm, Gladstone, Bridport und George Town entlang des Tamar River Fjordes brachten mich über Pisten und Asphalt nach Launceston. Die zweitgrößte Stadt von Tasmanien. Die Pisten sind in sehr guten Zustand, einfach zu befahren, alles ist schon zu Perfekt ausgeschildert, wie auf dem Festland auch.
Nach vier Wochen hatte ich wieder langsam Sehnsucht nach dem Festland und buchte hier meine Schiffspassage für die kommende Woche zurück nach Melbourne. Über Westbury, Deloraine, Mole Creek, Paradise, Sheffield, Railton, Latrobe und letztendlich in Devonport der Hafenankunfts- und Abfahrtstadt der Spirit of Tasmania angekommen. Verbrachte ich noch zwei Nächte, in Devonport bevor ich nach 5 Wochen Tasmanien verließ. Der Mersey Bluff mit dem Leuchtturm von 1889 ist Devenports auffälligste Erscheinung und mit wunderbaren Blick der Küste entlang. Sogar die Cradle Mountains Range konnte man von hieraus sehen. Der Hafen nimmt eine wichtige Stellung ein, da fast alle Landwirtschaftlichen Erzeugnisse von hier verschifft werden. Die Rückfahrt mit der Spirit of Tasmania war ebenfalls wie auf der Hinfahrt ruhig, wie ein großer See, den man bei Windstille überquert.
In Melbourne blieb ich noch einige Tage bei Edeltraud und Peter Braun, dann verabschiedete ich mich von meiner Geburtsstadt und David Bell. Der Mityre Reifenhändler in Williamstown. David sponserte mir einen Mitas E 07 Hinterreifen, vielen lieben Dank dafür.
Meine Tagesetappen von etwa 150 Kilometer in Tasmanien, steigen hier auf dem Festland, auf etwa 400 Kilometer pro Tag.
Es ging nun auf direkten kurzen unbekannten Weg nach Queensland hoch. Seymour, Albury am Murray River und Border nach New South Wales, Wagga Wagga, Cootamundra, Young, Blayney, einige Städte auf meinem Weg zurück zu meiner Arbeit in Brisbane. In Bathurst kann man kostenlos über die Rennstrecke Mount-Paramount fahren, hier drehte ich einige Runden auf der bergig, kurvigen Strecke, allerdings mit gemächlichen Tempo.
Der Weg nach Muswellbrook brachte mich durch die bergige Great Dividing

Range über Pisten nach Scone, Murrurundi, Quirindi, Tamworth, alles Städte die auf etwa 1000 Meter über dem Meerespiegel liegen.
Es war kalt tagsüber, trotz Sonnenschein und all meinen Klamotten und Regenzeug. Sobald die Sonne verschwand wurde es bitterlich kalt, selbst in den Backpackern wo meist keine Heizung oder Feuerstelle vorhanden ist, fror ich.
Nach zweieinhalb Monaten war ich wieder zurück bei meinem Bruder Gerhard und Schwägerin Daneen.
Welcome Arbeit, da mein Bruder gerade gebaut hat, konnte ich Ihm kräftig unter die Arme greifen.
Etwa 8000 Kilometer lagen hinter mir, dank des Scottoiler **www.scottoiler.com**, brauchte ich die Antriebskette nach bisher zwölftausend Kilometer nur einmal nachspannen. Der Mitas E 09 Hinterreifen, den ich für Tasmanien aufgezogen habe gleicht dem Continental TKC 80 sehr und hat etwa 10.000 Kilometer gehalten.
Das Equipment der Firma Motorradgarage, **www.motorradgarage.com.au** von Perth in Australien, der Hauptständer, die Werkzeugdose und die Crashbars samt Unterfahrschutz hielten tadellos stand, selbst beim öfteren aufsetzen.
Die NGK, **www.NGKNTK.de** , Iridium Zündkerze, hält ihren Einsatz schon 12.000 Kilometer ohne Probleme stand, weder Kälte, Benzin und Hitze zeigen negative Einwirkungen.
Die Elektrode sieht gut aus und keinerlei Verschleißerscheinung ist festzustellen.
Die Reiss- und Wasserfesten Landkarten von Reise Know How, **www.reise-know-how.de** , haben mir wie immer den richtigen Weg gewiesen.
Und zu guter letzt die Kawasaki KLR 650, Modell 2008, macht sich ausgezeichnet auf Pisten, die handlich-und Sparsamkeit ist erstaunlich, gegenüber der BMW. Der Originale 23 Liter Tank reicht für gute 450 Kilometer plus aus. Allerdings muss man bei etwa 400 Kilometer, das“ Mopped“ nach links auf die Seite legen, damit von der rechten Tankhälfte etwa vier Liter Benzin rüberschwappen. In Sydney bin ich auf dem Highway liegen geblieben und probierte es aus. Weil ich beim schütteln hörte, dass noch reichlich Benzin drin sein muss. Damit bin ich noch knapp 100 Kilometer gefahren, bei 480 gefahrenen Kilometern habe ich knapp 23 Liter nachgefüllt.

Es gab ein kleines elektrisches Problem in den Snowy Mountain, eines morgens sprang die Kawasaki nicht mehr an. Meine Fehlersuche stellte fest, dass kein Zündfunke vorhanden war. Die Kerze ist Ok, Benzin kam an, auch der Seitenständerschalter wurde mehrmals bewegt. Ich hatte den Verdacht, dass

die Zündspule platt ist. Weil tags zuvor schon Plastikgeruch aufkam und es beim ersten Starten eine extreme Fehlzündung gab. Der Motor lief kurz und starb dann ab und das war es. Die Benzinunterdruckleitung war auch nicht lose, nach langen hin und herwackeln an allen Kabeln, war der Funke wieder da und kurz danach wieder weg. Wohl zu viel Wellblech gefahren dachte ich, das"Mopped" lief dann irgendwann, aber ich musste das Gas auf etwa 3000 Touren halten, sonst starb der Motor ab. Ich prüfte nochmals die Benzinunterdruckleitung, die war aber Ok. Nun verstand ich die Welt nicht mehr. CDI-Box, Zündspule oder einfach nur ein Wackelkontakt im neuen Motorrad. Gerade mal 6000 Kilometer gefahren. Ich verfluchte die Kawasaki bis zum geht nicht mehr und wünschte meine BMW her!
In Bairnsdale, etwa 500 Kilometer nördlich von Melbourne an der Küste, fand ich einen Kawasaki Händler, die letzten zwei Kilometer musste ich schieben, weil die Kawasaki nicht mehr anspringen wollte. Eine mehrstündige Fehlersuche ergab nichts, niemand wusste was hier abgeht. Das hätten wir noch nie gehabt. Irgendwann nach langen Kabelwackeln sprang sie an, aber welches Kabel es war keine Ahnung!
Alle Stecker ließ ich öffnen und mit Kontaktspray einsprühen, dann mit Klebeband versiegeln, mehrere Start-und Fahrttest zeigten keine Probleme mehr. Der Fehler tauchte bis heute und weiteren 40.000 Kilometern nicht mehr auf.
Das Fahren und Verhalten auf unasphaltierten Strecken ist einfacher wie mit der Kuh, der Benzinverbrauch geringer. 650ccm reichen aus, der Motor ist offen und hat circa 45 PS.
Die Inspektionsintervalle liegen bei 12.000 Kilometern. Die Original Sitzbank ist nicht so komfortabel wie bei der BMW, ich habe diese härter, breiter-und höher umarbeiten lassen.
Von der Australischen Automobil Assoziation in Brisbane habe ich ein Zolldokument, ein Carnet de Passage ausgestellt bekommen. Wenn meine Arbeit in Australien beendet ist, verschiffe ich die Bergziege nach Neuseeland.

Schlechte Nachricht aus Deutschland

Am 22.11.2008 haben meine Geschwister und ich von meiner Cousine aus Deutschland erfahren, dass es Mutter schlecht geht und sie im Krankenhaus sei. Elfie und Gerhard sind nach Deutschland geflogen, konnten aber nicht mehr helfen, am 18.12.2008 schlief Sie friedvoll ein und wurde von ihrem Leid erlöst.
Möge Eveline in Frieden ruhen, Amen.

WELCOME
to
NATURE
TERRITORY
the NORTHERN TERRITORY
of AUSTRALIA

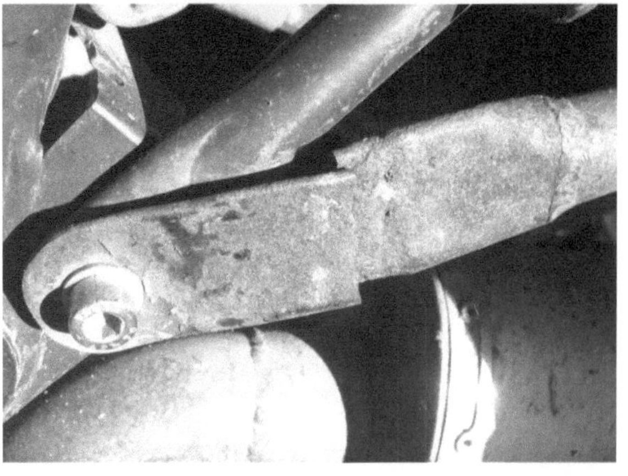

to
Kawasaki TeamMoto Kawasa

Neuseeland

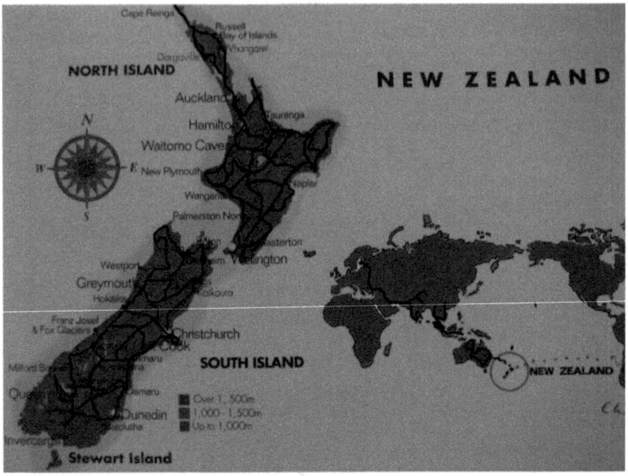

Volker, ein Freund aus Düsseldorf war gerade in Neuseeland auf Urlaub und holte mich vom Flugplatz in Christchurch mit seinem Leihwagen ab. Er spielte den Taxifahrer für mich und brachte mich zum MAF

(Ministry of Agriculture and Forestry). Wo ich ein fünfseitiges Formular ausgefüllt habe und anschließend 84,- Nz-Dollar bezahlen musste. Dort gab man mir einen Termin wann das Motorrad im Lagerhaus inspiziert wird. Bei der Frachtagentur habe ich zuvor alle benötigten Papiere erhalten und 115,- Nz-Dollar zahlen müssen. Anschließend sind wir zum Lagerhaus gefahren, dort wurde abgeklärt, dass ich das Motorrad aus der Kiste hole und alle Sachen auf einer Plane ausbreite. Damit der Beamte vom MAF leichtes Spiel hat. Als das alles erledigt war, konnte ich mein Motorrad zusammen bauen und heraus fahren.

Meine nach Hamburg verschiffte treue BMW R 100 GS ist inzwischen auch bei meinen Freunden und Reisepaten, Doris und Peter Tennigkeit in Rahden angelangt. Euch beiden vielen Lieben Dank für die schnelle Hilfe und Unterstellmöglichkeit. Momentan ist sie bei Wolfgang Schiedeck, der sie zusammenbaut und ihr das Gnadenbrot gibt, danke Wölfi.

Neuseeland ist größer wie England, der Neuseeland-Dollar ist schwach, Europäer bekommen für ein Euro umgerechnet 2,40 Nz-Dollar (2009). Deshalb zieht es hier jährlich über 2 Millionen Touristen hin.

Neuseeland wo die Kiwis leben, damit sind nicht nur die Einheimischen Bewohner mit gemeint, sondern der flugunfähige Vogel. Der hier sehr selten und

als nachtaktives Tier, nur schwer aufzufinden ist.
Neuseeland liegt im Südpazifischen Meer, 12.000 Kilometer bis Südamerika und am Tasmanischen Meer 2000 Kilometer von Australien getrennt.
4 Millionen Menschen stehen im Gegensatz zu 40 Millionen Schafe. Viele Farmer steigen auf die Rinderzucht um, weil der Wollmarkt zusammen gebrochen ist. Es gibt zu wenig Geld für die Wolle, die einst alle so reich gemacht hat.
Falls man Schafscherer kommen lässt, die die Schafe scheren, würde beim Verkauf der Wolle nicht viel übrig bleiben. Die Kosten der Löhne und der Verkauf der Wolle decken sich fast identisch sagte man mir auf einer Farm. Wo der Farmer, seine 2000 Schafe selber schert.
Die Cook-Street, die beide Inseln trennt hat eine Breite von etwa 24 Kilometer. Arbeitslose gibt es kaum, etwa 6%. Viele Touristen die bei der Wein-und Obsternte mit einem Arbeits-und Urlaubsvisum hier arbeiten, helfen dem Staat kräftig mit Steuern einzunehmen. Die Kiwis allein schaffen das nicht, wenn die Erntezeit beginnt wimmelt es überall von jungen Europäern in den Backpackern- und Campingplätzen die in ihren Bullis schlafen und Leben.
Mit Volker wanderte ich Anfang Februar den vier Tage langen Milfordtrack, der als einer der schönsten Weltweit gilt.
Naja, schönster Weltweit...................!
Für mich als untrainierter Gelegenheits-Wanderer, war der dritte Tag der anstrengendste. Nur weil wir die höchsten Wasserfälle von Neuseeland sehen wollten. Die Sutherland-Waterfalls, die aus 580 Metern Höhe herabfallen. Es hat etwa zwei Stunden hin- und zurück gedauerte, dann noch eine Stunde zur Hütte. Dort kamen wir erst nach fast 12 Stunden laufen gegen Abend an. Wenn man Pause machen wollte, kamen nach 15 Sekunden die Sandfliegen. Diese tauchten in Scharen auf, die verschwitzen Wanderer sind gefundenes Fressen für sie. Man merkte das erst am anderen Tag. Überall sind kleine rote Punkte die anfangen zu jucken, hunderte überzogen meine Arme und Gesicht, ich lief vier Tage mit langer Hose und mit einem 18 Kilogramm schweren Rucksack. Für diesen Track muss man sich schon Monate vorher anmelden, wenn man ihn in der Saison laufen will. Die Hütten bieten Platz für 40 Personen, zelten darf man dort nicht und es kostet etwa 250,- Nz-Dollar. Man läuft viel durch Wald und sieht bei schlechtem Wetter wie wir es überwiegend hatten nicht viel. Der Mackinson-Pass, lag in Wolken und Regen. Die einzige längere himmelsoffene Fläche.
Ich bekam durch Zufall mit, dass die Rockband Iron Maiden, am 22. Februar 2009 ein Konzert in Christchurch gibt. Meine Lieblingsband seit über 20 Jah-

ren. Karten gab es noch und mit 120,- Nz-Dollar war ich dabei. Ein Höhepunkt meiner Reise, dass zu erleben, wauh. Ende Februar gab es in Lytellton nahe Christchurch ein HU- Bikermeeting von Nigel Maarten veranstaltet. Nur wenig Overländer waren hier. Das Australische Bikerpaar Kay und Peter. Die in 12 Jahren alle Länder der Welt bereist haben und mehr als eine halbe Millionen Kilometer auf denselben Motorrad, einer Harley Davidson gefahren sind. Hier traf ich ein deutsches Paar aus Dresden, mit einer BMW GS 1100, Katharina und Axel, die schon zwei Jahre unterwegs sind. Alle anderen waren aus Neuseeland.

Hier lernte ich **www.citymotorcyclerentals.com**, aus Christchurch kennen, die auch in Auckland eine Verleihstation für Motorräder betreiben. Sie boten mir für Wartungsarbeiten ihre Werkstattnutzung kostenlos an. Was ich auch dreimal in Anspruch nahm.

Die Kiwis halten es so, dass wenn man Land besitzt, dieses auch eingezäunt wird. Damit die Schafe, Rinder, Emus etc. nicht weglaufen. Hier ist fast alles eingezäunt, Übernachtungsplätze im Freien zum Zelten, müssen früh genug gesucht werden. Noch nie sah ich soviel Zäune und Schilder, wie „privat property, stay out, dogs will be shut,“ und ‚und. Viele Zäune sind durch Ketten gesichert und haben Vorhängeschlösser. Ein durchkommen ist zum nächsten Strand oder Bucht nicht machbar. Deshalb musste ich viele Wege wieder zurückfahren. Selbst eingezeichnete Strecken als Pisten ausgeschildert, enden irgendwann einmal an einem verschlossenen Zaun.

Zum Streckenverlauf, von Christchurch bin ich nach Kaikoura gefahren, wo man Delfine im Meer schwimmen sehen kann. Dann nach Mount Cook, Lake Tekapo, Wanaka, Arrowtown, Queenstown, Te Anau, Milford-Sound, Lake Manapouri und Invercargill um hier das schnellste Indian Motorrad der Welt zu sehen. Anschließend zum südlichsten Punkt von Neuseeland den Slope-Point in den Catlins. Darauf nach Dunedin um die steilste Straße der Welt zu sehen und hochzufahren. Weiter nach Geraldine, den Arthur-Pass, die Molesworth und Rainbow Road. Diese zwei Pisten sind bis zu zweihundert Kilometer lang und führen durch ein Talkessel.

Manche Pisten, sind Gebührenpflichtig, weil diese über Privatland verlaufen. So z.B. die Rainbow-Road, Motorradfahrer zahlen 15,- Nz-Dollar, Radfahrer nur 1,- Nz-Dollar und Autofahrer allerdings 25,- Nz-Dollar.

Weiter ging es über Reefton auf Nebenpisten nach Motueka in den Abel-Tasman Nationalpark. Dann zurück nach Nelson, Blenheim und Picton, wo ich mich eine Woche aufhielt.

In Picton war ich etwa zwölf Minuten in der Bücherei und habe meine e-Mails durchgesehen. Wie ich heraus kam, fehlte mein GPS-Handgerät vom Motorrad. Nach Malaysia in 2007 der erste Diebstahl in Neuseeland, obwohl ich die Polizei einschaltete, tauchte es nicht mehr auf.

Ich fahre wenn machbar stets Nebenpisten, die oft steinig und mit viel Schotter bedeckt sind. In den Kurven muss man vom Gas runter, falls Gegenverkehr kommt, driftet man zu schnell herum, statt zu stoppen. Den Luftfilter muss ich Regelmäßig auswaschen (500km), viele Pisten verlaufen in eine Sackgasse, so dass ich die selbe Strecke oft wieder zurück muss. Oftmals versperrt auch nur ein Gatter mit Vorhängeschloss die Weiterfahrt.

Die meisten Pisten sind nicht anspruchsvoll und einfach zu befahren, selbst mit voll beladenem Motorrad und mit Gepäck.

Der Marlborough-Sound und die Golden Bay sind schön zu befahren, es gibt viele Pisten und weniger Touristen mit Campervans.

Das DOC (Department of Conservation), hat viele Naturcampingplätze, wo einfache Toiletten, Trinkwasser und Duschen vorhanden sind. Gegen geringe Gebühr und Selbstregistrierung kann jeder diese aufsuchen.

Im Anschluss daran, bin ich die Westküste entlang gefahren, es soll die regenreichste Gegend von Neuseeland sein. Der Franz Josef-und Foxier Gletscher sind die größten und bekanntesten, hier habe ich schöne Tageswanderungen unternommen.

Von der Westküste folgte ich der asphaltierten Straße nach Wanaka. Mein vorderes Kettenritzel war fast blank und das nach 22.000 Kilometer. Ich hoffte dort Ersatz zu bekommen, was auch klappte.

Inzwischen war schon Mai und der Winter stand vor der Tür.

Diesmal war ich auf landwirtschaftlichen Straßen unterwegs, die Hakataramea-Road eine Abkürzung in Central Otago nahe Kurow. Ich wollte nach Lake Tekapo um dort einige abgelegene Pisten zu fahren. Ich genoss den herrlichen, sonnigen Tag, nach morgendlichem Regen und Kälte. Ich besuchte auf meinem Weg eine Fossilienstätte in Duntroon und 3000 Jahre alte Maori-Felsmalereien in Takiroa und Earthquakes,

sowie die nahegelegenen Elefant-Rocks. Die vom Wind und Wetter geformten Felsmonoliten, erinnern dem aussehen nach an Elefanten.

Ich fuhr unbeschwert auf einer asphaltierten schmalen Straße, dann kamen einige leichte Kurven. Plötzlich, unerwartet und ohne Vorwarnung in einer Rechtskurve, kam ein überbreiter Mähdrescher ohne Mähbalken. Er nahm etwa 70% Prozent beider Fahrbahnen ein. Ich war geschockt, bremste und schaltete ein Gang herunter und zog etwas nach links, um Platz zu machen. Ich

merkte aber, dass ich noch weiter nach links muss um eine Kollision zu vermeiden. Also bin ich noch ein wenig weiter nach links und dabei kam mein Hinterrad auf der Asphaltkante und somit von der Fahrbahn ab. Das Hinterrad meiner Bergziege überholte mich und ich wurde regelrecht abgeschmissen. Natürlich in Richtung des Mähdreschers. Meist geht ein Sturz mit 50 Kilometer die Stunde gut aus, diesmal aber nicht!
Es war ein harter Aufschlag, ich kam rechts an dem anderen Fahrbahnrand zum liegen. Die Bergziege lag in Fahrtrichtung 20 Meter weiter vorne auf der Straße nach rechts gekippt.
Für die Unwissenden, in Neuseeland herrscht Linksverkehr. Starke Schmerzen, rechts im Brustbereich und im Handgelenk links spürte ich auf Anhieb. Den Helm entfernte ich alleine, auch meine Motorradjacke öffnete ich selbstständig, um mehr Luft zu bekommen. Nur klappte es mit dem Aufstehen nicht. Ich musste mich mit der linken Hand von dem Boden hochdrücken, das versuchte ich dreimal und merkte, dass auch noch ein Knochenbruch im Handgelenk ist, der aber völlig schmerzfrei war.
Natürlich war das alles eine automatische Reaktion nach dem Unfall. Hätte meine Wirbelsäule etwas abbekommen, säße ich heute im Rollstuhl.
Per Handy wurde ein Arzt informiert, der Mähdrescherfahrer war genauso geschockt wie ich. Nur eben unverletzt, auf meiner Frage, “ Warum kein Pilot-Fahrzeug voraus fuhr“ um den entgegen kommenden Verkehr zu warnen, antwortete er nicht. Alles spielte sich innerhalb weniger Sekunden ab. Ich gelangte per Ambulanz nach sechs Stunden in das 120 Kilometer entfernte Krankenhaus in Timaru. Meine Bergziege wurde ins 25 Kilometer entfernte Kurow zu einer Werkstatt gebracht, zwecks Unterstellung und Sicherung.
Ich lag acht Tage im Krankenhaus, den linken Arm bis zum Ellenbogen in Gips. Ein Polizist aus dem Unfallbereich kam am nächsten Tag zu mir ins Krankenhaus und machte Theater. Weil ich mit Australischen Kennzeichen und unregistriertem Motorrad hier in Neuseeland fahre. Ich sagte, dass ich am Unfall nicht schuldig bin. Sondern der Mähdrescherfahrer, weil er überbreit war und kein Pilot-Fahrzeug vorfuhr. Der Polizist erzählte sofort, dass auf landwirtschaftlichen Straßen alle Farmmaschinen recht haben und was ich auf der Strecke eigentlich suchte. Ich sagte darauf, was ein Mähdrescher im Winter auf dieser Strecke zu tun hätte und warum der entgegenkommende Verkehr nicht gewarnt wurde. Es sei schließlich eine asphaltierte Straße. Darauf antwortete er nicht!
All meine Papiere und Dokumente befanden sich in den Koffern der Bergziege, die irgendwo bei Kurow in einer Autowerkstatt sichergestellt wurde.

Es dauerte einige Tage bis der Polizist sich in Auckland kundig machte, dass ich rechtens hier bin und auch mit der Australischen Zulassung hier fahren darf. Samt den Kennzeichen aus Australien.
Nur, dass ich eine Warrant of Fitness (WOF) haben müsste, eine Art TÜV für Kräder, diese kostet 35,- Nz-Dollar. Das hat man mir bei der Einfuhr nicht erzählt, sonst hätte ich es gemacht.
Es wurde der ortsansässige Kawasaki-Motorradhändler eingeschaltet um mein Motorrad von Kurow nach Timaru zu bringen. Es schlug zweimal fehl, dann habe ich dieses mit Greg, dem Besitzer des Wanderer 1873 Backpacker samt seinen Anhänger und Geländewagen selber nach Timaru geholt.
Der Kawasaki-Händler sollte das Motorrad nach Kostenvoranschlag reparieren.
Es war mein Schaden hieß es. Kein Ersatz von dem Mähdrescherfahrer ist zu erwarten.
Drei bis vier Monate sollte der Heilungsprozess dauern, die Rippen sind nach acht Wochen verheilt hieß es. Der L- Scaphoid braucht lange Zeit, weil er schlecht durchblutet ist. Ich fasste den Entschluss, während der Heilungsphase, zu meiner Schwester nach Australien, nähe Brisbane zu fliegen.
Nachdem meine Hand und Arm, zwei weitere Mal eingegipst wurde, stellte sich bei der abschließenden Röntgenaufnahme heraus. Das der L- Scaphoid nur unzureichend zusammen wächst. Man wollte Operieren und eine Schraube einbringen, was ich aber ablehnte. Ich merkte schon jetzt, dass mein linkes Handgelenk nicht mehr so bewegungsfähig wie zuvor ist.
In September 2009 bin ich einen Monat früher wie gewollt nach Neuseeland zur Südinsel zurückgekehrt, weil es Probleme mit der Bergziege bei dem Kawasaki-Händler in Timaru gab.
Dort angelangt hieß es, dass meine CDI- Box defekt sei. Das Motorrad war nur unzureichend repariert. Eigentlich war ich schockiert über den Zustand. Hatte ich vor der Abreise zur Genesung nach Australien den kompletten Reparaturpreis in Bar bezahlt. Es hieß, dass man mehr Stunden an der Bergziege gearbeitet hat wie im Kostenvoranschlag genannt!
Mit anderen Worten es war Baustopp nachdem das Geld ausgegangen ist. Das schlimmste war, dass Motorrad wollte nicht anspringen nachdem ich es dort wegholen wollte. Stu und Mark, zwei Ortsansässige Biker boten mir ihre Hilfe an, die Bergziege in deren Garage zu reparieren.
Nach längerem hin und her sollte ich in zwei Stunden wiederkommen, was ich tat. Allerdings in Begleitung von Stu und Mark.
Auf einmal sagte man,“dass Motorrad läuft,“ also doch nicht die CDI- Box

defekt. Wollte man mich abzocken und mehr Geld von mir haben! Es gab auch keine Antwort darauf, woran es gelegen hatte.
Ich startete und war auf dem Weg zu Mark seiner Garage. Etwa zwei Kilometer später ruckelte und stotterte der Motor und ging aus. Mitten auf einer Kreuzung, ich sprang ab und schob die Bergziege an die Fahrbahnseite. Nach mehrmaligen Starten nichts. Mir viel auf, dass beim Fahren, mein Instrumentenpanel etwas herabrutschte. Ich schob es hoch und startete. Die Bergziege sprang an. Ich schob es herunter, der Motor stoppte. „ Ahah"
Also ein kleines elektrisches Problem wegen Kurzschluss war die Ursache, einfach zu finden und zu reparieren.
Die Inspektion führte ich selber durch, inklusive den Ölwechsel. Nichts hatte man erledigt. Das Ventilspiel überprüfte ich ebenfalls, war aber OK und muss erst wieder bei 48.000 Kilometern geprüft werden.
Ulrike und Denzil Paterson, eine deutsche Krankenschwester und ihr Ehemann Denzil, die mir zuvor schon bei dem Unfall und Krankenhaus Aufenthalt geholfen hatten, besuchte ich des öfteren und wurde sehr oft zum Essen eingeladen. Ulrike hat mir sehr geholfen, als ich nach dem Unfall acht Tage Stationär behandelt werden musste. Ulrike kommt ursprünglich aus Berlin und ist mit einem Kiwi verheiratet.
Vielen lieben Dank dafür.
Nun war es aber an der Zeit, den Rest der Südinsel unter die Räder zu nehmen. Was ich zum Zeitpunkt des Unfalls im Mai nicht erledigen konnte, soll nun noch bereist werden.
Es war der kälteste und feuchteste Oktober seit 70zig Jahren. Ich machte mich auf den Weg über dem Meyerspass zur Hakataramea Road. Der Strecke, " wo ich den Unfall mit dem überbreiten Mähdrescher hatte." Es war schon ein komisches Gefühl den Ort wiederzusehen.
Das Hakataramea Tal, eine schöne Landschaft, zur Zeit war eine Militärübung zugange. Große Militärfahrzeuge zwangen mich immer wieder von der Piste auszuweichen. Noch saß die Angst von dem Unfall im Nacken.
Die Black-Forest-Road über Lake Benmore war wegen Lammzeit der Schafe geschlossen. Lake Tekapo, mit dem einzigen Sternen Observatorium in Neuseeland auf 1200 Meter gelegen, auf dem Gipfel des Berg Mount John, verschaffte mir einen schönen Rundumblick über die Gegend, die ich nicht befahren durfte.
Danseys-Pass von Duntroon nach Ranfurly, Alexandria nach Clyde, Bannockburn und Duffers Saddle, der höchst befahrbare Pass auf 1300 Meter Höhe und über Nevis Crossing nach Garsten ist der Highlight für Biker auf der Südinsel.

Nachdem ich den Pass (Duffers Saddle) überquert hatte, folgte eine lange Abfahrt ins Tal. Hinter den Remarkables, einem Gerbirgszug, hier blühte alles im Frühling und ich musste etwa 30 Flüsse durchfahren. Die maximal 70 Zentimeter tief, aber kurz waren. Das Wasser ist klar, ich sah die untiefen Stellen sehr gut.
Am Ende angelangt, blickt man von 1000 Meter Höhe ins Tal nach Garsten herunter, etwa 70 Kilometer von Queenstown entfernt. Von hieraus sieht man die mit Schnee bedeckten Berge der Südalpen Richtung Milford-und Doubtful Sound sowie Queenstown.
Das ist ein „Muss“ für Endurofahrer- und Radfahrer. Einige Abschnitte waren weggespült und selbst für 4WD zu schmal. Das war Abenteuer pur, nach inzwischen 16.000 Kilometern auf der Südinsel.
Über relativ wenig befahrene Nebenstrecken und Pisten ging es weiter nach Invercargill zur zweit größten Insel von Neuseeland, nach Stewart-Island. Meine Bergziege blieb im Flugzeug- Hangar und ich flog hinüber, was billiger war, als wenn ich die Fähre mit dem relativ teuren Bustransfer genommen hätte. Ganz zu schweigen einen sicheren Unterstellplatz für die Bergziege zu finden.
Eine Woche war genug, das Wetter schlechter und kälter wie woanders. Alles was aus der Antarktis kommt , fällt hier zuerst als Regen und Schnee herunter. Ich lief den dreitägigen Rakiura Walk, leider sah ich keine freilebenden Kiwis. Ich hörte sie nachts nur. Das war eigentlich der Hauptgrund um nach Stewart-Island zu kommen. Der Walk war einfach, aber durch das schlechte Wetter wurde es zur Schlammschlacht, teils steckte ich bis zu den Waden im Schlamm. Außer ein paar Kaka, Kea ähnliche Papageien sah ich kein Tierleben, auch war es totenstill im Wald, wenn der starke Wind mal nachließ.
Von Invercargil ging es wieder durch die Catlins nach Balclutha und Dunedin zur Peninsula der Albatross Kolonie. Diesmal konnte ich nachmittags die riesigen, mit bis zu zwei Meter Spannweite grossen Albatrosse im Wind gleiten sehen. Beeindruckend schwebten sie wie die Könige der Luft am Taiaroa-Head über mir.
Port Chalmers, Waikoutai, Moeraki Bolders, Oamaru nach Timaru folgte ich dem langweiligen Highway schon zum dritten mal.
Wie es der Zufall so wollte, fand ich Arbeit bei Greg in Timaru, er ist Builder und macht allerhand. So komme ich in den Genuss, in der Neuseeländischen Handwerkskunst rein zu schnuppern. Reich wird man hier nicht, für etwa 15,- Nz-Dollar die Stunde, knapp 7,- Euro, komme ich gut über die Runden und kann meine Reisekasse dazu noch etwas aufbessern.

Die Wochenenden sind arbeitsfrei, sodass ich mich einigen Bikern hier anschloss um Ausfahrten in die nahe gelegene Umgebung zu machen. Dann passierte es?

Auf den kurvenreichen Weg nach Geraldine, bei 130km/h in einer Kurve, ein Plattfuß am Hinterrad. Das Motorrad schoss nach rechts," ich hielt den Lenker gerade," aber trotzdem schob es mich voll nach rechts. Es war kein Gegenverkehr und ich kam ohne Sturz zum stehen. Das Herz in der Hose, mein Puls auf zweihundertsechzig.

Die Anderen organisierten einen Anhänger, die Bergziege wurde wieder nach Mark in die Garage gebracht, zwei Tage später wechselte ich dort gleich den Kettensatz samt neuen Hinterreifen mit Elefantenschlauch. Die alte Kette hielt nur 31.000 Kilometer. Wobei das vordere Kettenritzel schon bei 22.000 tausend Kilometer gewechselt wurde. Jetzt wurde eine stärkere 520 VM, X-Ring Kette eingebaut, ich hoffe der Aufpreis dafür macht sich bei der Haltbarkeit positiv bemerkbar.

Glück im Unglück dachte ich mir, diese Teile wollte ich sowieso austauschen. Der Hinterreifen, Mitas E 07 hatte mit 14.000 Kilometer seinen Dienst getan und war schon sehr runtergefahren.

Zwei Wochen später, schloss ich mich einigen Bikern des Timaru Ulysse-Clubs an. Um gemeinsam am 27.11.2009 um 9 Uhr morgens die circa 700 Kilometer über Waimate, Kurow, Omarama,
Lindis- Pass, Cromwell, Alexandra und Gore nach Invercargill zu gelangen.

Wir wollten zur Burt Monroe-Rallye, größtes Bikertreffen in Neuseeland. Ich kam dort nie an!

Vor Lindis-Pass kam starker orkanartiger Wind aus dem Süden, der Antarktis auf. Dieser brachte mich zum tanzen auf der Straße, die Bergziege wurde geschüttelt wie noch nie zuvor. Leider ließ ich meine schweren Alukoffer in Timaru, die Bergziege war einfach zu leicht. Ab Gore, etwa 70 Kilometer vor Invercargill kam starker Regen dazu, zweimal zuvor rutschte mein Vorderrad seitlich weg, „beim dritten mal war es soweit!"

Bergauf, ein starker seitlicher Windstoß, schob das Vorderrad etwa zwanzig Zentimeter weg. Ich konnte die Bergziege nicht halten, trotz herunter gehaltener Beine schlitterte diese unter mir weg, bei etwa 80 Kilometer die Stunde. Ich rutschte rücklings über den Asphalt bergauf, wie auf Eis.

Ich stand sofort wieder auf und wollte die Bergziege aufheben, "keine Chance," mehrere stoppende PKW-Fahrer halfen mir. Ich bin heute schon der fünfte Biker, den es weggeblasen hat, sagte einer der PKW-Fahrer. Ich hatte nur etwas Schmerzen im Knie links und der Hand rechts, mein Regenanzug sah

ziemlich zerfetzt aus.
Das "Mopped" startete nach einigen Versuchen ohne Probleme, beide Spiegel sind kaputt, die Sturzbügel haben schlimmeres verhindert, ich wartete auf meine Gruppe, doch niemand kam zurück.
Dann fuhr ich noch etwa zehn Kilometer Richtung Invercargill. Mein Knie war inzwischen sehr dick geschwollen, es ist besser nach Gore zurückzukehren und eine Nacht zu überschlafen, um zu sehen was mit dem Knie morgen los ist. Der Regen hörte über Nacht nicht auf, ebenfalls der starke orkanartige Wind. Am Samstag morgen entschloss ich, nach Timaru zurück- zufahren, mir war die Lust auf Bikertreffen vergangen. Der Sturz sollte ein Zeichen sein, dass ich dort nicht hin sollte.
Das Knie war dicker geschwollen wie am Abend zuvor aber ziemlich schmerzlos, also fuhr ich am Stück zurück. Samstag Abend in Timaru am Backpacker angelangt, war das Staunen groß. Warum ich schon wieder da bin. Da fahre ich weit über 100.000 Kilometer ohne Probleme von Deutschland nach Neuseeland und hier passieren dann innerhalb 16.000 Kilometer ein Unfall und mehrere Stürze.
Meine Arbeit bei Greg, dem Builder in Timaru, habe ich nach drei Monaten beendet. Die Arbeit ging aus, alles was wir anfingen, haben wir Ruckzuck beendet, über die Weihnachtsfeiertage wollte er etwas Ruhe und Zeit mit seiner Familie verbringen. Ich habe einen guten Einblick bekommen wie man arbeitet in Neuseeland, speziell im Baugewerbe.
Für mich wurde es auch Zeit, dass ich zur Nordinsel hoch kam, war ich inzwischen schon 9 Monate nur auf der Südinsel unterwegs. Richtung Norden fuhr ich über verschiedene Gravel-Roads und Mount Olympus nach Lake Coleridge zur Bank Peninsula unterhalb Christchurch. Hier traf ich ein deutsches Paar mit Leihmotorrädern, XT 600 und KLR 650 aus dem Ruhrpott, wir verbrachten knapp zwei Tage zusammen.
Ich blieb an der Ostküste, weil ich diese zuvor noch nicht gefahren bin, Kaikoura nach Blenheim und am Lake Grassmere vorbei. Dort wird Salz gewonnen, riesige geflutete Felder mit Meereswasser, was leicht Pink schimmert, war von weitem Sichtbar. Die größte Salzgewinnungsanlage in Neuseeland.
In Picton einer kleinen Hafenstadt im Marlborough Sound, wo die Fähren zwischen beiden Inseln verkehren, traf ich den Langzeitreisenden deutschen Peter Hendriks, der zuvor schon 15 Jahre in Neuseeland lebte. Peter fuhr von Frankreich aus, wo er die letzten Jahre lebte und arbeitete, nach Neuseeland zurück. Unterwegs in Thailand, lernte er seine Frau Su kennen und heiratete diese prompt.

Für Interessierte, seine Webseite lautet **www.bedda.free.fr**. Ihr Endziel ist erreicht und beide wollen hier sesshaft werden, falls es mit der Arbeit klappt. Viel Glück.

Die Fährüberfahrt (115,-Nz-Dollar) über der Cook- Street nach Wellington verlief Aalglatt. In Wellington musste ich mir ein neues Zelt besorgen. Mein fast fünf Jahre altes Auriga von Exped war nicht mehr Wasserdicht und die Reißverschlüsse machten auch Schwierigkeiten. Selbst der Boden war löchrig und das Außengewebe zum zerreißen dünn bzw. mürbe. Zudem musste ich einen neuen deutschen Reisepass beantragen, da mein alter im März 2010 ausläuft. Kosten von 150,- Euro kamen auf mich zu, wegen Auslandsunzuständigkeit und Mehrkosten für einen 48ig seitigen. Vier bis sechs Wochen sollte es bis zur Fertigstellung dauern. Die nutzte ich um das Umfeld von Wellington zu erkunden. Te Papa das Museum nahm schon einen ganzen Tag in Anspruch, eine enorme Maori-Ausstellung, die permanent hier untergebracht ist, zeigte einen guten Einblick in die damalige Zeit, vor und während der Europäischen Bevölkerungsinvasion und die Vertreibung der Ureinwohner.

Viele Maori Stämme stellten sich den neuen Eroberern in den Weg und ließen sich nicht so einfach abspeisen und vertreiben. Es hat schwere Kämpfte auf beiden Seiten gegeben, auch heute noch sind die Maori überall vertreten, speziell auf der Nordinsel.

Südlich von Wellington, das Cape Paliser, Riversdale Beach und Castle Rock sind alles kleine Strände an der Ostküste. Alte Leuchttürme und Seelöwen, die zwischen den Felsen am Strand herum dösen waren zu sehen.

Mir fiel auf, dass es hier auf der Nordinsel nicht so schöne Gravel-Roads und Scenic-Views wie auf der Südinsel gibt. Hier ist mehr Wald vorhanden, dem zufolge regnet es auch mehr, was sich im weiteren Verlauf der Reise nur bestätigte.

Hasting, Napier, das Eastcape von Gisborne nach Te Araora und Opotiki ist Verkehrsruhig und mit vielen Maori- Villages entlang der Strecke versehen. Hier hat man oftmals die Möglichkeit, die alten Versammlunghäuser (Marees) von dem Zaun aus zu fotografieren. Holzschnitzereien und Paua Muschel Verzierungen sind in diesen eingearbeitet und glänzten oft mit Regenbogenfarben in der Sonne.

Rotorua eine Stadt im Bezirk der Bay of Plenty, ringsum dampfte es. Selbst am Rande des Sees, heiße Schwefeldämpfe steigen auf und die gesamte Stadt roch nach faulen Eiern.

Das alte Kurhaus mit dem renovierten blauen Badehaus und dem prachtvoll angelegten dazugehörigen Park, luden mich gleich für einen längeren Aufent-

halt von mehreren Tagen ein.
Mit Daniel, ein deutscher Radreisender der zuvor Australien bereist hat und nun in Neuseeland ist. Mehr über seine Tour unter **www.dani77.wobistdujetzt.com**. Wir hatten uns zuvor auf der Südinsel getroffen und hielten e-Mail Kontakt. Mit Ihm unternahm ich einen mehrtägigen Walk um den See Waikaremoana in Kaitawa. Vier Tage und 54 Kilometer lang war die Wanderung, mit Übernachtung auf dem Campingplatz und in Hütten. Allerdings liefen wir vier Tage im Regen und Nebel, der kaum abbrach. Von dem 800 Meter hohen Bluff, sah man nur Wolken und Nebel, Sichtweite 5 Meter.
Meine Stimmung war auf dem Tiefpunkt, wäre Daniel nicht dabei gewesen, hätte ich abgebrochen. Oft liefen wir durch Schienbein tiefes Wasser, die letzte Etappe wurde von dem DOC (Department of Conversation) gesperrt, weil ein Hangrutsch stattfand. Nur über einen weiteren mehrstündigen Umweg zu umlaufen. " Daniel wollte diesen Laufen," ich nicht. Als das Boot mich mit den anderen Wanderern aufnahm, fragte mich der Bootsführer wo mein Kollege sei. Ich antwortet, der will bis zum bitteren Ende laufen. Er meinte darauf, dass wäre nicht machbar, weil das Boot ihn dort nicht aufnehmen könnte.
Mit dem Boot fuhren wir ein Stück weiter Richtung Hütte und vom Wasser aus sah ich schon, dass Daniel am Ufer stand um ein paar Fotos zu machen. Das Boot fuhr direkt auf ihn zu. Der Bootsführer sprach mit Ihm, darauf holte Daniel seinen Rucksack von der Hütte und stieg enttäuschend ins Boot ein.
Der Wasserspiegel des Sees ist um einen Meter gestiegen, noch nie hätte es soviel Regen gegeben hieß es. Ich brauchte danach zwei Ruhetage, meine Knie taten weh, auch die Gelenke. Ich bin es nicht gewohnt mit einem 18 Kilogramm schweren Rucksack zu laufen.
Über die einzige Gravel-Road bis Murupara ging es anschließend nach Taupo. Mit Daniel wollte ich mich am Tongariro-Nationalpark wiedertreffen um den viertägigen Northern-Circuit zu laufen. Rund um den höchsten Vulkan auf Neuseeland, aber diesmal nur bei gutem Wetter, was zwei Wochen auf sich warten ließ.
Zuerst fuhr ich den Forgotten-Highway, der allerdings fast komplett asphaltiert ist. Von Taumarunui geht es durch bergiges Farmland mit Weiden und Wald, das Wetter war sehr schlecht, immer wieder Regen und keine Sicht. Ich kam nach Stratford, der Mount Taranaki, besser bekannt als Mount Eggmount, konnte man nicht sehen, weil er in Wolken gehüllt war.
Daniel sendete mir eine e- Mail, aus der hervorging, dass das Wetter in vier Tagen Top sein sollte. Wir würden uns im Ort National-Park treffen um den

vier Tages Lauf um die Vulkane zu starten. Ich traf einen Tag eher ein, am nächsten Morgen ist wahrhaftig gutes Wetter. Die Vulkane waren sehr gut zu sehen und wir liefen entgegen dem Uhrzeigersinn, weil ein paar Wolken aufkamen.
Diesmal schleppte ich kein Zelt mit und wollte nur in Hütten übernachten, ich bin noch gezeichnet von dem Regenlauf um den See Waikaremoana. Während Daniel voll aufgepackt mit Zeltzeug lief, "dass ist der Unterschied zwischen einem Gelegenheitswanderer " und Profi.
Wir hatten diesmal Top Wetter und zwei Wochen darauf gewartet um dieses abzupassen. Es ging etwa 55 Kilometer um den Ngauruhö und Tongariro. Aus der Ferne sah man immer den Ruapehu. Das erreichen der Hütten war an für sich kein Problem, Tagesetappen von 13 bis 18 Kilometer standen an. Am dritten Tag allerdings startete ich zu spät, sodass ich 5 Kilometer in die falsche Richtung laufen musste um in der nahegelegenen Hütte zu übernachten. Am nächsten Tag musste ich diese 5 Kilometer wieder zurück gehen, um dann den anstrengenden Tongariro- Crossing hoch zu laufen. Loses Geröll erschwerte dieses, weil mir tausende von Touristen von oben entgegen kamen und noch mehr loses Geröll vor die Füße schoben. Alle liefen den 19 Kilometer langen Tagestrip Tongariro-Crossing.
Über dem Roten Krater (1800m) ging ich noch einen zwei Stunden langen Abzweig zum Tongariro Gipfel. Von dort konnte ich nun Ngauruhoe und den dahinter liegenden Ruapehue sehen und Fotomäßig festhalten. Dann musste ich straks zur letzten Hütte laufen, um dort kurz vor der Dunkelheit anzukommen. Todmüde fiel ich in den Schlafsack und schlief trotz Geschnarche und Schweißfußgeruch friedselig aber zufrieden ein.
Am Ende des vierten Tages ging es wieder zurück nach dem Ort National Park, wo ich Gepäck deponierte, hier wurde wieder gezeltet. Zwei Tage verruht und dann weiter nach der Whanganui-River-Road. In Ohakune traf ich mich 5 Tage später mit Daniel zur Whanganui River Paddeltour.
145 Kilometer flussabwärts Paddeln, von Taumarunui bis Pipiriki, man darf dies nicht alleine machen, nur zu zweit oder in der Gruppe mit mehreren Personen, aus Sicherheitsgründen. Da es wieder regnete wie verrückt war es diesmal egal, da wir im Kanu sowieso nass wurden. Dies zog ich vor um anschließend bei gutem Wetter den Mount Egmonut zu umlaufen.
Mehrmals fragte ich den Chef von Jeti-Tours ob das Kanu für uns zwei mit den sechs Fässern, wo wir unser Gepäck wasserfest einpacken konnten auch stabil genug sei. Kein Problem, dafür ist das Kanu ausgelegt, antwortete er.
Jeder hat drei Plastiktonnen zur Verfügung um sein Gepäck unterzubringen,

was auch klappte. Am frühen Nachmittag legten wir los, beide seit "zig" Jahren das letzte mal im Kanu gesessen. Wir hatten verdammt viel Tiefgang, da merkte ich schon, dass das Kanu für uns nicht ausgelegt war. Fünf Zentimeter von der Wasserkante, dass konnte bei den etwa 260 Stromschnellen nicht gutgehen!

Wir machten uns ganz gut, ich musste nach hinten, als Ruderman, Daniel hatte es nicht so gut im Griff und brachte uns immer wieder bedrohlich nahe zu den Felsen und Bäumen, dies lag an der ungleichen Gewichtsverteilung.

Schon am ersten Tag, nach etwa vier Stunden Paddeln sah ich einen Riss im Boden an meinem Ende, der etwa fünf Zentimeter lang ist. Es kam Wasser hinein, welches sich einfach ausschöpfen ließ

Öfters machten wir Pause auf einer Sand-und Steinbank, zum ersten mal flutete unser Kanu in den Stromschnellen. Wenn dreimal Wasser herein schwappte war das Kanu voll und wir gingen unter. Die Tonnen waren mit Gurten verspannt und konnten nicht herausfallen. Das Paddel musste jeder für sich selbst festhalten, auch die Schöpfkelle war angebunden und konnte nicht verloren gehen. Wir hielten uns einfach am Kanu fest und sahen zu das man damit ans Ufer schwimmt. Der Riss war nun schon etwa zehn Zentimeter lang und knapp ein Zentimeter breit und es kam haufenweise Wasser herein, zuviel, um es ständig auszuschöpfen.

Am dritten Tag kamen wir mit Mühe zum Campingplatz auf dem auch eine Hütte war, die von Rangern besetzt ist. Diese sendeten einen SOS- Notruf los, es war Samstagnachmittag, das DOC Hauptcenter war geschlossen. Wir brauchten ein neues Kanu und durften mit dem jetzigen nicht mehr weiter, zu viel Wasser kam herein.

Ein Jetboot- Fahrer gab auf dem Funknotruf eine Antwort, er lebe 20 Kilometer weiter flussabwärts in einer Lodge und würde ein Ersatzkanu am morgigen Vormittag hochbringen.

Alle anderen Touristen paddelten schon am nächsten morgen früh los, unser Ersatzkanu kam nicht. Gegen Mittag hörten wir ein Jetboot-Geräusch von Flussabwärts. Ich eilte herunter zum Fluss und siehe da, ein Jetboot mit einem blauen Kanu quer drauf (das dritte Blaue Wunder), fuhr an das Ufer. Der Fahrer legte an und sagte" dies kostet 250,- Nz-Dollar," ich sagte das Jeti-Tour dafür aufkommen muss. Er wollte das mit denen besprechen und eine Lösung finden antwortete er. Wir packten alles um, nun hatten wir keine Befestigungbänder um die Fässer zu sichern. Wir pressten Sie gegeneinander fest und nutzen meine Zeltschnüre um diese ein wenig zu sichern. Mit diesem Kanu, dieselbe Bauart wie unser vorheriges, hatten wir die weiteren zwei Tage keine

Probleme, trotz mehrfachen Fels und Bodenkontakt. Ich vermute das Jeti-Tours aus Ohakune uns schon ein kaputtes Kanu mitgegeben hat, denn keiner von uns prüfte zuvor den Boden auf Löcher oder Risse!
Der Whanganui Fluss und die Stromschnellen wurden immer stärker, ich denke, dass es so an die zehnmal war, dasswir fluteten und untergingen.
Ich saß hinten und Daniel vorne in der Luft, wenn hinten mehrfach Wasser reinschwappte sank ich zuerst und warnte Daniel,dass wir gleich untergehen. Einmal verloren wir all unsere Fässer, ich schnappte mir das Kanu, mein Paddel und zog drei Fässer mit mir ans Ufer. Daniel schwamm den anderen hinterher in der Hoffnung diese einsammeln zu können, was auch klappte. Letztendlich kam er 300 Meter flussabwärts auf der Gegenüberliegenden Seite ans Ufer.
Ich entleerte das Kanu, was sich als schwierig erwies da wir auch die Schopfkelle verloren hatten und unser langes Sicherungseil, um das Kanu am Ufer zu befestigen.
Die drei Fässer band ich mit den Zeltschnüren wieder zusammen. Ich setzte mich rein und gab volle Mannpower um den Fluss quer zu kreuzen, was ganz gut klappte.
Daniel half noch anderen gesunkenen Kanus, weil an dieser Stelle weitere kenterten. Als wir soweit waren und alles wieder festgebunden hatten, ging es weiter, noch einige Male kenterten wir. Was sich als nicht so schlimm erwies, da wir das Kanu fest hielten und ans Ufer schwammen.
Der Spaß war groß aber so manchesmal war es mir nicht danach, wir trugen Schwimmwesten und es war viel Holz, Bäume und Felsen im Fluss. Leicht hätte sich einer mit den Kopf ausknocken können und dann wäre es gefährlich geworden.
Es ging alles gut, als letztes Kanu erreichten wir Pipiriki, der Besitzer von Jeti-Tours meinte nur, wir sollten uns im Büro in Ohakune melden und 350,- Nz-Dollar zahlen. Mit der Polizei und dem Besitzer, einigten wir uns, dass jeder 75,-Nz-Dollar von uns zahlte und die Sache war vom Tisch.
Als nächstes verabredeten wir uns, um den Mount Egmount auch Mount Taranaki genannt zu umlaufen, der an der Westküste nahe New Plymonth gelegen ist.
Den zwei Tage langen Pouakai- Walk. Es ging einmal etwa 37 Kilometer um den Vulkan herum. Übernachtet wurde in einer Hütte, es ging entlang der Dieffenbachklippen mit spektakulären Blick in die Vulkanwelt. Der Fanthamspeak, mit 2000 Meter Höhe war für mich der höchste Punkt, den ich in Neuseeland bestieg.

Zu steil und viel loses Geröll zum Gipfel des Mount Eggmount hinauf, entmutigte mich diesen zu besteigen. Daniel sah es als Herausforderung an.
Ich wollte es genießen dort hinauf zu kommen, allerdings auch nichts riskieren, weil ich zu gut weiß, wo meine Grenzen sind und ich diese nicht überschreite.
Wieder hatten wir mit dem Wetter Glück, diesmal warteten wir eine Woche darauf, kaum Wolken und kein Regen. Es war ein krönender Abschluss des Wanderns für mich. Nun wollte ich kürzer treten, meine Knie und Gelenke brauchten eine Pause.
Hier trennten sich unsere Wege, Daniel wollte wieder zur Südinsel runter und ich weiter nördlich hoch. Es war für uns beide angenehm, diese Wanderungen nicht alleine gelaufen zu sein, schon aus Sicherheitsgründen. Manchmal war es ein wenig gefährlich wenn wir schmale, steile, steinige und weggespülte Passagen passieren mussten.
Ich blieb noch einige Tage in New Plymonth um mich von dem Wandern zu erholen. Bin ich fast 200 Kilometer in den letzten drei Wochen gelaufen, ganz abgesehen von der 145 Kilometer langen Paddeltour.
Von New Plymonth fuhr ich der Küste folgend über die Uruti, Moku und Kiwi Road einige Pisten entlang. Hier kam ich durch etliche alte
handgegrabene Tunnel aus dem 18. Jahrhundert. Die Coromandel Landzunge, war meine nächste Anlaufstelle. Der Hot Water Beach, wo hunderte von Einheimischen und Touristen bei Niedrigwasser Löcher in den Strand graben und das aufsteigende heiße Thermalwasser von dem Vulkanischen Untergrund diese damit füllt und sich mit dem Meerwasser vermischt.
Anschließend legt man sich hinein um diese als Hot-Water-Pool zu nutzen. Es waren einfach zu viele Menschen hier. In Hatei-Beach, auf dem Parkplatz traf ich deutsche Biker, mit ihren brandneuen Yamaha Tenere's 660 ccm. Sie hatten keine Zeit und waren extrem kurz angebunden, hatten Sie doch nur ein Jahr Zeit für ihren Welttrip im Schnelldurchlauf um die Erde.
In der Coromandel gibt es haufenweise, einsame Buchten, speziell innerhalb der Woche ist wenig los. Oft war ich mehrmals im eiskalten Meer baden und sonnte mich ein wenig. Ich genoss es einfach zu Relaxen und Tageswalks zu unternehmen. Die komplette Küste ist mit guten ausgebauten Wanderwegen versehen und ein ideales Revier für Wassersportler.
Da die Osterferien nicht mehr weit entfernt waren und ich vor den Touristenmassen an Cape Reinga sein wollte, entschloss ich mich dazu, langsam nach Norden zu fahren.
Ich hatte schon seit geraumer Zeit e-Mail Kontakt mit den Motorradreisenden,

Katharina und Thomas, DR 400Z und Trans Alp, ebenfalls aus Deutschland, Schleswig und schon seit 2007 auf Motorradweltreise. Wir wollten uns eigentlich hier Treffen, da sie mit einem Mietwagen unterwegs waren und viel schneller reisten als ich, klappte es leider nicht, mehr unter **www.globusbiker.de**.
Auckland durchfuhr ich auf meinem Weg zum nördlichsten Punkt von Neuseeland. Hier werde ich mich noch näher umsehen, wenn ich mein Motorrad nach Südamerika verschiffe.
Am Cape Reinga, der nördlichste Punkt von Neuseeland, fuhr ich über den Ninghty-Miles-Beach, der allerdings nur 90 Kilometer lang ist. Der Sand war hart wie Asphalt, einfach zu befahren und am Ende geht es durch einen mit Niedrigwasser führenden Süßwasser Fluss. Auf der linken Seite kommt man an etwa 90 Meter hohen Sanddünen vorbei, ich fühlte mich ein wenig wie in Afrika zurück versetzt.
Es war sehr beeindruckend, wenn da nicht die vielen Touristenbusse wären mit den schreienden Touristen, die Sanddünen surfen praktizierten.
Am Ende geht es dann noch wenige Kilometer über eine inzwischen fertig geteerte (April 2010) Straße zum Cape Reinga.
Zurück fuhr ich über die Ostküste, dass versunkene Wrack der Rainbow Warrior, ex Greenpeace Schiff liegt nahe der Matauri Bay und ist heute ein Taucherparadies. Ebenfalls die Poor Knights, die Bay of Islands , Kerikeri, Pahia und Russell sind ein Paradies für Wassersportler.
In Whangarei traf ich wieder auf Peter und Su, sie wollen sich hier nach Arbeit umsehen und sesshaft werden. Das Klima soll besser wie anderswo in Neuseeland sein.
In Neuseeland, fasste ich den Entschluss meine Reise über Südamerika fortzusetzen. Das verschiffen der Bergziege von Auckland nach Valparaiso in Chile, soll 60 Tage dauern. Weil es keine direkt Frachtschiffe gibt , geht alles über Singapur und Hong Kong nach Südamerika.
Das Motorrad, meine Bergziege hat nun 48.000 Kilometer gelaufen. Insgesamt 31.000 Kilometer in Neuseeland. Bei dem Ortsansässigen Kawasaki-Shop in Whangarei, "Shawn-Motorcycle" wurde die Bergziege für Südamerika durchgecheckt. Ein neues Lenkkopflager, hintere Radlager und Antriebsgummiblock, sowie alle Motorflüssigkeiten wurden ausgetauscht. Zudem noch Lenkerheizgriffe montiert. Ich persönlich habe mir für Südamerika eine Gelbfieberimpfung verpassen lassen. Auch werde ich mich ärztlich, nochmal richtig durchchecken lassen, damit ich genauso Fit wie die Bergziege bin und Südamerika nichts mehr im Wege steht.

Mitas
NGK
ROCK OIL
Scottoiler

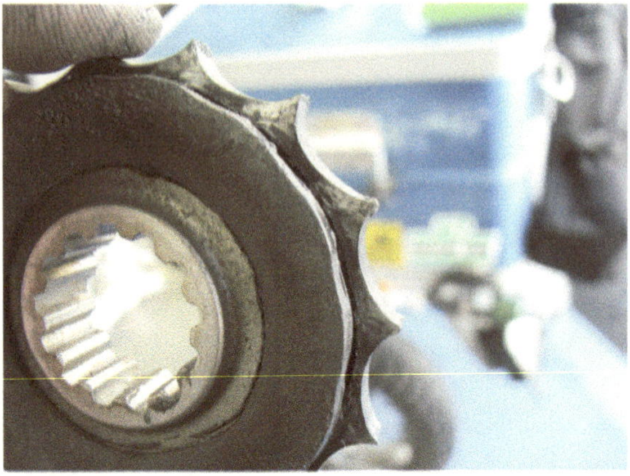

POST & TELEGRAPH OFFICE

For Sale
Mitas
NGK
Scottoiler
ROCK OIL

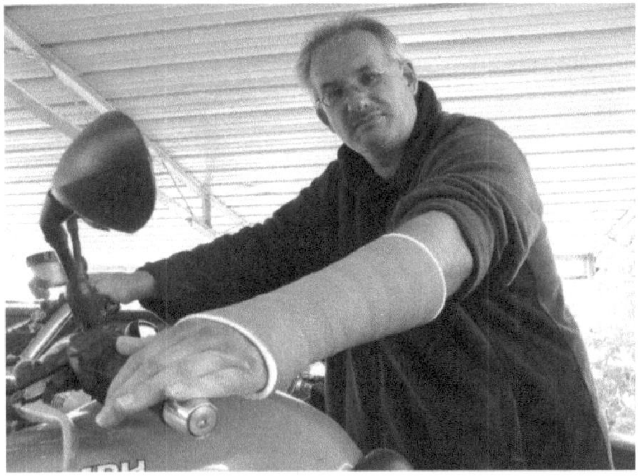

PAPANUI

EQUATOR
5140 km
SOUTH POLE
4803 km
SLOPE POINT

Sponsoren

Ich selbst habe mich um einige Sponsoren gekümmert und möchte allen hiermit Danken.
Ich bin für jede Art der Unterstützung dankbar, sei es Motorrad-und Camping-zubehör, sowie Textilien.
Auch in Zukunft bin ich weiterhin auf jegliche Unterstützung angewiesen. Da meine Reise noch viele Jahre andauern wird. Über meiner Webseite **www.fredontour.de** kann man mich oder meinen Webmaster Jörg Freter direkt Benachrichtigen.
Für die bisherige Unterstützung möchte ich mich bei folgenden Firmen bedanken:

Reise-Know-How Verlag, Bielefeld
Bereitstellung von Wasser-und Reissfesten Landkarten,
www.reise-know-how.de

Polo-Motorrad, Düsseldorf
Windstopper Unterbekleidung, sowie Motorradstiefel und Handschuhe,
www.polo-motorrad.de

Scottoiler und **Rockoil,** Rheinhessen
mit einem automatischen Kettenöler und 400 ml Touringtank,
sowie Motoren und Kettenöl,
www.rockoil.de und **www.scottoiler.de**

pacelog
Preisnachlass beim Kauf von einem Helmkameraset mit drei Kameras,
www.pacelog.de

ADAC, Bielefeld und München
Hilfe bei Teileversand nach Indien, Thailand und Australien,
www.adac.de

NGK-NTK, Ratingen
Bereitstellung von Iridium- Zündkerzen für die BMW und Kawasaki,

www.iridium-ix.de

Wilbers, Nordhorn
Preisnachlass beim Versand auf Federbein-und Gabelfedern nach Australien,
www.wilbers.de

Nolangroup, Renningen
neuen N 103 Klapphelm zur Verfügung gestellt,
www.Nolangroup.de

Miles-Binz-Shipping, Hamburg
Preisnachlass beim Motorradversand und Zustellung,
www.milesbinz-shipping.de

Neue Westfälische Zeitung, Espelkamp
Regelmässige Berichterstattung über meine Reise,
www.nw-news.de

Motorradgarage, Perth, Australien
Preisnachlass beim Teilekauf von Kawasaki-Zubehör,
www.motorradgarage.com.au

Turtle-Pac, Currumbin Gold Coast, Australien
rollbaren 20 Liter Benzinsack für Testzwecke zur Verfügung gestellt,
www.turtle-pac.com.au

Mityre, Williamstown, Australien
einen neuen Mitas E 07 Hinterreifen von David Bell gestiftet,
www.mityre.com.au

Ventura-Bike, Hamilton, Neuseeland
Steinschlag-Lampenschutz für Kawasaki gestiftet,
www.ventura-bike.co.nz

City Motorcycle Rentals, Christchurch, Neuseeland
kostenlose Werkzeug- und Werkstatt Nutzung,
www.citymotorcyclerentals.co.nz

LMS Imports, Hamilton, Neuseeland
Preisnachlass beim Reifenkauf und Schlauch gesponsert
www.Lmsimports.co.nz

Nachwort

Alles was ich in diesem Buch niedergeschrieben habe sind meine persönlichen Erlebnisse von unterwegs gewesen. Einige waren weniger Gut, aber die schlechten Erfahrungen sind in der Minderheit, meiner Reise tat es keinen Abbruch. Auch fühlte ich mich nie richtig bedroht oder Gewalttätigkeiten ausgesetzt, obwohl ich manchmal mitten drin war. Niemals hatte ich das Gefühl fehl am Platz oder im Land zu sein. Es gibt immer eine Lösung, die es zu finden gilt bei Schwierigkeiten!
Ich bin kurz vor meinem 50zigsten Lebensjahr und habe es keinen Augenblick lang bereut die Reise unternommen zu haben.
Was in meiner Zukunft mal wird, weiß ich selber noch nicht.
Nur eins ist jetzt schon sicher.
Der, der ich in 2005 noch war, bin ich nicht mehr!
Am Ende der Reise werde ich einen Platz gefunden haben an dem ich zurückkehren werde und mein normales Leben fortsetzen will.
Die Bergziege wird nicht mein letztes "Mopped" auf der Weltreise sein und "Kleine Blaue Wunder" werde ich noch des öfteren erleben, hoffe ich!
Hiermit nutze ich die Gelegenheit, mich bei folgenden Freunden und Personen zu Bedanken, die mir in irgendeiner Art und Weise geholfen haben;

Peter Wilke, "VA- Peter," und seiner Familie aus Hiddenhausen.
Danke für Dein Einsatz als Reisepate über die ersten Jahre, quasi als meine rechte Hand in Deutschland. Wenn etwas erledigt werden musste, warst "Du" immer zur Stelle. Leider ist Peter an einer unheilbaren Krankheit im April 2010 viel zu früh verstorben.

Ebenfalls meiner im Dezember 2008 verstorbenen Mutter Eveline, die mir den Einstieg zum Motorradfahren erschwert hat, aber in vielerlei Hinsicht auch die Augen für das spätere Leben geöffnet hat.

Doris und Peter Tennigkeit, Preußisch Ströhen, beides Motorradfahrer und meine zweiten Reisepaten, "Perle und Peterle."
Danke für Eure Hilfe, die e- Mail- Info's und Scans wenn Post gekommen ist, oder Pakete versendet werden müssen, samt den dazugehörigen Laufereien bei den Behörden.

Jörg Freter, Lübbecke, meinem Webmaster ohne dem es meine Webseite,

www.fredontour.de, nicht geben würde. Danke für die inzwischen schon fünfjährige Zusammenarbeit "Kleiner."

Meine kleine Schwester Elfie und Bruder Gerhard samt deren Familie in Australien, für die Unterkunft, Verpflegung und Hilfe bei der Arbeitsbeschaffung.

Edeltraud und Peter Braun, Melbourne, Australien, für die Unterkunft und Verpflegung.

David Bell, Williamstown, Australien, für den gesponserten Mitas E07 Hinterreifen.

Wolfgang Schiedeck, Lemförde, Wölfi dessen Werkstatt immer zum Motorrad-Herrichten offen war und mir mit Rat und Tat beistand, quasi als väterlicher Ersatz diente, ebenso Lisbeth, seine Frau, die leider kurze Zeit nach meiner Abreise verstarb.

Christa Glombowski, meiner Ex-Partnerin, Espelkamp, für die vielen gemeinsamen Jahre-und Motorradreisen in Europa. Ohne der es jetzt noch nicht zu der Reise gekommen wäre, auch an Irmgard und Heinz, Deinen Eltern, alles Beste.

Die Redaktion und alle Mitarbeiter der "Neuen Westfälischen Zeitung" in Espelkamp, für die Regelmäßige Berichterstattung über meiner Reise.

Frau Burmester und alle anderen Mitarbeiter von der Sparkasse in Espelkamp, für die Hilfe bei Geldangelegenheiten und Beratungen.

Jörg Usler, Espelkamp
Danke für das Garmin GPS 12 und die Motorradhalterung.

Mechthild und Heinz Schneidereit, (Guzzi-Heinz) Brockum, hier habe ich die letzten Wochen vor meiner Abreise gelebt, nachdem ich vorzeitig aus meiner Wohnung ausziehen musste, es war schön bei Euch.

Ingrid und Udo Schilling, Diepholz für die Unterkunft und Essen in Mumbay, Indien.

Den ADAC in Bielefeld und München für die mehrmalige Ersatzteil-Versendung.

Den "Espelkamper Bikerstammtisch," wir haben viele nette Touren-und Treffen gemeinsam angefahren. Danke für die Spende, die mir vor der Abreise übergeben wurde, es hat für Benzin bis nach Russland gereicht.

Harley- Bernd und Familie, Espelkamp wo ich meine Abschiedsfeier machen durfte.

Annemarie Klein, Altheim, Bikeranne, für die gemeinsame Radelzeit in Vietnam.

Volker Krämer, Düsseldorf, für die mitgebrachten Motorradsachen nach Australien und die Hilfe als Taxikurier in Neuseeland.

Ulrike und Denzil Paterson, Timaru in Neuseeland, die Deutsche Krankenschwester und Ihr Ehemann, haben mich wieder auf die Beine gebracht und mehrere Tage beherbergt und verköstigt.

Stu und Mark, Timaru, Neuseeland, Kiwi-Biker für die Hilfe und Reparatur der Bergziege nach dem Unfall.

Sonja und Greg, Wanderer 1873 Backpacker, Timaru, NZ, für die drei Monate Arbeit als Builder.

Peter und Su Hendriks, Langzeit-Motorradreisende, die den Ausschlag gaben, mein Buch schon in Neuseeland zu beenden.

Friedhelm aus Phnom Penh, Kambodscha, für den sicheren Unterstellplatz meiner BMW, während ich in Vietnam radelte.

Ausrüstung

Ich bin mit folgenden Fahrzeug-und Ausrüstungsgegenständen losgefahren.

BMW R 100 GS, Baujahr 1989, Kilometerstand 128.000, 43 Liter-Tank, eine Zusatzsirene für Asien, Gepäckträger Original, aber mehrfach verstärkt, über der Lampe ein Spezial-Gepäckträger für dicken Winterschlafsack, Tanksack mit Seitentaschen,
Scheinwerferschutz aus Plexiglas, Sitzbank, höher, breiter und bequemer, Selbstbau zum Einsitzer, lange Gepäckbrücke und Alu-Topcase längst montiert, Iridium-Zündkerzen,
Zusatz-Öltemperaturanzeige montiert, 5 Liter Trinkwasser Halter an Fußrastenaufnahme hinten, Ventile und Führungen erneuert, Anker und Lichtmaschinen Kohlen ausgetauscht, zweiten Kupplungszug parallel gelegt, Endtopf tiefer gelegt, für schmale Heckbreite, Vergaser mit neuen Schwimmernadeln und Chokedichtungen versehen, Planetengetriebe des Anlassers neu samt Kohlen, Hawker Gelbatterie,
Rahmenheck versteift, durch Zusatzstreben, verstärkte Gabelfedern,
neue Mitas E 07 Reifen montiert mit Elefanten Schläuchen,
Unterfahrschutz an Hauptständer montiert, Endantrieb Entlüftung hochgelegt wegen Wasserdurchfahrten, K+N Luftfilter, Fußrasten Ausleger an Sturzbügel, für relaxtes Highway fahren und strecken der Beine, eine der besten Ideen, zweite Aussensteckdose angebracht, für GPS oder Akkus laden Lenkkopf und Vorderradlager neu, BMW eine komplette Inspektion unterzogen, Därr-Alukoffer, schnell aushängbar,

KLR 650, Modell 2008,
Sturzbügel, Hauptständer und Werkzeugbox, Gabelfedern und Federbein verstärkt, Sitzbank, breiter, höher und bequemer, Kofferträger Selbstbau von DR-Big, Alukoffer und Topcase vom Bootsbauer bauen lassen, kleiner Tanksack, automatischer Kettenöler mit Touringtank von Scottoiler montiert, Reifen Mitas E-07, ein Pacelog Helmkameraset mit drei Kameras wurde am Krad montiert um Fahrtaufnahmen aufzeichnen zu können, Heizgriffe und eine Lenkererhöhung montiert, Iridium-Zündkerze,

Zusatz- Ersatzteile:

BMW

6 Zündkerzen, 2 Ölfilter, einige Speichen und Nippel,
Kupplungsreibscheibe, div. Innen-Bowdenzüge und Schraubnippel, Kupplungsgriff, Ersatzschläuche und Ventile,
Reifenflickzeug, kleinen Kompressor, das große Werkzeugkit und kleine Rohrzange, Fühlerlehre, Prüflampe, div. Schrauben, Scheiben und Muttern, 3 Dichtungen Ölablassschraube, Planetengetriebe, Ersatzbirnen und Sicherungen, 2 Kopf-und Deckeldichtungen, 1 Vergaserdichtsatz, Textilklebeband, 1 Satz-Bremsbeläge vorne,

KLR

2 Iridium Kerzen, 2 Ölfilter, zweiten Kupplungszug parallel gelegt,
Kupplungshebel, einige Innen-Bowdenzüge und Nippel, Standard Bordwerkzeug und Reifenmontierhebel von BMW und Rohrzange, je 1 Satz Bremsbeläge vorn und hinten, Fühlerlehre, Flickzeug, Kompressor, Schrauben, Muttern und div. U-Scheiben, Textilklebeband, Keramikdichtung für Wasserpumpe, Impulsgeber- Zündung,

Defekte unterwegs:

Original Federbein, Öl ausgelaufen in Indien, Gesamt- Laufleistung 155.000 Km, neues von Wilbers eingebaut,
vorderer Kreuzgelenkabriß in Thailand , Original Laufleistung 180.000Km,
Planetengetriebe und Endantrieb Wellendichtring undicht,
8 Plattfüße vorne und 19 hinten, Indien ist Länderführend, 23, 1 neuer Ersatz-Schlauch in Pakistan montiert, weil 20zig Löcher drin waren,
Endtopf im Iran abgefallen, notdürftig zusammen genietet,
2x H 4 Glühlampen, 1x H 7, je 1 Rücklicht und Blinkerbirne, mehrmals
Gepäckträger und Heckstreben schweißen lassen, sowie die Seitenständer-Aufnahme in Pakistan und Australien,
Öldruckschläuche vom Original Ölkühler undicht, in Australien erneuert,

Diebstähle:

Indien, Wanderschuhe Gr. 47 vor Tempel entwendet, unbezahlbar, weil kein Ersatz zu bekommen war,
Indien, Topcase Aufbruch vor Rezeption in Hotel,
50,- US-Dollar Schaden
Malaysia, wieder Topcase Aufbruch vor Backpacker,
80,- US-Dollar Schaden,
Kambodscha, Silber-Halskette und zwei Anhänger, unbezahlbar,
im Reachsey Hotel am Serendepity Beach,bei Sihanoukville,
nicht zu empfehlen,
Neuseeland, GPS vom Motorrad gestohlen, 250,- Nzd

Bekleidung und weitere Ausrüstung:

Schuberth Klapphelm 2005-2007, ab 2008, Klapphelm Nolan N 103
Hein Gericke helle Sommerjacke und Hose,
Alpinestars Stiefel , Reißverschluss nicht so gut
dicke und lange Kompressions Stiefelsocken,
Nierengurt und zwei Buffs, Sommer und Winterhandschuhe,
Regenjacke und Hose samt Schuh und Hand Überzieher, (unbezahlbar weil auch guter Kälteschutz),
lange Thermo Unterwäsche,
Bundeswehrhose und das übliche Körperbekleidungs-Programm aus Baumwolle, habe nach und nach auf schnelltrocknendes Synthetik umgestellt, Benzinkocher Coleman und je 1 Edelstahl und Plastikteller, 1 Topf-und Tasse Edelstahl, 1 kleine Pfanne, kurzen Schlauch um Benzinkocher direkt vom Motorradtank zu befüllen,
Ansmann Akkuschnelllader über 12 Volt Bordsteckdose,
8 Akkus AA + 4 AAA , Adapter zum Batteriestart über Bordnetz, div. Speicherkarten, 2 handliche Digitalkameras 3 und 5 Megapixel 2005-7, ab 2008 nur eine Kamera mit 8 Megapixel,
bis 2007 mobiles Fotospeichergerät PD 7X, 40 GB, Computer freies Überspielen von vollen Speicherkarten möglich,
ab 2008 Laptop, Kopien aller Papiere,
zweiten Reisepass, Landkarten Wasser-und Reißfest, Internationalen Führer-

schein, nur drei Jahre gültig, wollte kein Mensch unterwegs sehen, Carnet de Passage für Motorrad vom ADAC,
US-Dollar und Euro am Bike versteckt, keine Traveller Schecks mehr, weil Probleme und Kosten beim einlösen auftraten, div. Kreditkarten,
Links von unterwegs "Getroffenen"

www.Bikeworldtour.com
deutsche Radreisende Frau, von Deutschland nach Neuseeland, getroffen in Indien, Sikkim 2006

www.overcross.de
Reini, Tour-Guide in Kambodscha, 2007

www.nessieadventures.com
Paar von GB mit Landrover auf Asientour, 2006 Malaysia

www.aroundtravell.de
deutsches Paar mit Ivecoumbau, Asien und Chinatour, 2006 Malaysia

www.on-twowhels.blogspot/
mit der TDM 900 von GB nach Bali,

www.daerr-info.de
ein deutsches Paar auf LKW-Weltreise, 2007 Australien

www.travelpod.com/members/pajas
Michael, ein Schweizer mit R 80 GS um die Welt, 2007 Indonesien

www.globusbiker.de
deutsches Paar auf Motorradweltreise, Neuseeland, 2010

www.dani77.wobistdujetzt.com
deutscher Radreisender, Neuseeland, 2010,

www.bedda.free.fr
Peter und Su, Weltreisende Motorradfahrer, Neuseeland, 2010

www.haefale.de/linda/index.html
Linda, alleinreisende englische Lady mit DR650, Pakistan, 2005

www.canismajor.de
Radreisendes deutsches Paar, Deutschland-Neuseeland, 2005 Nepal,

www.claudioangelini.ch
Biker auf Welttrip mit Afrika Twin, 2007 Australien

www.motorradnomaden.de
deutsches Paar, auf zwei Tenere's um die Welt, 2006 Laos

www.enduroreisende.de
deutsches Paar auf Afrika Twin, von NZ nach Deutschland zurück, 2006 Laos,

www.partireper.it
italienischer Trans Alp Biker auf Tour um die Welt, 2006 Kambodscha

www.ingo-weltweit.de
mit Trans Alp, von Deutschland nach Nepal unterwegs, 2005 Pakistan

www.transasiatour.de
von Malaysia nach Berlin, mit dem Fahrrad,

Reise- Strecke, Zahlen

Deutschland- Russland, Soci, bis zum Schwarzen Meer, 8.000 Kilometer, Visum in Deutschland besorgt,

Türkei bis Georgien und anschließend durch die Türkei nach der Grenze von Iran, 2.800 Kilometer

Georgien, 800 Kilometer in einer Woche, Visumfrei für deutsche Staatsbürger seit Mai 2005,

Iran, 5.500 Kilometer in vier Wochen, Visum in Deutschland beantragt,

Pakistan, 6.000 Kilometer in sechs Wochen,
Visum in Zahedan, vom Generalkonsulat erhalten,

Indien, das Land der häufigsten Plattfüße, in vier Monaten und dreimaliger Einreise, 10.439 Kilometer, das indische Visum bedarf immer einer zweiwöchigen Wartezeit,

Nepal, 2.065 Kilometer in sechs Wochen, Visum wir an der Grenze ausgestellt,

Bangladesh, 700 Kilometer, Visum in Nepal einfach und schnell erhalten,

Sri Lanka, Visum kostenlos bei Einreise für 30zig Tage, geführte Pkw-Tour mit Fahrer, etwa 1.400 Kilometer,

Malaysia, 4.800 Kilometer, zweimalige Einreise, Visum bekommt man bei der Einreise und ist kostenlos für 90zig Tage,

Thailand, dreimalige Einreise 10 Wochen, Visum kostenlos bei Einreise für 30zig Tage, 6500 Kilometer,

Laos, 4.070 Kilometer in etwas mehr wie ein Monat, Visum wurde vorher in Thailand beantragt, pro Überziehungstag muss man 10,- US-Dollar Strafe bei der Ausreise zahlen,

Kambodscha, etwa 6.700 Kilometer bei dreimaliger Einreise in drei Monaten, Visum an der Grenze erhältlich,

Vietnam, 6.950 Kilometer in drei Monaten, ein sechs Monats-Visum wurde vorher in Kambodscha bei der Botschaft beantragt, Land Nummer zwei der Plattfüße,

Burma, 2.000 Kilometer in 28 Tage, Visum wurde vorher in Bangkok beantragt, Land Nummer drei der Plattfüße,

Indonesien, inklusive Osttimor, 9.202 Kilometer in 68 Tagen, ein zwei Monate gültiges Visum wurde vorher bei der Botschaft in Penjang, Malaysia beantragt und im Land zwei weitere Male verlängert,

Australien inkl. Tasmanien, 20.000 Kilometer, von Juli 2007 bis Dezember 2008,

Neuseeland, 32.000 Kilometer, davon 17.000 auf der Südinsel und 15.000 Kilometer auf der Nordinsel, von Januar 2009 bis Oktober 2010,

andere Kilometer mit:

Fahrrad	2500
Boot	500
Bus	300
Zug	300
Flugzeug	8000
Taxi	300
Gelaufen	800

Einige Verbrauchszahlen:

130.000	Kilometer gefahren
21.666	Liter Benzin verbraucht
17	Ölwechsel
60	Liter Motorenöl
14	Ölfilter
8	Hinterreifen
6	Vorderreifen
1	Schlauch
1	Federbein
1	Kettensatz
3	Antriebsritzel
26	Zündkerzen
2	Luftfilter
27	Platte Reifen, davon 23 in Indien
0	Kupplungszug
0	Speichen
1	Antriebsdämpfer
0	Bremsscheiben
4	Satz Bremsbeläge
5	Glühlampen
1	Lenker
1	Radlager
1	Lenkkopflager
32	Grenzen durchlaufen
4	Carnet de Passage gebraucht
3	Reisepässe
2	paar Motorradstiefel
2	Helme
135	Postkarten versandt
1	Unfall
30	Stürze
13	Ventilspiel geprüft

Fotobeschreibung

Umschlagfront: BMW samt Fahrrad auf Piste in Kambodscha
Rücken: Fahrrad, Mekongdelta,Vietnam,1te blaue Wunder, BMW in OZ
S. 22 neues Bike ab 2008 "Bergziege" Kawasaki KLR 650,
S. 24 gefahrene Strecke von Deutschland nach Neuseeland, 130.000 km,
S.25 Peter Tennigkeit eskortierte mich die ersten 20km, im Regen
S. 27 Piste in Litauen, mitte: VA-Peters Tengai, Hausfront in Riga
S. 39 div. Wodkasorten, mitte: Kirche am Kreml, Moskau, Polizeifahrzeugatrappe
S.40 interessierte Jugend, mitte: Roter Platz in Moskau, Strassenverkehr in Moskau
S. 44 Va-Peter's Tengai mit defektem Federbein, Kaukasus-Gebirge
S. 47 Moschee bei Dogoubazith,Türkei,
S. 48 Ararat, höchster Berg,Türkei, mitte: Kinder im Kurdenland, Ruinen von Ani
S. 58 alte begehbare Brücke, mitte: Fäberei +Wäscherei bei Esfahan, in der Wüste
S.59 uralte Steinbrücke, Wasserresevoir
S. 60 aufgegriffen von Polizei, Blick auf Teheran
S. 82 meine Benzinspende in Belutschistan,beladener Bus in Belutschistan
S. 83 Schwarzmarkt-Tankstelle, 1 L.= 10 Eurocent 2005, Moschee
S. 84 Trans-Alp Ingo rep. Plattfuß, oft ist es sehr eng bei LKW
S. 85 Moschee in Lahore, mitte: Campsite in Islamabad, 100te umringen uns
S. 86 Bergpanorama, mitte: altes Fort, 4720m hoch, auf dem Kunjerabpass
S. 87 LKW auf Karakorum Highway, 10-2005 Erdbeben mit 60.000 Toten
S. 106 Wachwechsel, mitte:Amritsar,Goldener Tempel bei Nacht und Tag
S. 107 Götterverehrung, mitte:Raimund's GS 1100, Grabmale in Rajasthan
S. 108 Hindutempel, mitte: neugierige Einheimische, Taj Mahal Grab
S. 114 Gebetsmühle in Dharamsala, Rinozeroß im Bardia Nationalpark
S. 115 Anapurna Berge, mitte: Abendessen, Tempel in Rishikesh
S. 116 Lumbini,deutsche Monasty,mitte: Loch , Tempelfigur Kathmandu
S. 119 Strassenbild in Bangladesh, Fahrradrikscha's als Personentransport
S.120 bestaunen der BMW,mitte:Boote in Dahka, Palast in Dakha
S.122 Teeplantage und Pflücker, Strandszene mit Abendrot
S. 126 Frachthafen in Port Klang, Petronas Twin Towers in Kuala Lumphur
S. 127 Blick von Twin Tower, mitte: Königspalastwache, Palast in Penjang
S. 131 Longneckwomen in N-W Thailand, mitte: Golden Triangle, Tribalpeople
S. 132 BMW Werkstatt in Bangkok, mitte: abger. Kardanwelle, Phuket Bike Show en
S. 133 8 Zylinder Trike, mitte: Bangkok City view, BMW-Werkstatt Bangkok
S. 139 Piste in Laos, mitte: bei Regen, Mönche auf Almosengang,Luang Prabang
S. 140 Vietianne-Promenade, mitte: Fähre nach Pak Hou, undichter Endantrieb
S. 141 Ölwechsel, mitte:Mo-Nomaden+Enduroreisende, Grenze Lao Bao-Vietnam
S. 147 nichts ist zu sperrig mit 125ccm, Kaiserdenkmal in Phnom Penh,Kambodscha
S. 148 das Schwein lebt, mitte: Tempel- Angkor Wat, Königspalast in Phnom Penh
S. 159 Volker Krämer,Bootstour, Nanh Bien,Vietnam
S. 160 Annemarie +ich im Mekongdelta, mitte: Ho Chi Minh, neugierige Schulkinder
S. 161 Annemarie+ ich mit blaues Wunder, mitte: Kabelgewirr, Markt-Mekongdelta

S. 162 Monsum in Ho Chi Minh City, mitte: Mädchen in Schuluniform, Reisfelder
S. 163 voll beladen, mitte; Bergbewohner im Norden, 2000m hoher Pass im Norden
S. 164 Bergbewohner in Trachtenkleidg., mitte: zum Markt, trad.Versammlungshaus
S. 165 musste dem LKW Platz machen, mitte: Keramikhändler, Alu-Topfhändler
S. 167 BMW samt Fahrrad auf Piste an Südküste Kambodscha nach Thailand
S. 168 Tour mit overcross, mitte: Jens in Aktion, Nudelsuppe mit angebrütete Eier
S. 170 heil in Bangkok angelangt, Kho Chang Insel, Gedenktempel am Strassenrand
S. 179 2te blaue Wunder, mitte: neugierige Kinder, Goldene Pageode in Jangoon
S. 180 Almosensuche, mitte: lokales Transportwesen, Golden Rock bei Bago
S. 181 Frühstück, mitte: proteinhaltige fette Maden, Prozession zum Mönch
S. 182 Pageoden,Mandaley mitte: Minguin grö. Pageode der Welt, Handwerkskunst
S. 184 zweite mal zur Phuket Bike-Week in Thailand 2007
S. 189 Kirche, Melakka, mitte: Overländer, BMW-Verladeaktion nach Indonesien
S. 192 Orang Utan, mit totem Baby über Schulter
S. 193 Vorsicht, mitte: trad. Häuser, Lake Toba, Equatorquerung Indonesien
S. 196 Jakarta im Smog, mitte: Borobudor-Tempel, Vulcanwelt Java's
S. 198 Bali, Feuerholzsammler, Sonnenuntergang am Strand
S. 201 Bootsbauer ,Bali, mitte: Tempelfigur, Fischerdorf Kinder
S. 206 Michael, Schweizer Weltreisender, lokale aufdringl. Fischerfrauen
S. 207 häufig, kl. Unfälle, mitte: farbige Vulcan-Seen, neue Reisterassen
S. 212 Flores,Verkäufer am Strassenrand, Grenze zu Osttimor
S. 213 umgeb. Vesparoller, mitte: Un-Fahrzeuge, blühendes Geschäft, Dilli 2007
S. 228 ausgetr. See, mitte: Baobob Gefängnissbaum, felsige Flussdurchfahrt
S. 229 Zeltlager im Busch, mitte: Tanami-Track, West-Australien, neugierige Echse
S. 230 Tanklaster im Outback, mitte: Wellblech fordert Tribute, Ayers Rock
S. 231 2te Kardanwelle defekt, mitte: Bergziege, neue KLR 650, Torny Devil
S.249 Marlboroughsound Südinsel und Kawasaki klr650
S. 250 Ritzel 22Tkm, mitte:Strand-Abel Tasman NP, F.J. Gletscher Westküste
S. 251 Dorfbild, mitte: Weideland in Catlins, kugelrunde Mouerka Boulders
S. 252 Kathedrale in Oamaru, mitte: Elefantenrocks,Bergziege nach Unfall
S. 253 Handgelenkbruch, mitte: neugieriges Vieh,südl. Alpen im Oktober
S. 254 Motorrad-Skluptur, mitte: Su+Peter-Globetrotter, Wellington-City
S. 255 Plattfuss, mitte: Wanganui-River Paddeltour, Ruapehu Vulcan
S. 256 Daniel+ich,4 täg. Vulcanwalk, mitte: Maori-Kunst, am Slope Point